一位教授与二十位本科生的作品

本书学生作者

袁可可　林文志　臧鹏飞　王静文　张延军　靳　帅　罗　彦

周文婷　史秋芬　何孔玲　王闪闪　汪明明　张巧丽　李义财

王梦鸽　史可心　何家欢　张思博　张　帅　潘子轩

一群思想自由天空的行者

城乡协调发展研究丛书

总编◎李小建　仉建涛

土地流转与
适度规模经营

LAND TRANSFER AND
THE APPROPRIATE SCALE MANAGEMENT

樊　明　等◎著

社会科学文献出版社
SOCIAL SCIENCES ACADEMIC PRESS (CHINA)

本书调查者

本次调查共获得两类有效问卷共 4532 份。
河南财经政法大学共 59 名本科生参加了调查。

周柯言	王闪闪	吴 琦	张韶旭	张巧丽	史秋芬	薛义文
康桂雅	靳 帅	李义财	孙 宁	王静文	孙小涛	罗亚琼
李耀辉	王潇悦	薛月进	李洁艳	史可心	何孔玲	赵阳阳
胡亚楼	林文志	田顺公	毕俊熙	范书雅	张延军	何家欢
臧鹏飞	汪明明	王梦鸽	马梓轩	王琳琳	袁可可	古瑞瑞
李少博	张 帅	杜昱勃	周忠鑫	张琳琳	王菲菲	杨 璐
郭 恺	严仁洪	郭兴华	魏纾晴	赵雪雯	郭嫣萍	王智源
丁玉志	段金霞	周红雨	张江燕	赵 宁	陈倩倩	范海地
侯星伊	严仁洪	张思博				

总　序

　　城乡协调发展河南省协同创新中心（2017年2月由中原经济区"三化"协调发展河南省协同创新中心更名而来，以下简称"中心"）是河南省首批"2011计划"（高等学校创新能力提升计划）建设单位，2012年10月由河南省政府批准正式挂牌成立。中心以河南财经政法大学为牵头单位，河南大学、河南农业大学、河南师范大学、河南工业大学、信阳师范学院、许昌学院、河南省委政策研究室、中共河南省委农村工作办公室、河南省发展和改革委员会、河南省政府发展研究中心、河南省工信厅、河南省住建厅等多所省内著名高校和政府机构作为协同单位联合组建。

　　中心的综合使命是按照"河南急需、国内一流、制度先进、贡献重大"的建设目标，充分发挥高等教育作为科技第一生产力和人才培养第一资源结合点的独特作用，以河南省经济社会发展重大需求为导向，以这一省情十分独特区域的城乡协调发展创新任务为牵引，努力实现城乡协调发展基础理论、政策研究与实践应用的紧密结合，助推河南省城乡协调发展走在全国前列。

　　城乡协调本身就是非常复杂的问题，城乡空间协调、产业协调、绿色发展是中心重点研究推进的三个维度。研究如此大而系统的复杂问题，中心一方面展开大量的理论研究，另一方面展开广泛深入的调查，此外，还不断将理论应用于实践，目前已取得一定的阶段性成果。

　　为此，中心组织相关研究力量，对城乡协调问题进行不同侧面研究，将研究成果编纂成"城乡协调发展研究丛书"。一方面，通过丛书向政府和公众及时报告中心的研究进展，使中心的研究成果能够得到适时的关注和应用；另一方面，中心也可以从政府和公众的反馈中不断改进研究方法。我们深知所要研究的问题之艰难以及意义之重大，我们一定会持续努力，不辜负河南省政府及人民对我们的信任和寄托，做对人民有用的研究。

十分感谢社会科学文献出版社对丛书出版给予的大力支持。

李小建　仉建涛

2017 年 4 月 19 日

序
土地流转：值得关注的新见解

宋洪远

研究员　农业部农村经济研究中心主任

近日，樊明教授给我发来他指导 20 名本科生合作完成的专著《土地流转与适度规模经营》电子版，请我作序。其实我对这部专著是有所期待的。2016 年农业部农村经济研究中心课题组与河南财经政法大学城乡协调发展协同创新中心，以"技术创新、金融支持与农业规模经营主体发展"为题进行了问卷调查，樊教授主持了在河南安排的调查。这次调查要研究的核心问题是土地流转，于是期待樊教授就土地流转问题做一研究，并按照他以往的做法指导本科生合作出版一部专著。

近年来，随着中央推动土地流转以实现土地适度规模经营发展，有诸多相关研究出现。樊教授研究团队的这部专著有其独特的见解。基于农村集体土地所有权、农户承包权和土地经营权的三权分置，在城乡分隔户籍制度限制城乡统一高流动性劳动市场形成的条件下，土地流转难以实现土地适度规模经营，并延伸出诸多问题，书中均有论。一是高土地流转成本。一个农户要实现一定规模的土地经营，就要与众多农户谈判。因为流转的只是承包剩余期内的土地经营权，就需要不断重复谈判。如此，必然导致土地流转的高成本。二是强化了土地经营的短期行为，因为土地流转的只是在承包剩余期内的土地经营权。三是代理问题和管理成本。如果土地流出后入股成立土地股份公司，则实际掌控土地股份公司的管理人员就可能以权谋私，土地的公司运作就必然发生管理成本，由此引发代理问题。四是租佃关系复活。当土地承包者出租土地给土地经营者，二者之间就形成租佃关系：经营土地的农民成为某种意义上的佃农，而承包土地的农民就演变成某种意义上的地主，书中称之为"新型地主"。如果大多承包土地出租，则中国农业就退化到佃农经济，由此带来租佃制所引发的道德问题和地租推高农产品成本从而推高农产品价格的问题，由此削弱中国农产品市场在全球一体化中的竞争力。五是农村出现大量剩余劳动力。中国存在城乡分隔的户籍制度，当农民发现在农村从事农业生产收入较低时，却难以到城镇就业并融入城镇，因而在农村形成大量剩余劳动力。由此又限制了土地流转，因为一些农户因担心难以在城镇获得适当的就业机会和难以一直留在城镇就业生活，因而选择长期留在农村务农，当然也就不会将承包地流转出去。

该书论证，在工业化、城镇化的背景下，如果不存在中国式的城乡分隔的户籍制度，基于私有产权的土地流转，可较好地克服以上五个方面的问题：无论是通过土地买卖还是租赁，土地流转的交易费用都相对较低；基于土地买卖的土地流转可有效克服经营土地的短期行为；通过土地买卖的方式实现土地流转，土地就可在单个家庭农场不断积累，形成有规模的自耕农家庭农场，自耕农家庭农场这种农业生产的组织形式可避免代理问题和管理成本，因为实现了土地所有权、经营权和承包权合一；通过土地买卖所实现的土地流转，可避免租佃关系的形成，当然，如果通过土地租佃实现土地流转也会形成租佃关系，所幸土地租佃不是主流，因为土地租佃的高交易成本限制了土地租佃的规模；城乡统一的高流动性的劳动市场避免了农村形成大量剩余劳动力，如此又进一步促进主要通过土地买卖实现土地流转。

当然，樊教授研究团队提出书中称为折中主义的土地流转政策，强调既不破坏现行土地集体所有制的前提，又尽可能使得在土地流转过程中保持承包权与经营权两权合一，是为折中。其制度设计有三个要点：一是通过一定形式一次性买断长期脱离农业生产农户的集体土地承包权，使得这些农户不再以土地承包权获得租金或其他形式的土地利益；二是新增可承包的土地以一定方式向现有种地的农户集中；三是脱离农业生产的农民到城镇就业居住，与农村脱离经济联系。为此，该书设计了具体操作方案。

樊教授研究团队为研究土地流转，在全国 22 个省、自治区和直辖市进行了问卷调查，了解中国当下土地流转的现状以及存在的问题，并通过这些数据对农户土地流转行为给予适当的解释。

樊教授研究团队还提出基于全球竞争的视角审视土地流转问题，也值得关注。在农产品市场全球一体化的背景下，各国农民在全球一体化农产品市场的竞争，也包含着背后的土地制度包括土地流转制度的竞争。如果中国土地流转的结果使得中国农民大多成为佃农，就难以与农业发达国家的自耕农在全球一体化农产品市场相竞争，因为存在高成本的竞争劣势。

我以为，虽然樊教授研究团队的一些观点与今天主流强调的在三权分置前提下实现土地流转并不一致，但仍是值得关注的思想和观点。我建议，学术界的同行们不妨将樊教授研究团队出的书认真读一下，相信开卷有益。

这本书研究的是土地流转，其实也从实践上探讨了中国的创新教育。在樊教授给我发来《土地流转与适度规模经营》书稿的同时，还发了同时完成的另一部书稿《扶贫政策：政府主导 vs. 市场主导？》的电子版，是他指导本科生合作完成的第十部专著。在过去的 10 年，樊教授指导本科生完成十部学术专著。其中第六部和第七部在北京发布时，请我参加发布研讨会。樊教授本科生团队的报告，给我留下深刻印象：两部专著均为原创性研究，同学们的演讲也很出色。樊教授在致辞中说，他指导本科生写书，始终坚守一个原则：凡非原创，概不入书。对此，我十分赞赏。

我希望中国的大学有更多的像樊教授这样的老师，用自己的行动实践创新教育，如此，万众创新才有基础。

2017 年 8 月

目　录

1

Contents

第一章
问题、研究主题及数据

农业生产尤其是粮食生产，存在着显著的规模经济性。中国改革开放之初，农村实行家庭联产承包责任制，进而演变成基于土地集体所有制的农户自主经营，实现了耕者有其田，但同时形成了小农经济，这是中国农村普遍贫困以及城乡收入差距拉大的基本原因。在中国农村社会保障体制不健全的背景下，中国式小农经济有一定的积极意义，与每个农民不可分割的小块土地发挥了重要的社会保障功能。然而随着全球化不断向前推进，尤其是农产品市场全球一体化，中国农业将不可避免地加入全球一体化的农产品市场竞争中，而其背后包含着土地制度的竞争。西方农业建立在土地私有制的基础上，通过土地自由买卖和租赁实现土地规模经营，而中国农村实行的土地集体所有制，给通过土地流转实现土地规模经营带来诸多困难。在拒绝实行土地私有制的条件下，如何在中国这种独特的土地制度下通过土地流转实现土地规模经营虽是一大难题，但是当下中国农业必须面对和解决的难题。

第一节　中国现代小农经济的产生及问题

要深刻理解中国通过土地流转实现土地适度规模经营的必要性，首先要深刻认识建立在土地集体所有制基础上的小农经济所存在的问题。对问题的不同认识，直接关系到中国土地制度改革的方向以及实现土地适度规模经营的方式。

一 中国现代小农经济的产生

1949 年中华人民共和国成立之前，租佃体制在中国农村占据主导地位，尤其在人多地少的地区，主要表现为土地集中在少数地主手中，而广大农民少地甚至无地，这种不平均的土地分配方式是过去中国农业长期落后以及农民长期贫困的重要原因。几千年来，中国农民一直盼望拥有自己的土地。中国共产党正是深刻理解农民的这种想要拥有土地的愿望并采取积极措施满足了农民，才使所领导的革命获得广大农民的支持，以至于把中国共产党在 20 世纪二三十年代所领导的革命称为土地革命。

1949 年通过的《中国人民政治协商会议共同纲领》提出，"有步骤地将封建半封建的土地所有制改变为农民的土地所有制"。1950 年中央人民政府颁布了《中华人民共和国土地改革法》，从法律上废除了中国农村长期存在的土地租佃关系，实现了耕者有其田，极大地调动了农民的劳动生产积极性，受到广大农民的拥护和欢迎。但通过土地改革所实现的分田到户大体上是把农村的土地在农户之间进行平均分配，形成了小农经济。小农经济本身存在诸多问题，而且当时农民所分得的土地还受着诸多限制，如土地不能买卖和租赁等。但小农经济在中国存在的时间很短，以致其所存在的诸多问题并没有充分地显现。

仅过去两年，即 1951 年，中共中央第一次农业互助合作会议就通过《中共中央关于农业生产互助合作的决议（草案）》，开始了中央政府主导的农业合作化，破坏了《中国人民政治协商会议共同纲领》所确定的"农民的土地所有制"。1953 年中国开始了农业集体化运动，从建立初级农业生产合作社开始，很快发展成高级农业生产合作社，到 1958 年普遍建立了人民公社，实现了土地的集体所有和集体经营。到此时《中国人民政治协商会议共同纲领》所确定的"农民的土地所有制"已荡然无存。

人民公社体制可以理解为土地所有权、经营权合一的体制，这种体制严重挫伤了广大农民的劳动生产积极性，埋没了农民企业家的才能。此外，人民公社体制加上城乡分隔的户籍制度，严格限制了农民的流动，尤其是向城镇流动，导致农村劳动力严重过剩，城镇化水平低下。这些制度安排是中国农业长期落后、农民普遍贫困的基本原因。

自 1978 年以来，中国农村实行家庭联产承包责任制，即以农户为单位向集体组织承包土地等生产资料和生产任务的农业生产责任制形式，打破了人民公社体制下土地集体所有、集体经营的旧的农业耕作模式，实现了土地集体所有权与经营权的两权分置。这种体制与人民公社相比，极大地调动了广大农民的劳动生产积极性，推动了农业生产的快速发展，对解决当时城乡居民的基本温饱问题发挥了重要作用。后来这一制度随着粮食统购统销制度的终结，演变成今天土地集体所有制基础上的农户自主经营，是更彻底的土地集体所有权与经营权的两权分置。然而，这无疑形成小农经济。

2015 年，我们曾就中国中西部工业化、城镇化和农业现代化问题在全国范围内对中国农户耕地情况进行调查，发现以中西部农户为主样本的户均亩数为 7.98 亩，分为 4.7 块，土地碎化严重。[1] 2016 年就土地流转问题，我们在全国范围内对中国农户进行了专门调查，发现中国农村户均亩数为 7.12 亩，分为 4.0 块。在所获得的 3554 份问卷中，共有 627 个农户发生了土地流转行为，而有土地流入行为的农户的户均亩数仅为 27.61 亩，详见本章第三节。由此可见，虽然近年来中国政府倡导土地流转，但是今天中国农业仍然没有摆脱小农经济这一基本状态。

二　中国小农经济存在的价值

存在的事物总有一定的合理性。中国的小农经济虽存在诸多问题，但也有其存在的依据。

中国是一个社会主义国家。一个社会主义国家要求公有制占据主导地位，至少退一步来说也应占有重要地位。现在在中国城镇中，国有经济虽占据着重要地位，但由于效率低下，争议不断，正面临着从竞争性领域不断收缩；而在农村，土地集体所有制就自然地承担着体现社会主义制度重要的政治功能。如果中国效仿西方实行土地私有制，就意味着社会主义的重大倒退。而坚持土地归集体所有又要实现农户的自主经营，就需要将集体土地按农户家庭人口平均分配。在缺少土地交易市场的条件下，每个农民得到的土地不仅要满足等量还要实现等质的要求，而这就要求把不同质量的土地按农户家庭人口平均分配，导致严重的土地碎化。

---

[1]　樊明等：《中西部工业化、城镇化和农业现代化：处境与对策》，社会科学文献出版社，2015。

中国土地集体所有制基础上的农户自主经营体制还承担着重要的社会保障功能。长期以来，在农村几乎没有社会保障制度，直到近年来才建立了低水平的社会保障制度。到城镇就业的农民工很难在城镇落户，很难享受到与城镇居民同等的社会福利制度，这使得一旦城镇经济出现问题，如2008 年金融危机，或农民工年老体衰后，他们仍可选择返乡务农从而保障其最基本的生活，而不会成为城镇的问题。从这一意义上来说，农民承包土地承担着相当重要的社会保障功能。

三 建立在土地集体所有制基础上的小农经济的问题

当土地承担了不应由土地承担的政治功能和社会保障功能时，中国只能保持土地集体所有制并在此基础上实行农户自主经营，形成小农经济，由此导致土地集体所有权和农户土地经营权的两权分置，并引发诸多问题。

（一）土地规模狭小，缺乏规模经济

农业生产尤其是粮食生产，存在着显著的规模经济性，对此在第五章将有详细讨论。西方发达国家如美国，2012 年家庭农场的平均规模达到434 英亩，折合为 2634 亩，土地规模大使得规模经济效益显著。① 而中国农村户均承包土地仅有 7.12 亩，土地规模狭小会导致农业生产的低效率。

（二）农民经营土地的短期行为

土地承包是有限期的，国家规定目前的土地承包期为 30 年。但在实际执行中，人口的变动使得劳动力和土地的匹配不合理，事实上不少地方采取了一定时间间隔后重新分配土地的方法。有一项调查值得关注，2015 年于潇和 Peter Ho 在吉林和安徽对土地确权状况的问卷调查中发现，60% 的受访农户表示强烈支持和比较支持土地适时调整。② 不管承包期是少于还是等于 30 年，农民对土地的经营都难有长期打算，不愿对土地进行长期投资，特别是固定资产的投资，比如安装管道浇灌设备等，以及购置可长期使用的大型农业机械等，而只经济合理地采取短期行为。

（三）物质资本投入低，不利于农业科技水平的提高

中国农村的土地是分散经营的，每户分得极其有限的土地。而各种农业机

---

① 美国农业部国家农业统计局网站：https：//www. agcensus. usda. gov。

② 于潇、Peter Ho：《中国农村土地确权状况》，载李光荣主编《中国农村土地市场发展报告（2015~2016）》，社会科学文献出版社，2016。

械设备存在有效耕种规模。如果土地规模过小，远远低于一种农业机械设备的最小有效耕种规模时，不投入这一农业机械设备就是理性的选择。因此对于拥有少量土地的农民来说，普遍缺少投资农业、提高农业现代化水平的动力。

（四）人力资本投入低

狭小农地还导致对农业的人力资本投入低，因为高人力资本投入在狭小的土地上难以获得应有的回报。设想一个农村高中生到农业大学读书 4 年，回来种家庭所承包的 10 亩地，所带来的增产很难使读农业大学的人力资本投资得到应有的回报。如此，也导致中国的农业大学的农学专业从来不是热门专业，也不是中国优秀高中生的首选。中国虽是一个农业大国，却是一个农学教育小国。

（五）劳动和土地很难得到有效结合

中国土地的分配是平均分配，这种分配并不是通过市场实现的，而是按人头进行的，不管一个人想不想种田，善不善种田，均分得等量等质的土地。经济学的一般理论告诉我们，在给定土地和劳动力的条件下，粮食产量最大化的土地和劳动力结合应是每个劳动力的边际产量相等。例如，就小麦来说，善种田的人亩均可产 500 千克，而不善种田的人亩均产 400 千克，如果善种田的多种 1 亩，而不善种田的少种 1 亩，则小麦总产量可增加 100 千克。可见，善种田的多种一些，不善种田的少种一些，有助于提高土地利用的效率，而不应该善种田和不善种田的都种同样数量的田。

（六）农民难以与土地彻底分离，降低城镇化质量

城镇化是农民与土地分离、离开农村到城镇就业生活的过程。西方的城镇化通常是农民与土地彻底分离的过程，而在中国由于农民的承包地承担着社会保障功能，因此政府并不鼓励农民与土地分离。这样，当农民在城镇难以就业生活或年老体衰时，可以回到农村重新耕种其承包地，这时承包地承担了农民的社会保障功能。如此，中国的城镇化就是低质量、不彻底的。

（七）抛荒现象严重

一般来说，在土地私有社会，如果土地对其所有者来说价值较低甚至不再需要，土地所有者或卖出或租出其土地而不会选择抛荒。而在中国，土地承包权的获得不是通过市场，而是集体无偿平均分配，不管农户是否需要。当农户不再需要其承包土地时，剩下的选择就是出租或抛荒。如果租金较低且低于出租的交易成本，则抛荒就是理性的选择。抛荒与集体土地所有制相关,是农户只有土地承包权而无所有权的产物。关于土地抛荒行为,在第六章第二节将有详细讨论。

(八) 中国主要农产品价格明显高于国际市场

以上这些问题的一个重要的外在表现是中国主要农产品价格明显高于国际市场。图 1 - 1 到图 1 - 4 对比了中国与美国的小麦、水稻、玉米和大豆从 1991 年到 2015 年的价格变化,显示差距整体在不断拉大,尤其是近几年,中国主要农产品的价格在上升,而美国的价格在下降。这里选用美国的主要农产品价格,是因为美国价格是国际农产品价格最重要的代表。

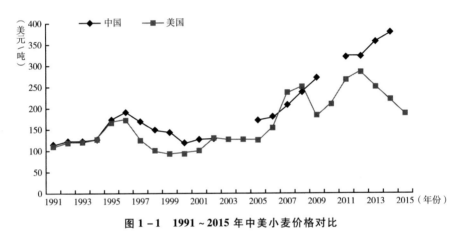

图 1 - 1　1991 ~ 2015 年中美小麦价格对比

资料来源:联合国粮农组织统计数据库。

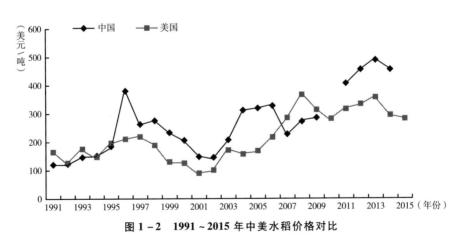

图 1 - 2　1991 ~ 2015 年中美水稻价格对比

资料来源:联合国粮农组织统计数据库。

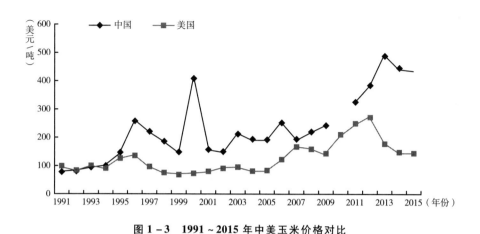

图 1 - 3　1991～2015 年中美玉米价格对比

资料来源：联合国粮农组织统计数据库。

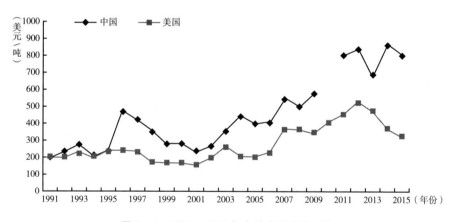

图 1 - 4　1991～2015 年中美大豆价格对比

资料来源：联合国粮农组织统计数据库。

第二节　研究主题及方法

　　基于以上讨论，中国小农经济的价值主要在于其政治功能和社会保障功能，但是其存在的问题是不可忽视的。近年来，为实现土地的规模经营以克服小农经济的弊端，中国政府开始鼓励土地流转，但仍然存在诸多问题需要讨论。

一 土地三权分置基础上土地流转的问题

当下中国土地流转制度改革的要点是，将土地集体所有权、农户承包权和土地经营权三权分置，在三权分置的基础上，通过流转土地经营权实现土地的适度规模经营。这是一项重大改革，但也存在一些问题。

（一）高土地流转成本

前文已述，根据 2016 年土地流转问卷调查，中国农村户均耕地为 7.12 亩，分 4.0 块，是典型的小农经济。那么当一户农户为实现土地规模经营希望耕种 100 亩土地时，则其 92.88% 的土地是来自土地流转，这就需要与众多农户进行谈判，必然导致土地流转的高成本。而承包期有限，流转的也只是承包剩余期内的土地经营权，因此谈判并不是一次性的，需不断重复谈判。

（二）强化了土地经营的短期行为

目前土地流转的只是在承包剩余期内的土地经营权，时间有限。根据 2016 年土地流转调查，平均流转时间为 7.7 年，大大低于 30 年承包权。如此短时间的土地流转，必然强化土地经营的短期行为。2016 年土地流转问卷询问受访农户：如您租入土地，租期有限会影响您对土地的投入？备选答案有：不会、会有所考虑、肯定会。表 1-1 报告了调查结果，显示 68.18% （=50.23%+17.95%）的受访者表示，会"有所考虑"和"肯定会"影响。

表 1-1 租期有限对投入的影响

	租期有限是否影响投入		
	不会	有所考虑	肯定会
占比（%）	31.82	50.23	17.95
样本数（个）	1075	1075	1075

（三）代理问题和管理成本

目前土地流转的形式多样，一种方式是将土地流转给某种机构，如股份合作组织、农业合作社和农业企业等，流转后部分农民受雇于土地流入机构。这时机构就要组织受雇的农民从事农业生产活动，就必然产生管理成本。机构将雇用经营管理者组织农业生产，就必然产生代理问题。相反，在现代自耕农家庭农场，土地所有权、经营权合一，避免了代理问题和管理成本的产生。

（四）农民工演变成"新型地主"

农民离开农村到城镇就业成为农民工。由于仍然持有农村土地承包权，农民工通常将承包地出租给他人耕种，收取地租或其他形式的土地利益，这时农民工与其承包地的承包者形成租佃关系：承包土地的农民成为某种意义上的佃农，而农民工就演变成某种意义上的地主，我们称之为"新型地主"。随着越来越多的农民离开农村，而留在农村实际种田的农民所耕种的土地大多通过租佃获得。农业本不是高盈利行业，如果由占人口10%真正在农村种地的农民向这个国家一半以上的人缴纳地租，中国农业就退化到佃农经济，这至少带来两个方面的问题。

一是道德问题，即可能占据总人口一半以上的城镇居民（可能还叫农民工及其后代）向占人口不到10%真正种地的农民收租，是否为一种剥削行为？长期以来中国并没有在意识形态上否定这种剥削行为的性质。二是在农产品市场全球一体化的背景下，中国的农民将在全球一体化的农产品市场上与农业发达国家的自耕农竞争。由于中国的农民大多为佃农，要缴纳地租，可能是沉重的地租而面临着竞争的成本劣势，如何参与竞争？我们经常把地租的沉重视为土地流转的优越性，因为承包地流转出的农民获得高额的土地租金，并视之为保护了农民的利益。其实，当土地租佃体制形成后，农民已呈现两个阶层：真正种地的农民和离开土地的所谓"农民"，有人称之为"伪农民"。我们应更多地保护真正种地的农民的利益还是离开土地的"伪农民"的利益？这关系到中国农业的国际竞争力以及中国农业能否得到健康的发展。

（五）农村出现大量剩余劳动力

西方在工业化、城镇化背景下，一般不会出现大规模的农村剩余劳动力，因为当工业化带动农业现代化由此产生农村剩余劳动力时，剩余劳动力就会通过城乡统一高流动性的劳动市场，转移到城镇就业。而中国存在城乡分隔的户籍制度，当农民发现在农村从事农业生产收入较低时，却难以到城镇就业，因为受到严重的户籍歧视，难以真正融入城镇，由此在农村形成大量剩余劳动力。2015年中国农业产出占国内生产总值的比重为8.83%，而农业劳动力占总劳动力的比重为28.30%。如果实现城乡收入均等化，则只需要 8.83% 的农业劳动力。由此可见中国农村剩余劳动力之巨。当农村剩余劳动力难以及时转移到城镇，也限制了土地流转，因为一些农户因担心难以在城镇获得适当的就业机会而继续留在农村务农。

二　研究主题

中国作为社会主义国家实行农村土地集体所有制，是社会主义制度的要求，这个制度还将长期存在下去。我们要在这样的土地制度条件下，通过土地流转实现土地的规模经营，这就要求中国土地流转制度必须具有中国特色。中国土地问题既涉及制度本身的问题，又是一个与意识形态高度关联的问题；既要求通过土地流转实现土地的高效率利用，又要能对基本经济制度给予维护。所以，中国的土地流转既是一个经济问题，又是一个政治问题，存在着相当的复杂性。

鉴于以上分析，我们要在当前的土地集体所有制条件下讨论土地流转问题，由此本书研究的主题可以概括为以下内容。

在当前土地集体所有制的条件下，如何降低土地流转的成本和提高土地的经营规模，实现规模效益，力图实现以下几点。一是降低交易成本，形成与现有农业现代化技术、机械化水平相适应的土地经营规模。如果土地流转交易成本过高，显然难以实现与现有技术水平相适应的大规模土地经营。二是有条件参与农产品全球市场一体化的竞争。在全球化的背景下中国农产品必然会参与全球竞争，而其背后包含着土地制度的竞争。如果中国的土地制度决定了中国农业难以参与全球竞争，那么这种制度本身就是问题制度。三是要更多地维护实际留在农村种地农民的利益。当土地流转后，只有实际种地的农民的利益得到保障，才能更好地促进中国农业的发展。如果更多的是保护只有农民身份而并不在农村种地的农民，实际上就退回到了佃农体制，势必导致农业低效率问题并引发更多的社会矛盾。四是农业经营以家庭农场为主，实现土地承包权与经营权的合一。一般来说，自耕农家庭农场是农业生产最有效的形式，只有实现这种模式的经营，才能更好地推进农业现代化、提高农业生产效率，才能更好地参与农产品全球市场一体化的竞争。虽然中国在土地集体所有制的条件下，无法形成完全的自耕农家庭农场，但可实现基于承包土地的家庭农场。

三 研究方法

自 2008 年起，樊明教授指导主要是河南财经政法大学的本科生合作出版了八本专著，分别是：《退休行为与退休政策》（2008）、《生育行为与生育政策》（2010）、《种粮行为与粮食政策》（2011）、《房地产买卖行为与房地产政策》（2012）、《收入分配行为与政策》（2013，与南京审计学院喻一文教授联合指导两校本科生）、《工业化、城镇化和农业现代化：行为与政策》（2014）、《中西部工业化、城镇化和农业现代化：处境与对策》（2015）、《教育、劳动市场表现与教育政策》（2016）。在过去近 10 年的研究中，形成了一定的研究特色，具体表现为以下四点。

一是基于问卷调查进行研究。中国农村土地流转形式多样、问题复杂，只有掌握了真实情况，了解了其中的问题，我们才能够提出有针对性的公共政策以促进土地有效合理流转。为此我们做了大量的调查，对此在本章第三节将有详细介绍。

二是以经验研究为基础的政策研究。要制定有效促进土地流转的公共政策，首先要深刻理解农民土地流转的行为以及与公共政策的关系。为此本书基于调查数据进行经验研究，分析农民土地流转的行为以及公共政策对农民土地流转的影响。相信在此基础上所进行的政策研究更具针对性并可取得良好的政策效果。

三是基于农业发展的普遍规律讨论中国农村土地流转问题。纵观世界各国农业的发展，虽然每个农业成功的国家有其国别特色，但普遍遵从着农业发展的一般规律。比如，粮食生产具有很强的规模经济性，这是由粮食生产的技术特点所决定的。农地绝大多数用于粮食生产，这就意味着至少在产粮区，如果一种土地流转模式最终不能实现土地的规模经营，即使这种土地流转模式对解决当下的某一个问题有意义，也一定缺少长久的生命力。

四是基于农产品市场全球一体化的视角审视中国农村土地流转问题，将中国农业发展问题放在农产品市场全球一体化的大背景下进行分析讨论。在讨论中国土地流转问题上，多数学者往往更强调中国国情，但随着农产品市场全球一体化的不断推进，中国农民将通过国际市场与农业发达国家的农民相竞争，竞争的压力会削弱基于国情的某种合理性。本书在考虑中国国情的基础上更强调从农产品市场全球一体化的视角来思考中国土地流转问题，最终中国所实行的土地流转方式应使中国农业较好地参与全球市场竞争，否则就将因难以经受全球竞争的考验而失去生命力。

第三节　调查与数据

要研究中国农村土地流转，首先要对其调查以弄清土地流转的真实情况。官方发布的关于土地流转的数据，一般只限宏观层面，但要对农户土地流转行为进行解释，就需要基于农户的问卷调查数据，其中不仅包含其土地流转行为的数据，还包含农户其他诸多方面。

一　问卷调查

2016 年 5 月，我们首先在学校所在地河南省进行了调查。7 月，派出了 10 个调查队分赴 21 个省、自治区和直辖市进行问卷调查，包括：吉林、辽宁、河北、山西、山东、江苏、浙江、安徽、江西、湖北、湖南、福建、广东、广西、云南、贵州、四川、重庆、陕西、甘肃、青海。

本次调查主要为问卷调查，由调查同学直接深入农村开展。到一个村，我们往往偏重选择流转大户以获得更多有土地流转行为的样本。问卷调查方式一般是，在受访村民同意接受问卷调查后，调查同学和受访村民各持一份问卷，调查同学逐一宣读并解释问题，根据受访村民的回答进行填写。通常问卷调查后还与受访村民访谈，以更深入地了解情况。调查获得有效问卷共计 3554 份。这部分问卷被称为"2016 年土地流转问卷"。

需要特别指出，调查所获得的数据主要不是为推测土地流转的全国平均水平，而是侧重于分析农户土地流转行为。由于本次调查存在流转大户的偏好，因此在用于推测全国平均水平时要考虑这一点，但这并不影响我们解释农户的土地流转行为。

2016 年 7 月，我们与农业部农村经济研究中心以"技术创新、金融支持与农业规模经营主体发展"为题进行了问卷调查，获得河南省有效问卷 978 份。这部分问卷被称为"2016 年农业部河南问卷"。在 7 月进行全国调查时，2016 年土地流转问卷融入了部分 2016 年农业部河南问卷的部分问题，导致其与 5 月所使用的问卷稍有差异。

这是一次成功的调查。同学们带着使命感与责任感参与了调查，充分认识到调查所获得的数据以及基于调查数据进行研究所获得的结论对公众舆论甚至对国家相关政策的制定可能有一定的影响。同学们也清楚地认识到他们在为自己的研究做调查，如果数据不真实就可能分析不出可解释的有意义的结果。此外，我们对调查的全过程进行了良好的组织与管理，不仅在问卷填写时严格把关，而且在问卷输入后对其质量进行检查，对填写不认真的问卷一律删除。

当然，这次调查也有一些不尽如人意之处。在一些较为偏远的山区，由于受交通地形等因素的影响，所获得问卷数量较少。调查还受天气、方言以及各地民众配合调查程度的影响，有些省份的问卷数量相对较少。另外，前后两次调查问卷的少量问题不一致，也是不足之处。

调查获得的数据向国内外学者开放。凡有兴趣的学者可直接联系本书作者之一樊明（邮箱：fanming4262@163.com）。如果有更多的学者基于我们调查所获得的数据做出出色的研究，我们会由衷地感到高兴，并会觉得我们过去所付出的所有艰辛更加值得。

二　对数据信度的检验

信度是问卷测量结果一致性、稳定性及可靠性的检验指标。一般多以内部一致性表示该测验信度的高低。一致性是指一张问卷中不同问题的指向集中程度和不同问卷反映同一现象的相似程度。稳定性是指在不同时间地点，用相同的问卷对相同的研究群体进行测验所得结果的相似程度。我们首先通过 Bartlett 球度检验和 KMO 检验法，检验问卷数据是否能够进行因子分析。再用 Cronbach's α 系数法对两份问卷进行内部一致性信度检验和因子分析。Cronbach's α 系数法是指问卷所有可能项目划分方法得到的折半信度系数的平均值，是最常用的信度测量方法，其公式为：

$$\alpha = \frac{K}{K-1}(1 - \frac{\sum_{i=1}^{K} \sigma_{Y_i}^2}{\sigma_X^2})$$

其中，K 为问卷题项数，σ_X^2 为总样本的方差，$\sigma_{Y_i}^2$ 为目前观测样本的方差。问卷的 KMO 统计量为 0.731，且问卷均在 0.001 的水平上具有统计学意义，说明问卷具有良好的结构效度，各变量间偏相关性较强，因子分析时效果较好。Cronbach's α 系数为 0.784，内部一致性较高，说明问卷所有

13

题目指向较为集中，问卷信度较高且具有良好的内容效度。因此由问卷数据得出的结论具有较高的可信度。

我们更倾向于认为，后面的统计分析显示，几乎所有统计分析的结果都得到合理的解释，这是对问卷调查质量更重要的肯定。

三　土地流转的现状

土地流转现状是一个值得关注的问题。2015 年本书作者之一樊明指导本科生就中西部工业化、城镇化和农业现代化协调发展问题，在全国范围内进行了问卷调查，问卷不存在流转大户的偏好。2016 年樊明指导本科生就中国教育政策问题在全国范围内进行了问卷调查，其中针对农民的调查涉及土地流转，也不存在流转大户偏好。这两次调查可用于对全国土地流转的平均水平进行具有一定可靠度的推断，表 1－2 报告了两次调查的结果。

表 1－2　农户土地流转状况

单位：%，个

问卷调查	有土地流入而无流出比重	有土地流出而无流入比重	既有流入也有流出比重	抛荒比重	样本数
2015 年"三化"协调发展	6.11	7.30	0.91	8.73	2519
2016 年教育政策	10.40	11.70	4.80	14.30	1534

根据 2015 年"三化"协调发展问卷调查可知，"有土地流入而无流出""有土地流出而无流入""既有流入也有流出"三者比重相加为 14.32%。根据 2016 年教育政策问卷调查可知，这三项比重相加为 26.90%。农业部部长韩长赋在 2016 年 11 月 3 日表示，截至 2016 年 6 月，中国 2.3 亿农户中，土地流转农户超过了 7000 万，比重超过 30%。[①] 这一数据比 2016 年教育政策问卷调查所获得的土地流转数据稍高，但差别不

---

① 丁栋：《农业部部长：进城农民退出承包地探索应审慎》，中华网，http://news.china.com/domesticgd/10000159/20161103/23847338.html，2016 年 11 月 3 日。

大。值得关注的是，根据 2015 年和 2016 年两次问卷调查可知，土地流转的比重在扩大，但农民抛荒的比重也在增加，且在调查样本中抛荒比重达到 14.30%，需特别予以关注。

第四节　以后各章要览

本书研究的核心问题是，如何通过土地流转实现土地适度规模经营。我们当然可以就土地流转的具体政策问题展开分析，但如果我们就中西方农村土地制度的历史演变以及相关的思想和理论进行梳理和评析，可使我们从历史发展的更一般规律角度思考当下政策，从而所制定的政策不是应一时之需，而是反映历史发展道路上的一个节点。

第二章讨论国外土地制度及土地流转。英国土地制度的演变最终确立了以自耕农为基础的家庭农场体制，和英国农业现代化互为因果，且说明建立自耕农体制并非一定要通过土地改革，富有启发意义。美国农村的土地制度包括土地流转制度，这与美国成为世界头号农业强国，有直接的关系。苏联解体、俄罗斯独立后，叶利钦和普京推行了不同的农业改革，叶利钦主张建立西方式的家庭农场，但未成功，而普京追求大农业。如何评价两种改革的得失，值得关注。

第三章回顾由古至今中国的土地制度及土地流转的历史演变，包括土地制度演变的中国经验、农业社会时期政府的抑制兼并和不抑制兼并政策、民国时期的土地流转。这些历史回顾有助于我们从历史发展的更一般规律角度思考当下的土地流转问题。

国内外的思想家们对于土地制度的不同思考和改革的不同主张，对我们今天思考土地流转问题富有启发意义。第四章介绍马克思对资本主义土地制度的肯定和批判，亨利·乔治提出的对地租征收 100% 税收形成"单一地价税"的政策主张，孙中山平均地权思想及其包含的公平与效率两难，毛泽东土地思想及其实践。当下关于中国农村应实行何种土地制度有激烈的争论，核心问题在于农村土地是否要私有化，此外关于在现行体制下如何进行土地流转，也有诸多讨论，值得关注。

第五章研究土地的适度规模经营。农业生产规模经营的理论基础是农业生产的规模经济性，为此介绍相关的理论并基于问卷调查数据提出证据。但最佳农地规模难以确定，我们需研究土地适度规模，为此分析土地适度规模的概念，并基于不同假设前提对适度规模提出估计，分析影响土地适度规模的因素。

土地流转首先是农户的自主决策。为此在第六章研究土地流转的农户行为，包括土地流入流出行为、土地抛荒行为。此外，农户耕种亩数对农户投入的影响、租金形成的影响因素、农户土地流转合同方式选择、土地流转的金融支持等与土地流转相关的问题也值得关注。

为克服小农经济的弊端，全国不少地方就通过土地流转实现土地适度规模经营进行了有益的探索，具有重要的借鉴意义。第七章介绍平度的两田制，南海和扬州的土地股份合作制，温江的城乡统筹综合改革，重庆的地票模式，宿州、益阳、临颖的土地信托。

土地流转，直接涉及亿万农民，间接地与全中国人民相关。网络上有不同的看法和主张，其中不少来自土地流转的经历者，也许有所偏颇，但不乏深刻之处。我们做问卷调查时，还与许多受访者进行了交谈，也不乏有意思的故事和言论。对此，在第八章加以整理介绍。

中国的土地流转主要有两种：土地在农户及其他经营主体间流转以及农用地转为城市建设用地。第九章分别讨论政府在这两种土地流转中应发挥的作用。目前种粮直补的受惠方为承包地农户，近有建议提出将种粮直补的补贴方转为土地流入方，对此也将展开讨论。为了鼓励土地流转，国家出台了相关政策，各地有丰富的实践。如何看待政府鼓励土地流转政策，值得探讨。

在全球化时代，尤其在农产品市场全球一体化的背景下，要求今天中国土地流转的制度安排能在未来使得中国农产品参与全球市场竞争。为此在第十章讨论农产品市场全球一体化的历史趋势，以及全球化对土地流转制度选择的限制。这一分析有助于我们设计出更能经受农产品市场全球竞争的土地流转制度。

中国农村土地流转所存在的诸多问题，与农村土地集体所有制关系密切。这就提出一个问题，以什么样的土地制度为基础，土地流转将较为理想？这就需要思考土地制度与土地流转的关系。第十一章分析基于土地私有制和中国农村土地集体所有制的农村土地流转。

第十二章首先对之前的分析所获得的主要发现做一简要梳理，在此基础上讨论促进中国土地流转的政策选择。

附录 1－1

土地流转与农地适度规模经营调查

河南财经政法大学

调查地点：_____省_____市

时间：**2016 年_____月**

调查人：_____；问卷序号：_____

1. 您居住村庄所在地：_____省_____市_____县/区。

    地貌形态：A. 平原；B. 丘陵；C. 黄土高原；D. 深山

2. 如何评价您居住村庄土地肥沃程度？

    A. 很贫瘠；B. 比较贫瘠；C. 一般；D. 比较肥沃；E. 很肥沃

3. 如何评价您居住村庄的农业条件？

    A. 很差；B. 较差；C. 一般；D. 较好；E. 很好

4. 您家耕种几亩地？_____亩。其中承包_____亩；流转入_____亩；流转出_____亩；抛荒_____亩。承包地分_____块

5. 如您家的地有流入，耕种更多土地的原因是什么？（可多选）

    A. 有多余劳力；

    B. 有多余农业机械；

    C. 扩大耕地规模可带来更大收益；

    D. 要做专职的种粮（植）大户

6. 如您家有土地流入，方式是：

   A. 从亲戚租入；B. 从其他农户租入；C. 反租倒包；

   D. 从土地合作社获得；E. 从农业企业租赁；F. 从土地银行贷入土地

7. 流入土地年租金每亩_____元，或/和年每亩□小麦□水稻□玉米

   （画钩）_____斤

8. 如何评价流入土地租金？

   A. 很低；B. 较低；C. 合理；D. 较高；E. 很高

9. 如果您家的地有流出，流出：

   A. 部分承包地；B. 全部承包地。

   减少耕种土地的原因是什么？（可多选）

   A. 人手不够；B. 种田不赚钱；C. 土地贫瘠；D. 位置太偏远；

   E. 到城镇就业生活

10. 如果您家的地有流出，方式：

    A. 转包亲戚；B. 转包其他农户；

    C. 转包给农业股份合作社并加入合作社种田；

    D. 转包给农业股份合作社但自己未加入；

    E. 转包给农业企业并在其指导下种田或其他生产活动；

    F. 转包给农业企业但自己并未参加其生产活动

11. 您是否属于这样的情况：承包地均交他人种，自己在城里就业生活但拿租金或其他利益？

    A. 是；B. 否

12. 如您家与其他农户或经济组织有土地流转，促成合同形成最主要的方式是：

    A. 平等协商谈判；B. 村委会的干预；C. 政府干预；

    D. 土地转入方（如大户、农业企业等）施加影响

13. 如您家有土地流转出，如何描述这种流转？

    A. 完全自愿；B. 基本自愿；C. 有些强制；D. 强制性较强；

    E. 几乎是被迫的

14. 如您家有土地流转合同为：

    A. 口头合同；B. 书面合同；C. 村委会备案合同；

    D. 政府土地部门备案合同

15. 谈判土地流转合同，您感觉：

A. 很难；B. 较难；C. 一般；D. 较容易；E. 很容易

16. 如您家有土地流入或流出，流转时间一般是：_____年。流转时间：

A. 太短；B. 较短；C. 正常；D. 较长；E. 很长

17. 流出土地年租金每亩_____元，或/和年每亩□小麦□水稻□玉米（画钩）_____斤

18. 如何评价流出土地租金？

A. 很低；B. 较低；C. 合理；D. 较高；E. 很高

19. 租金是先支付还是等收获后再支付？

A. 先支付；B. 收获后再支付；

C. 长期合同，逐年支付，但首次在签合同后；

E. 长期合同，逐年支付，但首次在第一年收获后

20. 如您家有土地租出或租入，农业补贴归：

A. 出租土地农户；B. 租入土地农户；C. 分享农业补贴

21. 如何评价土地流转合同遵守？

A. 很遵守；B. 比较能遵守；C. 一般；

D. 不太能遵守；E. 说变就变

22. 如您租入土地，租期有限会影响您对土地的投入？

A. 不会；B. 会有所考虑；C. 肯定会

23. 如您家土地流入或流出，有没有出现：过去种粮食现改种经济作物？

A. 没有，继续种粮；B. 有

24. 如果您家有撂荒的土地，原因？（可多选）

A. 人手不够；B. 种田不赚钱；C. 到城镇就业生活；

D. 撂荒的地太贫瘠，打不出多少庄稼；

E. 转包太麻烦，租金又比较低；E. 没什么人要种

25. 您的受教育程度：

A. 未受教育；B. 小学；C. 初中；D. 高职；E. 中专；F. 高中及以上

26. 您是户主或家庭农业生产的主要决策者吗？

A. 是；B. 不是

如您不是，您家户主或家庭农业生产的主要决策者的受教育程度？

A. 未受教育；B. 小学；C. 初中；D. 高职；E. 中专；F. 高中及以上

27. 如何描述您的农业生产技能？

    A. 很低；B. 较低；C. 一般；D. 较高；E. 很高

28. 如何描述您在城里打工的技能？

    A. 很低；B. 较低；C. 一般；D. 较高；E. 很高

29. 如您在农村，主要从事（最接近的，可选两项）：

    A. 农业；B. 乡镇企业；C. 打零工；D. 服务业；E. 自己做生意；

    F. 村干部；G. 教师、医生等；H. 基本闲着

    您在村里是：

    A. 村干部；B. 普通村民

30. 如您在农村从事非农职业，您每月收入平均是_____元。或如在
    城镇打工，每月平均是_____元

31. 您所在村的人外出打工多吗？

    A. 很少；B. 较少；C. 一般；D. 较多；E. 很多（就剩老人、小孩了）

32. 描述您对以下技术的需求，从 0 到 4 表示需求的程度，0 表示无需求，
    4 表示需求迫切

    种子：_____；化肥：_____；农药：_____；
    农膜：_____；饲料：_____；兽药：_____；田间管
    理：_____；产品晾晒：_____；农作物病虫害防治：
    _____；动物疫病防治：_____；质量安全：_____

33. 您家所获得的农业技术源于：

    A. 专家指导（免费/有偿）；B. 举办培训班（免费/有偿）；

    C. 成果交流（免费/有偿）

34. 评价所获技术的帮助？（从 0 到 4 打分）

    A. 增加销售收入；B. 降低成本；C. 提升农产品的品质

35. 您家通过网络获得农业知识市场信息？

    A. 很经常；B. 较经常；C. 一般；D. 较少；E. 从未（村里有网络）；

    F. 无网络

36. 您家有没有通过网络销售农产品？

    A. 没有；B. 偶尔；C. 比较经常；D. 基本销售方式

37. 您所在的农村，当地政府鼓励农民创业吗？

    A. 很鼓励；B. 较鼓励；C. 一般；D. 不太鼓励；E. 无相关政策措施

38. 如何介绍您家的融资需求？（从 0 到 4 表示需求的强度）农业生产需求（购买种子、化肥、农具或收购农副产品等）：＿＿＿＿＿；非农业生产需求（运输、仓储、加工、贸易等）：＿＿＿＿＿；生活性需求（上学、看病、婚葬、建房等）：＿＿＿＿＿

39. 如农业生产需贷款，您一般：

    A. 找亲戚朋友借；B. 借高利贷；C. 找农村信用社等正规金融机构；

    D. 很难贷到款

40. 如贷款很难，主要原因：（可多选）

    A. 缺少财产担保；B. 无人或机构愿提供担保；C. 缺少可投资项目

41. 服务您家的银行主要是（画钩）：农业发展银行、农业银行、农村信用社、农村商业银行、农村合作银行、邮政储蓄银行、村镇银行、资金互助社、小额贷款公司、其他商业银行

42. 如何评价您所在县的富裕程度？

    A. 很穷；B. 较穷；C. 一般；D. 较富裕；E. 很富裕

43. 如何描述您和土地？

    A. 土地是根，很难放弃；B. 放弃有些舍不得；

    C. 一种生产要素，补偿合适就放弃

44. 如让您放弃土地得到城镇户口及社会福利您愿意吗？

    A. 很不；B. 较不；C. 一般；D. 较愿意；E. 很愿意

45. 土地承包后长期不变，您所在村：

    A. 有的家地多却少有人种；B. 有的家人多地少；C. 未出现上述情况

46. 您家现在正在使用的农机具（耕牛可估计现值）

	拖拉机	农用车	水泵	喷雾器	收割机	脱粒机	增氧机	板车	耕牛	船只	塑料大棚	其他
数量												
购买时间												
购买价格												

47. 如何描述您家所使用农业机械（如拖拉机）的大小？

    A. 微型；B. 小型；C. 中型；D. 大型；E. 特大型

48. 2015 年家庭农业生产情况

农产品	耕种亩数	亩产（斤）	价格（元/斤）	每亩农资支出（元/亩）	每亩租金付出（元/亩）	销售难度	机械化程度	投入劳动力个数
小麦								
玉米								
水稻								

其他作物种类：1 = 小米；2 = 大豆；3 = 棉花；4 = 花生；5 = 蔬菜；6 = 牲畜：如牛、羊、鸡、鸭，饲养占地，出售头数及价格；7 = 采集：如药材、野菜、菌类等，年采集量（斤）及价格

每亩农资支出指种子、化肥、请人所付，不含自家劳动力付出。每亩租金付出指在租种别人地时所支付租金

销售难度：1 = 很容易；2 = 较容易；3 = 一般；4 = 比较难；5 = 很难

机械化程度：1 = 很低；2 = 比较低；3 = 一般；4 = 较高；5 = 很高

投入劳动力个数：如有家庭成员不完全从事农业，可折合成单个劳动力的分数，如 0.5 个、0.3 个等

49. 如何评价您家 2015 年的务农净盈利（收入 - 支出）？

A. 很低；B. 较低；C. 正常；D. 较高；E. 很高

50. 如何评价 2015 年您家农产品销售价格？

A. 很低；B. 较低；C. 正常；D. 较高；E. 很高

51. 如何评价 2015 年您家购买农资的成本？

A. 很低；B. 较低；C. 一般；D. 较高；E. 很高

52. 您家有几个务农劳动力？_____ 个（可以是小数），雇用几个劳动力从事农业生产？_____ 个（短时雇用可酌情折合），有几个被抚养人口（家庭中无劳动收入的人口）？_____ 人

53. 如何评价您对家庭农业生产净盈利的贡献？_____%

1 2 3 4 5   1 2 3 4 5

（以上左边 12345 对应以下问题的 ABCDE 选项：

如何评价所在村村干部的领导力？

A. 很低；B. 较低；C. 一般；D. 较高；E. 很高

以上右边 12345 对应以下问题的 ABCDE 选项：

如何评价所在村村干部的廉洁程度？

A. 贪腐严重；B. 有些贪腐，但不算严重；C. 一般；D. 较高；E. 很高

括弧中内容不出现在问卷中。）

附录 1－2

技术创新、金融支持与农业规模经营主体发展调查

中国农业部农村经济研究中心

河南财经政法大学

问卷编号：＿＿＿＿＿＿＿＿

规模经营主体名称：＿＿＿＿＿＿＿

负责人姓名：＿＿＿＿＿＿＿；注册时间：＿＿＿＿＿＿＿

规模经营主体所在：＿＿＿＿省＿＿＿＿县＿＿＿＿镇（乡）＿＿＿＿＿村

受访者姓名：＿＿＿＿＿＿；联系电话：＿＿＿＿＿＿＿

调查人姓名：＿＿＿＿＿＿；联系电话：＿＿＿＿＿＿＿

一　规模经营主体概况

（一）规模经营主体负责人情况

编号	问题	选项
1	年龄	＿＿＿＿＿＿周岁
2	性别	①男　　②女
3	文化程度	①小学以下　②小学　③初中 ④高中或中专　⑤大学及以上

续表

编号	问题	选项	
4	是否一直从事农业劳动为主	①是	②否
5	是否有外出打工经历	①是	②否
6	是否有办厂经商经历	①是	②否
7	是否担任过村干部	①是	②否
8	是否中共党员	①是	②否
9	是否复转军人	①是	②否
10	是否参加过培训	①是	②否
11	是否本地经营户	①是	②否

（二）规模经营主体组织特征

12. 所在组织类型：_____
　　①专业大户和家庭农场　②专业合作社和股份合作社
　　③龙头企业和农业公司　④其他（协会、学会、经纪人等）

13. 主要经营行业（可多选）：_____
　　①种植　②养殖　③水产　④林业　⑤农机　⑥植保
　　⑦其他（_____）

14. 经营活动环节（可多选）：_____
　　①生产　②加工　③流通　④销售　⑤服务　⑥其他（_____）

（三）规模经营主体经营特征

编号	问题	选项					
15	主要种植品种	小麦、水稻、玉米、大豆、棉花、油料、糖料、蔬菜、水果、瓜等					
16	种植面积变化情况（亩）		2013 年	2014 年	2015 年		
		品种 1：					
		品种 2：					
		品种 3：					
17	2015 年经营土地面积（亩）	自己家承包地	亲戚朋友转包	本村其他农户租赁	外村农户租赁	其他渠道租赁	总面积

编号	问题	选项					
18	主要养殖品种	猪、牛、羊、鸡、鸭、鹅、兔等					
19	养殖品种变化情况（只/头）		2013 年	2014 年	2015 年		
		品种 1：					
		品种 2：					
		品种 3：					
20	2015 年圈舍占地面积（亩）	自己家承包地	亲戚朋友转包	本村其他农户租赁	外村农户租赁	其他渠道租赁	总面积

编号	问题	选项					
21	主要水产品种	鱼、虾、鳖、蟹等					
22	品种变化情况（尾）		2013 年	2014 年	2015 年		
		品种 1：					
		品种 2：					
		品种 3：					
23	2015 年水域养殖面积（亩）	自己家承包地	亲戚朋友转包	本村其他农户租赁	外村农户租赁	其他渠道租赁	总面积

（四）规模经营主体成本收益情况

24. 生产经营成本情况

年份	亩均成本（元）	成本支出构成情况（元/亩）										
		种子	种苗	肥料	农膜	农药	饲料	兽药	农机作业费	土地租金	人工费	其他支出
2013												
2014												
2015												

25. 规模经营主体收益情况

年份	资产总额（元）	负债总额（元）	销售收入（元）	总成本（元）	净收益（元）	政府补贴（元）
2013						
2014						
2015						

26. 生产经营收益情况（分品种填写）
品种1：＿＿＿＿＿＿

年份	总产量 （公斤）	出售量 （公斤）	平均售价 （元/公斤）	总成本 （元）	净收益 （元）	政府补贴 （元）
2013						
2014						
2015						

生产经营收益情况（分品种填写）
品种2：＿＿＿＿＿＿

年份	总产量 （公斤）	出售量 （公斤）	平均售价 （元/公斤）	总成本 （元）	净收益 （元）	政府补贴 （元）
2013						
2014						
2015						

生产经营收益情况（分品种填写）
品种3：＿＿＿＿＿＿

年份	总产量 （公斤）	出售量 （公斤）	平均售价 （元/公斤）	总成本 （元）	净收益 （元）	政府补贴 （元）
2013						
2014						
2015						

（五）对规模经营的看法与打算

编号	问题	选项
27	在现有条件下,你们认为种多少耕地比较合适?	（　　　）亩
28	你们认为种粮规模至少要达到（　　　）亩,种粮收入才能达到当地中等以上水平?	
29	今后几年你们在经营规模上有何打算?	①扩大面积　②减少面积　③保持不变　④不种
a	如果你们希望扩大种植面积,为什么?	①规模大、政府支持力度大　②与其他作物相比种粮食收益更稳定　③原有规模太小,不经济　④其他(请说明)
b	如果你们希望减少种植面积,为什么?	①种植别的作物更划算　②原有规模太大,忙不过来　③配套设施与服务跟不上　④其他(请说明)

续表

编号	问题	选项
c	如果你们不打算继续种植，为什么？	①改种效益好的作物　②无力耕种　③土地不适合继续种水稻　④其他(请说明)
30	在什么情况下,你们愿意把土地租给别人种？	①自己没有能力　②租金比自己种划算　③找到其他更好的赚钱途径
31	你们所在地是否已经开展承包地确权登记颁证？	①已全部完成确权　②已部分完成确权　③已列入计划　④还未听说
32	你们认为确权会对土地规模经营有何影响？（可多选）	①有利于土地流转　②有利于劳动力转移　③有利于生产性投资　④有利于保护农民利益　⑤有利于提高土地产出率
33	在规模经营上,你们最希望得到政府哪些方面的支持？（可选多项）	①帮助流转土地　②加大直接补贴力度　③控制农资价格　④解决资金问题　⑤提供农业保险　⑥其他
34	你们是否希望子女将来继承你们的事业？	①希望　②不希望

二　技术创新和应用情况

35. 你们目前已采用下列哪种农业生产资料？（可多选，依重要性排序）_____
　①高产品种　②优质品种　③化学农药　④生物农药　⑤有机肥
　⑥复合肥　⑦控释肥　⑧农用薄膜　⑨其他:_____

36. 你们目前已采用下列哪种农业生产技术？（可多选，依重要性排序）_____
　①耕种类技术　②平衡施肥技术　③病虫害预报与防治技术　④农药肥料减施技术　⑤植物保护技术　⑥节水灌溉技术　⑦其他:_____

37. 你们目前已采用下列哪类农业技术设备？（可多选，依重要性排序）_____
　①耕作机械设备　②播种机械设备　③收割机械设备
　④加工机械设备　⑤冷藏运输设备　⑥干燥烘干设备
　⑦节水灌溉设备　⑧植保机械设备　⑨其他:_____

38. 你们目前拥有的人才能够满足技术创新和应用的需要吗？_____
　①人才充足　②基本可以满足　③人才严重不足
　④目前已有的技术够用了　⑤其他:_____

39. 你们对采用农业新品种、新技术、新工艺、新设备的基本态度是：（可多选）_____

①主动学习和引进　②逐步模仿他人　③先看别人怎么做，觉得合适后再采用　④目前已有的技术够用了　⑤其他：_____

40. 你们对以下各类技术需求的程度如何，请在各类技术后面的横线上写上相应的数字。（填写说明：1 需求程度很低，2 需求程度比较低，3 需求程度一般，4 需求程度比较高，5 需求程度很高）

①农业新品种：_____　②农业生产资料：_____

③农业生产技术：_____　④农业机械设备：_____

⑤生物防治技术：_____　⑥新型肥药技术：_____

⑦经营管理技术（市场营销、财务、信息等）：_____

⑧农业生产技能（技能培训、实用人才、职业农民等）：_____

⑨其他：_____

41. 你们决定采用新品种、新技术、新工艺、新设备时，主要考虑哪些因素：（可多选，依重要性排序）_____

①技术稳定可靠　②易于掌握使用　③有跟踪服务指导　④增加产量　⑤提高品质　⑥减轻劳动强度　⑦降低生产成本　⑧具备基础设施条件　⑨领头人的执行力和远见　⑩其他：_____

42. 你们主要通过哪些渠道获取新品种、新技术、新工艺、新设备和市场信息等？（可多选，依重要性排序）_____

①政府推广机构　②企业宣传推介　③示范户带动　④报刊电视网络　⑤亲朋好友邻居　⑥参加学习培训　⑦农技人员指导　⑧科技特派员　⑨农民合作组织　⑩专业技术协会　⑪其他：_____

43. 你们对以下各类获取渠道的信任程度如何，请在各类渠道后面的横线上写上相应的数字。（填写说明：1 信任程度很低，2 信任程度比较低，3 信任程度一般，4 信任程度比较高，5 信任程度很高）

①政府推广机构_____　②企业宣传推介_____　③示范户带动_____

④报刊电视网络_____　⑤亲朋好友邻居_____　⑥参加学习培训_____

⑦农技人员指导_____　⑧科技特派员_____　⑨农民合作组织_____

⑩专业技术协会_____　⑪其他：_____

44. 你们通过什么方式或途径向其他人群或经营主体传递过新技术、新品种、新工艺、新设备等方面的信息：（可多选，依重要性排序）_____
①直接告知　②介绍给亲朋好友邻居　③向合作社或企业推荐
④在培训班上做报告　⑤在现场会上做展示　⑥通过报刊电视网络介绍　⑦其他：_____

45. 采用新品种、新技术、新工艺、新设备等对你们的生产经营活动产生了哪些影响或作用？

	大幅度增加	小幅度增加	无明显变化	小幅度降低	大幅度降低
产量	1	2	3	4	5
品质	1	2	3	4	5
成本	1	2	3	4	5
利润	1	2	3	4	5
销售收入	1	2	3	4	5

46. 采用新品种、新技术、新工艺、新设备等对以下几个方面产生了哪些影响或作用？

	大幅度增加	小幅度增加	无明显变化	小幅度降低	大幅度降低
管理者能力和水平	1	2	3	4	5
员工素质和技能	1	2	3	4	5
劳动生产率	1	2	3	4	5
员工收入	1	2	3	4	5
成员收入	1	2	3	4	5

47. 你们有无专门的研发机构（包括重点实验室、技术研发中心、工程技术中心等）_____（①有　②无），如有，请填写具体名称：_____

48. 请填写你们机构研发人员的状况

单位：人

研发人员数量		学历构成		
全职研发人员	兼职或外聘研发人员	中专及以下	大专及本科	硕士及以上

29

49. 近三年你们机构科研经费的来源及其构成

单位：万元

项目	2013 年	2014 年	2015 年
1. 自筹资金			
2. 政府扶持资金			
3. 金融机构贷款			
4. 吸收风险投资			
5. 国外资金			
6. 其他（请注明）			

50. 请介绍一下你们机构研发和创新的重点领域_____
①新产品开发 ②设备技术改造 ③新工艺创新 ④其他（请注明）：
_____

51. 截至目前，请介绍一下你们机构专利技术研发成果的情况

单位：件

拥有专利数		发明		实用新型		外观设计	
2015 年专利授权数		发明		实用新型		外观设计	
自主开发的新技术、新产品数		通过成果鉴定数		获国家或省市科技进步奖项目数			

52. 你们机构开展科技创新和技术研发面临的主要问题有哪些？（按重要程度依次选择 3 项）_____
①费用太高 ②缺乏技术人员 ③预期风险太大
④市场对于新产品、新技术的需求不明确 ⑤技术创新成效不明显
⑥知识产权相关制度保护力度不足 ⑦缺乏有效的激励机制
⑧缺乏市场和技术信息 ⑨领头人缺乏执行力和远见
⑩其他（请注明）：_____

53. 你们机构开展科技创新和技术研发活动需要政府给予哪些方面的支持？（可多选）_____
①专项支持（贷款贴息、低息贷款、财政专项支持等）
②税收减免 ③政府采购支持

④创造公平竞争的市场环境 ⑤提高办事效率

⑥知识产权保护 ⑦举办科技成果交流研讨会

⑧开展应用技术的示范及推广 ⑨其他（请注明）：_____

三 资金需求和金融支持情况

54. 近三年来，是否因为缺少资金影响你们的农业生产经营活动？_____
   _____（①是；②否），如果是，大约缺多少资金？_____万元。

55. 有没有向银行或农信社申请过贷款？_____（①有；②没有），如果有，申请的贷款额度是_____万元。

56. 申请的贷款是否获得了批准？_____（①是；②否），如果是，批准获得的贷款额度是_____万元。

57. 请填写获得批准的银行或农信社贷款的有关信息（说明：每年获得多笔贷款时，填写金额最大的一笔）

	项目	2013 年	2014 年	2015 年
1	获得贷款数量(万元)			
2	贷款期限(月)			
3	贷款年利率(%)			
4	贷款等待时间(天)			
5	得到贷款的时间(月份)			
6	发放贷款金融机构			
7	抵押担保物			
8	贷款的主要用途			

填表说明：

（1）人们通常所说的利率指月息，如月息 1 分等。含义是借一元钱每月所需付的利息，即月息 1%。转化成年利率为 1% ×12 = 12%。

（2）贷款等待时间是指从申请贷款到获得贷款需要等待的时间。

（3）贷款机构：1. 农村信用社；2. 农村商业银行；3. 农村合作银行；4. 农业银行；5. 工商银行；6. 中国银行；7. 建设银行；8. 村镇银行；9. 邮政储蓄银行；10. 农业发展银行；11. 国家开发银行；12. 其他：_____

（4）抵押担保物：1. 农村土地承包经营权；2. 农户住房财产权；3. 集体林权；4. 四荒地使用权；5. 水域滩涂权；6. 农民集体资产股权；7. 农业机械设备；8. 交通运输设备，大棚、圈舍、渔船、码头等；9. 存单（仓单、订单）质押；10. 担保人；11. 合作社担保；12. 订单企业担保；13. 担保公司担保；14. 联保贷款；15. 其他：_____

（5）贷款用途：1. 购买化肥、农药、农膜；2. 购买种子、种苗；3. 购买农机设备；4. 支付土地租金；5. 支付农机作业费；6. 支付人工费用；7. 农产品加工；8. 农产品收购；9. 农产品运输；10. 农田改良；11. 修建大棚、库房、圈舍、码头等；12. 其他：_____

58. 你们是否享受过政府的信贷担保支持？
    ①没有 ②有，担保金额为 _____，担保费用为 _____，贷款期限为 _____

59. 你们获得的贷款有没有发生过以下情况？
    ①呆账贷款 ②呆滞贷款 ③逾期贷款，逾期金额为 _____，期限为 _____

60. 你们缺钱但没申请银行或农信社贷款的主要原因是什么？（可多选）_____
    ①估计贷款不会批准 ②担心还不起会失去抵押物 ③贷款利息太高 ④还有贷款没有还清 ⑤抵押担保条件要求太高 ⑥申请贷款程序复杂，等待时间太长 ⑦贷款规模太小或期限太短 ⑧有其他途径可以借钱 ⑨其他：_____

61. 你们认为在银行或者信用社贷款困难吗？_____
    ①容易 ②较容易 ③一般 ④较困难 ⑤很困难

62. 你们认为银行或信用社的贷款利率高吗？_____
    ①很高 ②较高 ③适中 ④较低 ⑤很低

63. 你们对银行或信用社的金融服务满意吗？_____
    ①很满意 ②满意 ③一般 ④不满意 ⑤很不满意

64. 你们希望金融机构在哪些方面进行改善？（可多选）_____
    ①增设营业网点 ②增加贷款额度 ③延长贷款期限 ④简化贷款手续 ⑤降低贷款利率 ⑥增加金融服务产品 ⑦扩大抵押担保物范围 ⑧其他：_____

65. 你们通过以下哪种方式开展过直接融资？（可多选）_____
    ①发行公司债或企业债 ②发行股票 ③合资合作经营 ④并购、重组 ⑤企业内部融资 ⑥私募股权融资 ⑦民间借贷 ⑧融资租赁 ⑨互联网平台 ⑩风险投资 ⑪其他：_____

66. 请介绍你们开展直接融资的基本情况（请具体说明）
    ①融资规模：_____ ②投资重点：_____
    ③融资条件：_____ ④发行程序：_____

67. 近年来，你们是否参加了农业保险？_____（①是；②否），如是，通过什么方式参加的？_____（①自愿参保；②强制参保；

③互助保险）都参加了哪些种类的保险（列举具体品种）？＿＿＿＿＿＿＿
＿（①农作物灾害保险＿＿＿＿＿；②动物疫病保险＿＿＿＿＿）

68. 你们最初是在哪一年购买了农业保险＿＿＿＿＿年，购买农业保险的
保费是多少？＿＿＿＿＿元/亩；政府保费补贴是多少？＿＿＿＿＿
元/亩；保险公司的最高赔付金额是＿＿＿＿＿元/亩。

69. 你们认为保险公司的最高赔付金额是否偏低？＿＿＿＿＿（①是；
②否），如果是，你们认为达到＿＿＿＿＿元/亩比较合适。

70. 近三年来，有没有向非正规金融机构或私人借过款？＿＿＿＿＿
（①有；②没有），如果有，请填写下表（说明：每年获得多笔借款
时，填写金额最大的一笔）

	项目	2013 年	2014 年	2015 年
1	借款时间（月份）			
2	借款年利率（%）			
3	借款期限（月）			
4	借款来源			
5	抵押担保物			
6	借款主要用途			

填表说明：（1）人们通常所说的利率指月息，如月息 1 分等。含义是借一元钱每月所需付的
利息，即月息 1%。转化成年利率为 1% ×12 ＝12%。

（2）借款来源：1. 亲戚朋友；2. 民间放贷人；3. 抬会、合会、摇会等；4. 小额贷款公司；
5. 资金互助社；6. 互联网平台；7. 其他：＿＿＿＿＿

（3）抵押担保物：1. 资产抵押；2. 担保人担保；3. 农产品；4. 其他：＿＿＿＿＿

（4）借款用途：1. 购买化肥、农药、农膜；2. 购买种子、种苗；3. 购买农机设备；4. 支付
土地租金；5. 支付农机作业费；6. 支付人工费用；7. 农产品加工；8. 农产品收购；9. 农产品运
输；10. 农田改良；11. 修建大棚、圈舍、库房等；12. 其他：＿＿＿＿＿

71. 请问你们的融资活动等对你们的生产经营活动产生了哪些影响或作用？

	大幅度增加	小幅度增加	无明显变化	小幅度降低	大幅度降低
产量	1	2	3	4	5
品质	1	2	3	4	5
成本	1	2	3	4	5
利润	1	2	3	4	5
销售收入	1	2	3	4	5
经营规模	1	2	3	4	5

四 政策诉求与政策建议

72. 你们已得到过哪些方面的扶持政策？（可多选）_____

　　①政府资金支持　②承担涉农项目　③农地流转　④设施用地

　　⑤政府财政补贴　⑥税收减免　⑦技术推广服务　⑧领办人培训

　　⑨内部治理　⑩其他

73. 你们对完善有关扶持政策有什么建议？

政策内容	最希望得到的扶持政策排序	建议（请写出具体内容）
政府资金支持		
承担涉农项目		
农地流转		
设施用地		
政府财政补贴		
税收减免		
技术推广服务		
领办人培训		
内部治理		
其他（请注明）		

第二章

国外土地制度与土地流转

土地流转的结果与一定的土地制度相联系。从某种意义上来说，土地制度决定土地流转的结果，对此在第十一章将展开理论分析。本章以英国、美国两个西方代表性的国家为例，介绍并评析其土地制度与土地流转。1991 年苏联解体、俄罗斯独立后，农业的私有化改革值得关注，对此也将做介绍并讨论。

第一节 英国土地制度及土地流转

英国是世界上最早实现工业化的国家，进而推动土地制度的演变，最终形成现代家庭农场，这是英国在工业革命时期成为欧洲农业大国的重要原因。本节侧重讨论英国工业革命前后农村土地制度的演变，包括土地流转制度。

一 早期农村土地制度

早期英国的土地制度是在中世纪封土制的基础上运作的。11 世纪，封建王权走向统一，按当时法律，国王就是全国土地名义上的所有者。[①] 国王将王室成员所属以外的土地，按骑士领有制实行分封。此举实现了封建主对土地所有权的垄断，维护了封建等级制度，同时明确封地可以继承，但禁止自

---

① 马克垚：《英国封建社会研究》，北京大学出版社，2005。

由买卖与转让，因而土地少有流转。① 之后为满足大贵族扩大土地的需求，1290 年英王颁布《土地买卖法》，规定购买土地的同时履行土地所附属的义务，于是大贵族开始土地买卖，在一定程度上承认了土地的处置权。

英国的庄园实行农奴制，规定农奴要付出一定数量的劳役来支付地租。随着英国商品经济的出现，货币大量进入流通领域，于是领主将劳役折算成货币地租。"所谓折算，就是将农奴每周 3 天左右的劳役量折换成等值的货币缴纳，也就是佃户用货币买得劳役豁免权。"② 农奴与土地的依附关系减弱。

14 世纪，西欧各国黑死病蔓延，俗称鼠疫，人口持续下降，造成了劳动力缺乏。这时，不仅领主在争夺劳动力，而且城市也扩大了对劳动力的需求，劳动力的价格随之提高，造成了农奴从庄园逃亡和反抗。这样一来，领主们为了争夺更多的劳动力，加速了由劳役地租向实物地租和货币地租的转化。14 世纪后半期，英国的农奴起义此起彼伏。起义者纷纷要求废除农奴制，以低额货币地租代替劳役地租和一切封建义务。③ 到 15 世纪英国的农奴制逐渐瓦解，农奴可以通过赎买的方式获得人身自由，并获得公簿持有地，全称是"凭法庭案卷副本而持有的保有地"。④ 在租地时，如果一次性用货币获得土地的长期租赁权，就可以实现完全的人身自由，在习惯法的保护下成为自由领有农，并能够从庄园法庭得到作为其领有份地的契约凭证。否则成为公簿持有农，即通过赎买方式获得不完全人身自由的租地农奴，也能够从庄园法庭得到作为其领有份地的契约凭证。

16 世纪前盛行农牧结合的敞田制。敞田制也称为条田制，要求各户在耕作上应有共同的安排，需要同时在自己用篱笆围起来的条田内完成耕种与收割，于规定的时间内拆除篱笆进行休耕，休耕后土地为公用地，包括"在收获后开放的可耕作的敞田、限定牲畜数量和享受对象的牧场以及荒地"。⑤ 这是私有产权与公有产权共存的土地制度，也是一种私有产权不完全的土地制度。

① 沈汉：《英国土地制度史》，学林出版社，2005。
② 高德步：《英国的工业革命与工业化》，中国人民大学出版社，2006。
③ 〔英〕约翰·克拉潘：《简明不列颠经济史》，范定九等译，上海译文出版社，1980。
④ Simpson A. W. B., *A History of the Land Law*（Oxford：Clarendon Press, 1986）.
⑤ Clark G., Clark A., "Common Rights to Land in England, 1475 - 1839," *The Journal of Economic History*, 61（2001）.

二　租佃制度形成

然而，新航路的开辟促进了商品经济的发展，新兴的资产阶级和贵族出于资本积累的需要，开始了圈地运动，通过暴力手段将圈占的自耕农地和公地变为大牧地或大农场。随着英国殖民主义和对外贸易迅速扩张，纺织业的蓬勃发展致使对羊毛的需求激增，圈地养羊得到进一步的发展。圈地运动致使大量农地变为牧地，失去土地的农民流离失所，社会动荡。以自耕农为主的小农经济逐渐被圈地后产生的资本主义大农业取代，提高了土地的生产效率。

新兴阶级，即新兴资产阶级和新贵族，在崛起的过程中不断与封建王权进行斗争，争取获得完全的土地私有产权。一直到 1646 年，国会通过了废除骑士领有制的法令，英国的土地私有权得以实现，资产阶级和新贵族拥有了土地产权。当时在英国的土地制度仍然是农牧混合的敞田制和代表封建王权的骑士领有制，以及维护自耕农利益的公簿持有制，土地所有权名义上仍归统治者所有，但大部分土地实际上被新兴阶级所侵占，成为其私有财产。

1688 年英国的资产阶级革命，确立了资产阶级和土地贵族联合执政的君主立宪制，同时也最终确立了资产阶级和土地贵族的大土地所有制。另外还有议会圈地，圈占的是公有土地，是对敞田制之下的公地进行强占，其实就是想要强调土地的财产私有。经过议会的不断立法，将土地的权益逐渐集中到了议会所代表的人的手中，公地也被圈占为私有地。随着圈地运动以及立法的补充，敞田制于 1865～1875 年最后绝迹，[1] 其实也代表着土地私有制的完全确立。

资产阶级和贵族占有了大量的土地，他们大多从事农业生产的经营管理活动。缺地和无地的农民为了生存，不得不租赁资产阶级和贵族的土地，于是租佃体制形成。由于经济能力或者支付地租能力的不同，租赁的规模也不同，有小户的家庭农场的租赁经营，也有大型的雇工农场的租赁经营。

---

① 邱谊萌：《16～19 世纪英国土地制度变迁研究》，博士学位论文，辽宁大学，2008。

三 工业化与租佃制度的瓦解

1688 年的资产阶级革命为英国的资本主义发展提供了制度保障。持续不断的圈地运动迫使农民进入城镇，为发展手工业带来大量的廉价劳动力。殖民扩张为英国积累了原始资本，海外市场迅速成长，使得全球对英国商品的需求越来越大。巨大的国内外市场的需求对提高生产效率提出越来越高的要求。随着科学技术的发展，以蒸汽机为代表的英国工业革命于 18 世纪 60 年代展开，从棉纺织业的技术革新开始，到 19 世纪 30 ~ 40 年代全面实现机械化。这一过程中机器取代人力，以大规模的工业化生产取代个体手工生产，对农村也产生了深刻的影响。

首先，工业化带来了工商业的发展，其发展过程中需要大量的劳动力。由于同一时期城市劳动工人的收入要高于租赁土地从事农业生产带来的收入，为此那些在圈地运动中失去土地的农民，以及因为英国农产品的价格下降、地租上涨无法继续租赁土地的农民，选择进入城镇参与工商业的经济活动。

其次，随着工业化对城市化的不断推动，城镇的生活条件得以改善，农民脱离了土地进入城市之后也能较好地谋生和生活，于是有些农民卖掉自己的土地进入城镇。如此，对于土地租赁的需求逐渐减少。

与此同时，工业化推动农业机械化，单个农户所能耕种的土地越来越多，导致大土地所有者所需出租的土地减少，也就是土地租赁市场的供给减少。农业现代化大大提高了农产品的产量，并降低了价格，加之对土地租赁需求的降低，农业租金也随之降低。此外，当时地产税增加，土地所有者如果长期持有土地而没有好的收益的话，土地对其反而变成了一种负担，而不是资产。在此背景下，土地的所有者开始将土地出卖给那些经常租赁自己土地的农户，这样可以在短期内获得大量的资金，用以投资其他新兴产业。于是更多的家庭或土地投资者获得了土地的所有权，以租佃为主的小农经济逐渐萎缩，现代家庭农场出现。

至此，英国的农业表现为两个基本特点：一是建立在现代工业基础上的农业现代化，二是以家庭农场为农业生产组织的基本形式。现代农业的雏形渐显，英国的农业逐渐成为欧洲先进的农业。到 20 世纪，家庭农场开始进入稳步发展阶段，在广大农民获得土地私有产权的背景下，通过政府政策扶持、立法的保障以及宏观调控，推动家庭农场不断地朝着农业现代化方向发展。

四　基本观察

撇开英国土地制度演变的诸多细节，英国土地制度明显在工业化的推动下不断向前演变。新航路的开辟带来了巨大的海外市场，于是开始了圈地运动，实现了传统公地的私有化，提高了土地的生产效率，并同时为工业的发展提供了充足的自由劳动力。这一过程又进一步推动了工业化，而工业革命更强化了以上过程。

工业革命推动的工业化给农民提供了在城镇就业的机会以及更好的生活条件，使得少地、无地的农民不再依赖土地获得就业机会，从而导致在土地租佃市场的需求减少。与此同时，工业革命和以农业机械化为核心的农业现代化不断向前推进，使得农户可以耕种越来越多的土地，减少了土地租赁市场的供给，最终导致租佃体制逐渐瓦解。自耕农的家庭农场出现，并成为英国以及后来西方国家农业生产基本的组织形式。

第二节　美国农村土地制度及土地流转

美国国土 937 万平方千米，耕地 187 万公顷，是世界上耕地面积最大的国家。据 2012 年农业普查，美国农业人口只有 318 万，约占其总人口的 1%，不仅养活了全美国人，而且还大量出口农产品，使美国成为世界上最大的农产品出口国，农业产值居世界首位。美国农业能取得这样的成就不仅得益于其优越的自然条件，更与其土地制度有直接的关系，包括土地流转制度。

一　美国农村土地制度的演变

自 1776 年建国以来，美国的土地制度经过不断的变革和发展，不断克服农业发展过程中的困难，形成了今天的土地制度。

在北美殖民地早期，为吸引和鼓励移民，免费分配土地的制度比较流行，主要有两种形式。一种是起源于弗吉尼亚的"人头权利制"，这是最早的、比较正规的免费分配土地的制度。所谓"人头权利制",就是按人口数免费给予土地。弗吉尼亚公司许诺:每一位自费移居弗吉尼亚,或者替他人支付移居弗吉尼亚费用的人,都可以免费得到 50 英亩(1 英亩 = 6.07 亩)土地。除新英格兰外,其他各州均实行过形式不同的"人头权利制"。另一种是新英格兰实行的村镇授地制度,该制度大多是向集体授予土地,而不是直接向个人授地。新英格兰村镇的土地分配是免费的,但并不是平均的。随着人口的增长、经济的发展,对土地的需求越来越多,免费授地不能够适应社会发展的需要,各殖民地先后放弃了免费授地的制度。[①]

1776 年独立后,美国政府通过各种方式大力扩张领土,鼓励人口向西迁徙。19 世纪上半期,美国在历次领土扩张中共获得 250 多万平方英里(1 平方英里 = 2.58985 平方千米),使美国获得了大量土地,为其土地分配奠定了基础。

但美国在国有土地分配原则的问题上出现了分歧。以 1801 年当选总统的杰斐逊为代表的自由派主张将国有土地划分为小块分配给移民,反对通过出售来分配土地,由此建立一个以小农经济为基础的共和国。而以美国开国元勋之一汉密尔顿为代表的保守派认为,资本的缺乏是美国经济发展的主要障碍,主张政府通过出售土地来换取经济发展的资本,促进资本主义工商业的发展。为解决政府财政困难问题,汉密尔顿的主张得到了实施,杰斐逊的主张在 1862 年颁布的《宅地法》中才得以体现。

1785 年,美国国会通过了土地法,确立了"国有土地私有化"的原则,初步建立了美国式的土地分配制度。该法规定西部土地最少按 640 英亩的面积出售,每英亩售价 1 美元,但许多移民和普通居民无力支付这笔费用。在农民的不断要求下,美国政府在 19 世纪上半期逐步修改条款,出售土地的最少面积在 1832 年缩小为 40 英亩,售价也有所降低,同时还实行了土地出售信贷制度,即购买者可以分期付款,以减轻农民购买土地的负担。

1841 年美国政府颁布《垦地权条例》,承认自行占地进行开垦的农民有购买其占用土地的优先权,这是《宅地法》的前身。这些政策使越来越多的普通农民有能力从国有土地市场上购买土地。

总的来说,19 世纪中期以前,美国主要通过销售来分配土地,并规定

---

① 孔庆山:《简论美国土地处理制度中免费分配土地的问题》,《烟台大学学报》2004 年第 3 期。

一次销售的最低面积和最低价格，这有利于有产阶级和土地投机者获得大量土地从事土地投机，却不利于移民和普通农民获得土地。

在广大民众要求政府免费分配土地的压力下，19世纪后半期联邦政府实行了多元化的土地分配政策，但以无偿赠予土地为主。

1862年6月，林肯颁布了《宅地法》，确立了无偿分配土地的原则。《宅地法》规定：凡支持、拥护共和国的成年公民，只要缴纳10美元登记费，就可以从西部国有土地领取160英亩土地，连续耕种5年后，即成为私有财产。1862年9月，又发布了《解放黑人奴隶宣言》，使得奴隶成为自由人，为其获得土地奠定了基础。这样使得大量奴隶和小农无偿得到了土地，大大推进了西部开发，促进了美国农业的发展。[①]

美国独立至19世纪中期实行了以销售为主的土地政策，19世纪后半期实行以土地赠予为主的多元化的土地分配政策。其后，为适应社会经济发展的需要，美国的土地政策又在原有的基础上进行了适当的调整。这些政策为美国的私有土地制度奠定了基础，并使美国的大部分农民成为自耕农，形成了以自耕农为主的体制。

二　美国土地流转

美国丰富的土地资源和较少的人口使得其土地在建国初期就以较大的规模经营。随着先进生产技术的应用和机械化水平的提高，为适应现代农业发展的需要，其经营规模进一步扩大。据美国农业部统计，2015年，美国共有206.7万个农场，平均每个农场的规模为441英亩。这种大规模经营是通过土地流转实现的。

图2-1反映了美国从1850年到2015年平均农场规模的变化。1935年以前，其农场的平均规模一直停滞不前，甚至出现略微下降的趋势。1935年之后，单个农场平均经营面积大幅增长。农场平均规模从1950年的213英亩上升到1960年的297英亩，1970年达到374英亩，到1990年，农场规模进一步增长到460英亩，此后到2015年一直维持在420～460英亩。

美国的土地主要分私人所有、联邦政府所有和州政府所有，分别占全国土地总面积的58%、34%和6%。我们侧重介绍和讨论农户间的土地流

---

① 兰建英：《美国近代西部开发时期的土地政策探析》，《西南民族大学学报》2004年第10期。

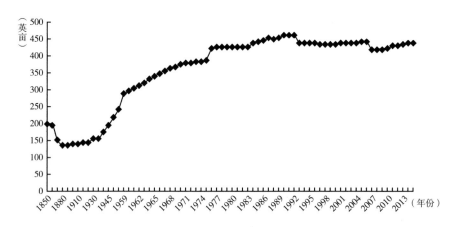

图 2 - 1　1850～2015 年美国平均农场规模的变化

资料来源：美国农业部官方网站，https：//www. nass. usda. gov/Publications/Ag _ Statistics/。

转。农户获得土地的形式主要有两种：购买和租赁。

据美国 2012 年农业普查，大约 38% 的农地通过租赁形式经营，而超过 60% 的土地由自耕农（指经营自己所有土地的农场主）耕种。私有土地之间的买卖手续比较简单，在双方自愿签订协议之后，只需向政府缴足规定的税金，进行登记即可。美国的土地供给者或需求者有交易需求时，以中介作为获取信息的主要途径，在充分了解土地基本情况和分析成本收益后，双方通过不动产经纪人或者代理人进一步沟通，以完成最后契约的签署。契约生效后将部分或全部权益按照合约规定的时间向需求者流转。①

美国这种高度自由化、市场化的土地流转方式充分保障土地所有者的权益，注重发挥市场在土地流转过程中的决定性作用，适应了大规模的现代农业发展模式，极大地提高了美国农业在世界上的竞争力。

但我们认为美国的土地流转也存在一定的问题，主要是土地租赁比重较高。图 2 -2 反映了美国从 1910 年到 2012 年土地租赁比重的变化。总体来看，美国租赁土地所占比重一直保持在 30% ~45% ，2014 年为 39% 。

美国仍有近 40% 的土地通过租赁形式经营，原因在于：当农场的规模

①　刘英：《美国土地流转制度研究》，《世界农业》2015 年第 8 期。

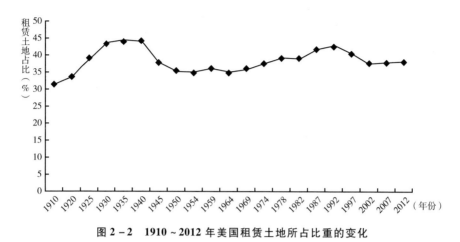

图 2 - 2　1910~2012 年美国租赁土地所占比重的变化

资料来源：美国农业部官方网站，https：//www. nass. usda. gov/Publications/Ag _ Statistics/2015/Chapter09. pdf。

扩大到一定程度时，若继续以购买土地的方式扩大经营规模，购买土地及其附属物的巨大成本可能会使农场主难以承受，而且还要承担较高的信贷风险、经营风险。在这种情况下，通过租赁继续扩大生产，可以避免这些困难。

但与土地买卖相比，土地租赁的弊端是显而易见的，主要有两个方面：根据美国农业部提供的数据，尽管 80% 的土地所有者和佃农之间的租赁关系会持续 3 年左右，但为了适应经济和市场状况的变化，每年大部分的租赁协议都要经过租佃双方的协商来调整。每年的租赁协议都需要调节土地租金率，以使土地的租金更接近市场价值，从而保护租佃双方的利益。有的佃户从多个土地所有者那里租赁土地，这就意味着他们需要耗费大量时间和精力与多个地主进行谈判。此外，租赁尤其是短期租赁使得土地经营者缺乏投资土地的动力。研究表明，佃户往往对能给土地使用者带来长期利益的投资缺乏兴趣，而且很少关心土地的可持续经营和长期生产能力。较高的土地租赁比重不利于农业生产效率的提高，这是美国农业发展将要解决的问题。①

---

① Daniel B. , Allison B. , Todd H. , *US Farmland Ownership*, *Tenure*, *and Transfer*（United States Department of Agriculture Economic Information Bulletin , 2016）.

第三节　苏联农业集体化在俄罗斯独立后的演变

1917 年十月革命后，苏俄成为世界上第一个社会主义国家，苏联的农业走上了全盘集体化道路，并对中国的农业集体化产生巨大影响。1991 年苏联解体、俄罗斯独立，农业开始了私有化改革。反思苏联时期农业集体化失败的教训以及俄罗斯农业发展的道路，对我们今天思考中国农村土地制度的改革以及土地流转有重要的借鉴意义。

一　苏联时期的土地制度和农业

苏联社会主义苏维埃建立在马克思共产主义革命理论的基础上，其农业社会主义道路的选择也是依据马克思经典作家的理论。马克思认为，土地国有化才是自由平等的生产者的联合体所构成的社会的全国性基础。马克思和恩格斯在《中央委员会告共产主义者同盟书》中指出："他们必须要求把没收下来的封建地产变为国家财产，变成工人农场，由联合起来的农村无产阶级利用大规模农业的一切优点来进行耕种。"[1] 马克思深信农业以大规模集体劳动的方式进行生产将更为有效：资本主义农业生产"既然证明比小块的和分散的土地耕作远为优越，那么要是采取全国规模的耕作，难道不会更有力地推动生产吗？"[2]

于是 1917 年十月革命后，布尔什维克党就依据经典作家的理论开始对农业进行社会主义改造。1917 年苏俄颁布《土地法令》，宣布永远废除土地私有权，禁止以任何形式转让土地，一切土地归全民所有并交给劳动者使用。农民根据这个法令从社会主义革命中总共获得了 15000 万俄亩（1 俄亩≈16.35 亩）以上的新土地。[3] 由于随之而来的国内战争和帝国主义武装干涉，苏联实行"战时共产主义"政策，在农业方面实行余粮征集制，征集农民手中的粮食和其他农产品，实质上是对农民强制地、无偿地掠夺，因此必然遭到农民强烈抵抗。国内战争胜利后，1921 年列宁主导制定了"新经济政策"，通过制定一系列法令规定土地国有化，保证农民的土

---

①　《马克思恩格斯全集》第七卷，人民出版社，1959。

②　马克思：《资本论》第三卷，人民出版社，1975。

③　郑异凡：《苏联的土地政策及其农民问题》，《探索与争鸣》2004 年第 1 期。

地使用权，以粮食税取代余粮征集制，农民多余的农产品允许自由贸易等，由此农业生产很快得到了恢复。

1924 年，斯大林取得领导地位之后，为服务工业"大跃进"，同时完成对农业的"社会主义改造"，苏联农业开始全盘集体化，个体农民被吸收到各个集体农庄和国营农场中。1929 年上半年，集体化农户仅占全部农户的 3.9%，然而到 1930 年 3 月 1 日，这一比重就增加到了 59.3%。[1] 由于实行生产资料公有制，大部分生产资料充公，国家下达指令性生产计划，农产品实行义务交售制。个体农民只能通过提供劳动力换取报酬，成了农业生产过程中的无产阶级——农业工人。在之后很长一段时间里，集体化农庄的数量不断增加，到 1953 年全苏联有 9 万多个集体农庄，近5000 个国营农场和 9000 个机器拖拉机站。受斯大林农业集体化政策的影响，刚得到一定复苏与发展的农业再次陷入危机。1933～1937 年，苏联的年平均粮食产量为 7290 万吨，1938～1940 年的年平均粮食产量为 7790 万吨，均低于沙皇时代的 8600 万吨最高水平，这一时期的单位面积产量也是如此。

1953 年，赫鲁晓夫上台后继续推进农业集体化，大力发展国营农场，将大量的集体农庄改组成国营农场，取消农产品义务交售制，改为收购制，并大幅提高收购价格。

1982 年，苏联开始推行集体承包制和家庭承包制。由集体小组与农庄或国营农场签订合同，生产自治、独立核算、自负盈亏。实践证明承包制对生产力提高有积极作用，实行承包制的单位面积产量比没有实行承包制的可增加 20%。[2] 但这一改革遭到了集体农庄、国营农场一级领导的消极对待，未能得到有效的发展。苏联的农业状况继续恶化，1965～1982 年谷物产量有 10 年比上年减产。[3] 直到 1991 年苏联解体，苏联的粮食产量都未能超越沙皇时代的最高水平。

苏联农业集体化道路的历史经验说明，农业集体化并不是发展农业好的制度安排。第一，集体化没有解决农民的激励问题。农民在集体农庄从事集体劳动，很难衡量每个农民的实际贡献，前面已分析过，很难避免出工不出

---

[1]　江宏伟：《俄罗斯（苏联）农业改革研究》，博士学位论文，华东师范大学，2007。

[2]　金良平：《苏联农业承包制》，《世界知识》1986 年第 19 期。

[3]　毛汉英等：《苏联农业地理》，商务印书馆，1984。

力的现象。生产资料的公有意味着产权虚化，没有人会出于自身利益提高资源使用的效率。第二，计划经济下工农业产品价格的剪刀差，遏制了农民从事农业生产的积极性。集体农庄的粮食生产任务主要由国家下达，对农产品实行义务交售制，粮价偏低，即所谓价格剪刀差，这样农庄缺少完成计划指标的积极性，因为多生产粮食并没有太多的回报，于是集体农庄普遍抵制国家下达的计划指标，这是苏联粮食长期短缺的重要原因。第三，计划经济压制了企业家精神。经济要表现出活力，企业家精神必须得到充分展现，生产经营不是按照市场需求而是根据政府的计划任务进行的，缺乏谋取利益的机会，农业缺少生机活力。

二 俄罗斯独立后的农业改革

1991 年俄罗斯独立后，在国民经济急剧向市场经济转轨的背景下，开始了以土地私有化和改组集体农庄、国营农场为中心的改革。

（一）实行土地私有化

俄罗斯农业体制改革的基本思路是农村土地私有化，形成新兴的农场主阶层，并推动新型市场农业的形成与发展。改革以激进的方式进行，即所谓"休克疗法"。1991 年 4 月，俄罗斯政府颁布的《俄罗斯联邦土地法典》在俄联邦会议上通过，成为纲领性文件。为根本改革俄罗斯联邦土地关系，保护土地所有者、土地占有者和土地使用者的权利，合理组织土地资源的使用，提供了法律保障。

1991 年 12 月，俄罗斯又颁布了《关于俄罗斯联邦实施土地改革的紧急措施》，标志着俄罗斯土地私有化的全面展开。2001 年 10 月，俄罗斯正式通过新的《俄罗斯联邦土地法典》，规定包括农业用地在内的土地可以私有化，但只允许非农业用地进入市场流通。2002 年 7 月，俄罗斯通过了《农用土地流通法》，有限制地允许农用土地进行买卖，但禁止将农用土地卖给外国人、无国籍人士和外资股份超过 50% 的合资企业。俄罗斯通过土地私有化，实现了由原来的土地国有制到以私有为主的多种土地所有制形式并存的转变，废除了原有的国有农场和集体农庄的土地公有制。

（二）从叶利钦的小农业向普京的大农业转型

叶利钦于 1991 年至 1999 年担任俄罗斯联邦首任总统，执政时期推动市场经济和民主制。在叶利钦执政时期，农业组织形式的改革主要是将大部分集体农庄和国营农场改组为成千上万个小农场、合作社和农业企业，主要是化大为小，企图通过建立大量的私有小农场来解决俄罗斯的农业问题。1991年叶利钦签发了《关于俄罗斯联邦实施土地改革的紧急措施》的总统令，要求在一年内完成集体农庄和国营农场的改组，预定要在俄罗斯农村发展100万个家庭农场，以形成一个中产者阶层。到1994年，完成了95%的改组工作。俄罗斯对改组后的集体农庄和国营农场进行了重新登记，在1.06万个重新登记的企业中大部分改造成了股份公司、有限农业公司、农业生产合作社，或退出企业组建家庭农场。到1998年初，农业的组织形式构成发生了根本性的变化。

但是，这种以土地私有化和经营组织农场化为基础的组织形式的改革并没有解决俄罗斯的农业问题。叶利钦特别重视的欧美式家庭小农业未能获得良好的经济效益，没有成为农业生产的主力军。整个20世纪90年代，俄罗斯农业产值下降了42%，改革没有造就庞大的农场主阶层，1999年，家庭农场的农业产值仅为农业总产值的2.5%。[1]

2000年普京执政后做出调整，把发展现代大型农工商一体化企业，即所谓"大农业"作为首要任务。普京认为，建立大型农工综合体是发展国内经济的最重要途径之一，同时也是关系到农村千百万农民生活前景的问题，俄罗斯农业只有在大商品生产基础上才能有效地发展。[2]

为此，政府开始加大对大农业的政策扶持。2009年俄罗斯农业企业共获得7769亿卢布的贷款，其中5430亿卢布为国家低息贷款。[3] 2008年俄罗斯的农业企业所耕种的土地占总耕地的70%以上。俄罗斯的大农业企业在俄罗斯农业生产中占据重要的地位。2008年这些企业生产92%的粮食、94%的甜菜、86%的向日葵籽、70%的蛋、49%的奶、39%的肉、38%的羊毛、21%的蔬菜和90%的饲料。[4] 2010年农业企业生产35.6%的猪肉、69.9%的家禽。[4] 2012年农业企业集中了俄罗斯联邦60%的耕地。[5] 2015年

① 江宏伟：《俄罗斯（苏联）农业改革研究》，博士学位论文，华东师范大学，2007。
② 乔木森：《普京执政以来的俄罗斯农业》，《东欧中亚研究》2003年第8期。
③ 俄罗斯农业部网站：http://www.mcx.ru。
④ 陆南泉：《俄罗斯农业改革及其启示》，《理论学刊》2008年第1期。
⑤ 刘月坤：《俄罗斯农业改革研究》，硕士学位论文，黑龙江大学，2013。

俄罗斯粮食产量突破 1 亿吨，并成为粮食出口国。还出现了一些大型控股公司，通过投资设厂、收购、兼并等措施，建立起了集生产、加工、销售于一体的大型企业集团，进行规模化经营。

然而，俄罗斯农业生产效率依然低下，增长率一直在较低水平，粮食单位面积产量与欧美国家仍有较大差距。农业技术创新水平较低，除粮食外的其他农产品依赖进口。农业部门投资不足，农业企业的机器设备老化，单位面积上的农业机械数量不断减少。工农产品价格剪刀差依然存在。2003 年与 1991 年相比，农产品价格上涨 4.2 倍，而农用工业品和服务价格则上涨 17.7 倍，农业企业负债累累，在银行很难贷到资金，财务状况恶化。[①]

特别值得关注的是，部分农业企业并未建立起现代企业制度。一些大农业企业虽然也经过了私有化改革，但仍有相当一部分是全部职工持股，股权平均、分散，每个股东的股权小，不足以激励职工努力生产。管理层是持有少部分股权的职工股东，缺乏追求利润的动力，众多而分散的小股东更不愿付出，而希望分得他人努力的成果，这就造成了"搭便车"现象。有报道指出，在俄罗斯的田间地头经常可以看到，家庭农场的主人不顾吃饭，没日没夜地整理土地，而旁边的农业企业职工躺在树荫里喝啤酒。[①]

对大型农业企业来说还需要思考的是，即便有持股较大的股东出任管理层，有获得足够的追求利润的动力，但如何调动广大员工的劳动积极性也是一个大问题。因为一般认为，在农业集体劳动中难以建立有效的劳动激励机制。此外，如此庞大的企业，管理成本必然高昂，如何与无管理成本的家庭农场相竞争？

---

① 江宏伟：《俄罗斯（苏联）农业改革研究》，博士学位论文，华东师范大学，2007。

第三章
中国土地制度及土地流转的历史回顾

　　土地制度是指人们在一定的社会经济条件下，因土地的归属和利用问题而产生的所有土地关系的总和。今天中国正进行着以土地确权、推动土地流转、实现土地规模经营为核心的土地制度改革，并引发了诸多理论和政策问题。我们当然可以就具体的理论和政策问题进行分析讨论，但如果重新回顾并在更深层次上反思中国土地制度的演变以及农业社会的土地流转，可以增加我们理论分析的高度，并从历史发展的更一般规律角度思考当下政策的制定，从而可使所制定的政策不是应一时之需，而是反映历史发展道路上的一个节点。为此，本章对中国土地制度以及土地流转的历史演变进行回顾和分析。

第一节　土地制度演变的中国经验

　　各个国家土地制度的演变，既有共性也有个性。中国土地制度的演变有其独特的过程，且到 1949 年土地制度并没有受到工业化的深刻影响。本节结合土地制度演变的一般经验讨论中国土地制度的演变，这里所论土地制度主要是指农村土地制度。

一　最初土地制度的形成

　　要理解人类土地制度的形成，不妨从人类起源与进化的过程中去分析，因为土地制度伴随着人类的进化并不断演化。一般认为，人类起源于大约500万年前生活在非洲的南方古猿。猿是以植物果实和根茎为主要食物的群居动物，各自采集果实各自消费，这种生产方式、消费方式与采集果实、根茎具有明显的个人化有关，也就是说，单个个体就可采集，不需要团体合作，采集的过程也伴随着消费的过程，当然也就无须集体采集并将所采集的果实集中起来再分配。

约250万年前，热带非洲的气候开始恶化，寒冷从北半球袭来。随着气候越来越干旱，稀树大草原开始逐渐变为灌木大草原。南方古猿从树上栖息、四足行走转变为陆地生活并双足行走，进化成猿人。因为缺乏足够的植物食物，狩猎日益成为重要的经济活动，且由过去对小型动物发展到对大型乃至凶猛动物的狩猎。但这对猿人来说应是件相当困难的事，尤其对大型凶猛动物的狩猎。猿人在之前猿的阶段本居住在树上，善攀爬而不善奔跑，直立行走后奔跑始终不是人类的长项，至少与大多狩猎对象相比，但追击猎物需要快速奔跑。从以植物果实和根茎为主要食物的猿进化而来的猿人并无锋利的爪牙，难以与凶猛的猎物直接搏杀。

于是，猿人在狩猎时只能选择集体的方式以克服个体狩猎的不足，尤其在弓箭没有发明之前，这就意味着人类从一开始的生产方式就是集体方式，至少对大型凶猛猎物的狩猎来说是如此。由于狩猎的成果往往是整体性的，比如一只羊或一头牛等，因此这时人类就需面对分配问题。历史教科书一般认为，人类初期由于生产力极端低下，只能实行平均分配的方式才能让每个部落成员都生存下来。其实，即便在原始社会分配也是表现出结构性的，一般来说，食物分配的方式是根据族人在群体中的地位所决定的。狩猎者总是可以最先享用，接下来则是重要的女性族人。

人类从灵长类动物进化而来。灵长类动物具有领地意识，甚至为了领地而不惜与同类的其他群落发生血战。相信人类形成后也应保留了领地意识，因为领地的大小代表着狩猎和采集的范围从而关系到所获得食物的多少。人类的领地意识和对领地的捍卫可视为最原始的土地制度，因为这涉及土地的归属和利用。这时的领地意识应属于部落群体意识。正如《淮南子·本经训》所说：氏族"分山川豀谷，使有壤界"。正是因为生产的集体性决定了消费的集体性，并进而产生出集体的土地产权，至少是领地意识。

但随着原始的畜牧业和农业出现，情况发生了改变。一个基本的改变是，生产的个人化。也就是说，生产可以以个人或家庭的组织形式完成。有一种观点认为，在狩猎时代弓箭的发明奠定了狩猎的个人化基础。[1] 放牧，一个人或一家人就可完成，而过去狩猎往往需一群人。采集本就可以是个人化的活动，农业出现后也同样可以以个人或家庭的方式来进行。生产活动从集体化向个人化演变，尤其是农业活动的个人化，就要求明确的地域范围，于是导致了土地私有的出现。也就是说，农业生产的个人化导致了土地私有产权的产生。

二 土地租赁的发展

不管最初的土地是如何分配的，但由于家庭人口的变化，家庭开垦土地多少的差异，就必然会出现拥有土地的不均匀。有的家庭拥有较多的土地但无力全部自己耕种或不愿自己耕种，而有的家庭拥有的土地较少甚至没有土地，这时就产生土地从多地农户向少地或无地农户流转的需求。买卖当然是一种方式，但少地或无地的农户通常是经济条件较差的农户，在无力购买土地的条件下，向多地农户租赁就成为获得耕种土地的基本方式，这就导致土地租赁的产生，由此产生出最初的地主和佃农。

现在缺少权威的考古或历史文献说明土地私有制度最初形成时土地租赁活动的情况，但我们认为，土地租赁活动有一个发展过程，最初应是小规模的，因为受到大量未开垦荒地存在的限制。一个农户如果希望获得更多的土地耕种有三个基本选择：一是开垦，二是购买，三是租赁。这一选择的临界条件可以表述为：

$$开垦费用 = 土地价格 = 永佃租金贴现$$

这一临界条件的含义是，如果暂不考虑熟地和新开垦的生地在肥力上的差别以及区位因素，土地的开垦费用就等于土地价格，而土地价格等于将土地长期租赁所支付的租金在当前的贴现。根据贴现公式则可求得年度租金：

$$年度租金 = 土地价格 \times 贴现率$$

也就是说，如果贴现率为10%，年度租金就是土地价格的10%。在存在大量未开垦土地的条件下，土地开垦费用并不会很高，这也就决定了土地租金不会很高。

---

[1] 赵长明主编《中国通史》，吉林摄影出版社，2002。

三 商周时期土地制度的属性

一般认为，商周时期土地归国王所有，至少最终归国王所有。土地通过逐级分封，最终落实到由农户耕种。支持这一观点的是引自《诗经·小雅·谷风之什·北山》的一句非常有名的话："溥天之下，莫非王土；率土之滨，莫非王臣，大夫不均，我从事独贤。"这句话完整的含义其实是一句抱怨的话，是说"都是君王的事，只有我有才能、更辛苦"。不过，后世在引用时往往只讲前面的"溥天之下，莫非王土；率土之滨，莫非王臣"，强调所有土地、财产都是君王的，所有地上的民众都是君王的臣属。由此得出结论，至少在中国商周时期，土地是国有的。

暂且不论这句话原来的含义是否为一句抱怨的话，但并非强调当时土地的财产属性，即便我们断章取义将之理解为关于土地财产属性的描述，也并不能简单地就认为，这里说的是土地最终归君王所有。一方面，"溥天之下，莫非王土"在字面上本就可理解为君王对土地的管辖权，而非所有权；另一方面，即便将之理解为君王对土地的所有权，这种所有权无非体现在征收税赋上，事实上仍然体现的是管辖权。这就好像说，英国的土地所有权归英国女王，但没有人真认为女王是全英国的大地主，而否认英国是一个土地私有制的国家，因为英国的土地所有者只需缴纳地产税，而无须向女王缴纳地租。

一般认为，在商周时期，土地是禁止买卖的。如果真是如此，那么我们倾向认为，商周时期的土地制度是一种处置权受到一定限制的私有土地制度。其实，综观今天所谓实行土地私有制的国家，对土地的使用和处置仍然是受到不同程度限制的，甚至包括该种何种庄稼、能卖给谁等。

四 井田制的经济制度属性

井田制一般被认为是中国商周时期主流的土地制度，尽管井田制是否在历史上真实出现过仍是一个有争议的问题，但主流的观点还是赞成中国在商周时期出现过井田制，如钱穆[1]、中国社会科学院历史研究所[2]等。在此我们仅就井田制的主流认知讨论在井田制下经济制度的属性问题，这一

---

[1] 钱穆讲授《中国经济史》，叶龙记录整理，北京联合出版公司，2014。
[2] 中国社会科学院历史研究所：《中国通史——从中华先祖到春秋战国》，华夏出版社、安徽教育出版社，2016。

问题直接关系到中国是否存在过奴隶社会的重大历史问题。

孟子将井田制描述为："方里而井，井九百亩，其中为公田。八家皆私百亩，同养公田。公事毕，然后敢治私事。"（《孟子·滕文公上》）一般认为，井田制下的土地呈"井"字形分布，田中有阡、陌、沟、渠，中间一块为公田，周围八块为私田，也称"八井"。孟子这一对井田制的描述是被引用最多，也可以理解为是最权威的描述，当然，有研究认为孟子并未真正见过井田制，孟子的描述带有其想象成分。仅就这一较为权威的甚至带有想象的描述来说，有以下三点值得关注。

第一，井田制作为在周朝发育得最为完善的制度，名义上土地的最终所有者为周天子，逐级分封到实际管理井田的领主。领主对上级分封者的义务可以更多地理解为税赋，这样领主可以在相当程度上理解为实际土地的拥有者。如前所说，如果领主无权买卖土地，则其可更多地理解为土地处置权受到限制的土地所有者。

第二，种地的农民被要求首先在公田上劳动，之后才能在私田上劳动，显然在公田上的劳动可以理解为一种劳役地租，且地租并不算高。如果认为公田只占全部井田的九分之一，农民在公田和私田上同等用力，则租金仅为九分之一，与以后的租金相比并不算高。

第三，就孟子的描述来看，并没有说农民在公田上劳动受到严酷的对待，如领主将种田的农民视为会说话的工具——奴隶来对待。钱穆认为，在井田制时代，由贵族，即当时之封建地主派农业指导员负责协助农民，在管教上之态度不能称为主人与奴隶间之从属关系，故有说私田收成坏责备官吏（农业指导员），公田收成坏则责备农民。[1]

根据以上分析，井田制所反映的更接近一种领主与种田农民之间的租佃关系，农民通过提供在公田上的劳役缴纳了地租。就此而言，很难说井田制是一种奴隶社会的土地制度。

这里有个问题难以回避：如果人类最初的土地制度很可能是家庭私有制，但如何从家庭私有制转换到归国家所有，通过逐级分封到各级诸侯和领主？就我们所知文献而言，没有确切的历史文献可以明确地回答这一问题，只能根据比较可靠的资料进行历史推断。

---

[1]　钱穆讲授《中国经济史》，叶龙记录整理，北京联合出版公司，2004。

在人类早期充满着征服和被征服。就中国夏商周三个朝代来说，后一朝代取代前一朝代往往包含着后一朝代对前一朝代的征服。一个朝廷征服了另一个朝廷后，可以奴役被征服朝廷的战俘甚至平民，当然，没收其土地分封给诸侯也就顺理成章。诸侯当然就可以将土地逐级分封，建立封建土地制度，井田制可以被视为这种制度的范例。即便到了元代，元朝统治者也曾大肆侵占各类土地，包括自耕农的田地。

但对征服国家而言，土地如何从家庭私有转变为国家所有并再行分封？首先我们要认识到，在一个私有产权制度相对薄弱的社会，政府可以强制没收土地并推行新的土地制度。即便到现代中国，一场土地改革就可以彻底摧毁实行了数千年的土地私有制并实行土地集体所有制。但就中国的土地改革经验来说，当时的土地改革肯定是得到广大农民支持和拥护的。

钱穆对井田制得以实行提出一种富有启发的分析。国指城圈。中国古代的城分散开而并不毗连，国与国之间为游牧之人所居，谓之"戎狄"。游牧部落乘城郭诸邦有事时便来侵扰，使城圈内之诸夏怀有戒心。因此西周时代的封建，其实是一种耕稼民族的武装开垦。这就要求农民必须加入一定的组织借以获得庇护。显然，耕种井田并同时获得领主的庇护不失为一种明智的选择。此外，当时封建地主特别设置农稷之官，教导协助农民如何辨别土壤，如何选择种子，并经常巡视田野，督导农耕。① 据此分析，井田制带有相当的领主与农户共赢的性质，因此并非需要强制没收自耕农的土地再建立井田制。当然，更具体的过程尚需更多的考古资料才能准确说明。

五　井田制的瓦解以及土地私有制的出现

关于井田制的瓦解，钱穆提出过一些分析。一是，农民多耕少报，挖少田岸，即把一部分田岸当作耕种的土地。于是，商鞅把阡陌（即大田岸）破坏，井田制亦随之废除。二是，在土地狭小而人口密集的地区，将井田格子线破毁，统一加以整顿。三是，铁器农具和牛耕的广泛使用，使农民有能力垦殖较大面积的土地，便不必再受格子线之束缚。四是，大型灌溉工程的建设，因而可照顾到更广阔的耕地面积。五是，税收制度改革，开始"履亩而税"，西周末期以来不在税收之列的私田，急剧增加，

---

① 钱穆讲授《中国经济史》，叶龙记录整理，北京联合出版公司，2004。

井田制遂完全被破坏。[①]

我们认为，如前所论，井田制是一种基于劳役地租的租佃体制，但这种体制是不稳定的，就中国的井田制来说，也只实行了一段时间。首先，农民在公田上的劳动付出与其所得无关，必然影响其劳动积极性。当时领主发现，农民在公田里劳作比在私田里"有所匿其力也"。《管子》认为，在旧的生产关系中，农业生产者由于不能确定其生产活动能得到的劳动成果，因此不会有自发的积极性。拥有土地使用权的人"不告之以时""不道之以事"，耕种者决不会主动去做。其次，由于在公田上是集体劳动，就必须有人管理，就必然产生管理成本。由于农民在公田上劳动缺少积极性，就必然消极怠工，为了让公田上耕地的农民表现出积极性，管理者就必须采取严格的管理，甚至是压迫性的，这必然导致公田上耕地农民的反抗，如此又将进一步推高管理成本。

如果存在一种制度安排可使领主和佃农获得更多的劳动产品，就可能导致领主和佃农共同选择这种制度实现二者的双赢。这一新制度就是租佃体制。领主不再要求佃农在公田上服劳役，而是要求根据其耕种领主土地的多少，缴纳实物地租，这时双赢就出现了：原来支付劳役地租的佃农的劳动积极性提高了，因为缴纳完实物地租后剩余产品就归自己。《管子》认为，一旦实行"与之分货"的分配办法，佃农就会"审其分"，为了增加农产品总量，以使自己的收入数额增加，他们必然父子兄弟尽心从事生产劳动。领主也不用再大量耗费资源监督服劳役的佃农劳动了，而且还可能因佃农劳动积极性的提高从服劳役的佃农的劳动成果中分得比以前更多。这时，领主便改变了称呼，叫地主，佃农的身份没改，但从支付劳役地租改为支付实物地租了。

鲁国鲁宣公在公元前594年开始实行初税亩，即履亩而税，按田亩征税，不分公田、私田，凡占有土地者均按土地面积纳税。传统文献一般把鲁国实行初税亩制视为土地私有制的开端。根据本节前面的分析，我们认为，井田制是一种土地处置权受到限制的土地私有制，而初税亩制的改革主要表现为两方面：一方面，与井田制相比，纳税土地的范围增加了，不仅包括过去的公田，私自开垦的土地也同样纳税；另一方面，增加了土地

---

① 钱穆讲授《中国经济史》，叶龙记录整理，北京联合出版公司，2004。

的处置权，土地可以自由买卖了。从这个意义上来说，不能把从井田制向初税亩制的过渡视为土地私有化的过程以及租佃体制产生的过程，更不能将其视为从奴隶社会过渡到封建社会的过程，这一过程包含更为复杂的内容，在此不展开讨论。

六 工业化对租佃体制的瓦解和家庭农场体制的出现

土地的租佃体制是很多国家在农耕时代的基本土地制度，但随着工业化进程的不断向前推进，租佃体制趋于瓦解，这是一个值得研究的问题，并且关系到今天如何评价土地改革以及建立何种形式的土地制度。关于工业化对租佃制度的瓦解作用，樊明等曾有过较为详细的讨论。[①] 第二章第一节介绍英国土地制度演变时也有所讨论。

前工业化时代的传统农业社会，农业劳动生产率很低，整个社会的绝大多数人口从事农业生产，城镇化水平低，城镇数目少且规模小，城镇中的经济活动规模也相当小，特别是生产活动。在这样的社会，留给生活在农村的人的职业选择几乎是唯一的：做农民，从事农业生产。

传统农业社会的土地分布通常不均衡，有的农民拥有较多甚至大量的土地，而不少农民少地甚至无地。对于拥有较多土地的农民来说，由于耕种技术的落后，自己可有效耕种的土地面积有限，这就需要将自己不能有效耕种的土地出租给他人耕种，这就构成了土地租赁市场的供给。当然也有的土地所有者并不想自己耕种土地，或对土地租赁的管理已构成一种职业，也就是职业地主。

对于少地或无地的农民来说，在农业社会由于职业选择的限制，绝大多数只能务农，而务农所需土地只有通过租赁的方式获得，这就产生出土地租赁市场的需求。有人需要出租土地，而有人又需要租种土地，土地租赁市场就此产生。出租土地的农民就成了地主，而租赁土地耕种的农民就成为佃农，二者构成租佃关系，并形成土地的租佃市场。

工业化时代的到来改变了农村的土地租赁市场。先讨论工业化对土地租赁市场供给的影响。工业化推动了农业现代化，其重要表现是农业机械化，使得农业生产的规模经济性得以展现，农民采用农业机械从事农业生

---

① 樊明等：《工业化、城镇化和农业现代化：行为与政策》，社会科学文献出版社，2014。

产，其有效耕种的面积增加。在给定土地生产效率的前提下，对应最低成本产量的耕地面积就是农户的最有效耕种面积。在工业化时代，随着农业现代化水平的提高，农户最有效耕地面积会不断扩大。如果自耕土地面积未达到最有效耕种面积而此时又有土地出租在外，地主就会把出租出去的土地收回，直到自己耕种的面积等于最有效耕种面积，由此导致出租土地的面积减少，这也就意味着，在土地租赁市场供给减少。

再讨论工业化对土地租赁市场需求的影响。工业化给农村居民带来的重要改变就是，增加了职业选择：过去农村居民只能从事农业，而现在可以到城镇就业，从事工业或服务业。选择的依据主要在于不同职业的收入差异。一般来说，在工业化时代，城镇就业的收入通常高于在农村务农的收入，否则就不会有城镇化。如此，随着工业化进程不断向前推进，农村居民纷纷离开农村。相信最早离开的应是无地或少地农民，因为他们从事农业生产的收入较低。无地或少地农民的离开，就减少了农村土地租赁市场的需求。

当供给和需求同时减少时，土地租赁市场的地租的变化是不能确定的。但就基本趋势来说，地租下降是必然的，这是因为佃农可接受的地租在下降。当佃农有了在城镇就业的选择后，在和地主谈判地租时筹码大增，要求交纳地租后获得与城镇居民同等的收入，否则就不会租种土地，这将使得佃农能接受的地租下降。与此同时，农业现代化带来农产品价格大幅降低，进一步导致地租及地价下跌。地租下降导致可供租赁的土地也愈来愈少。至此，租佃体制就难以为继，大规模的家庭农场就成为农业生产组织的基本形式。

大规模家庭农场的形成除了租佃关系不断自行解体外，还表现为自耕农之间通过土地买卖实现集中。其实土地集中通过土地所有者相互租赁土地也能实现，就像今天中国提倡的农村土地流转。但为什么通过租赁实现土地集中经营始终不是主流，相反农民退出农业后出卖土地才是主流？

这可以从交易成本的视角给予解释。巴泽尔指出，自耕农由于土地所有权和使用权的统一而不会产生由产权分散导致的委托代理关系，因而也就不会产生交易成本问题。对于农民而言，出卖土地意味着一次性付清成本，而出租土地意味着多次付出成本。[①] 高彦彦、杨德才做了进一步的解释：在租佃关系中的交易成本分为监督成本、合约签订成本等，由于土地

---

① 〔美〕巴泽尔：《产权的经济分析》，费方域、段毅才译，上海人民出版社，1997。

产权的分散，佃农投机的可能性更大，居住在城市的地主很难监督佃农的行为，进而增加了交易成本。[①]

七 政府主导的土地改革的局限及破解

在世界处于农业社会阶段时，租佃体制在许多国家普遍存在。租佃体制被认为是一种落后的农业生产关系，为此从 19 世纪开始，欧洲首先开始进行土地改革，进而发展到亚洲包括中国以及其他诸多国家，其基本目标就是实现自耕农体制，即所谓"耕者有其田"。土地改革普遍被认为是成功的，中国的经验尤其是台湾 1949 年后的经验是重要的佐证。然而，政府主导的土地改革的局限性却少有关注，对此我们展开讨论。

土地改革在各国有各自的实践，有的温和赎买地主土地，也有以激进的方式没收地主土地，但其结果基本是，地主只保留有限的土地，大多土地由其他农民获得，尤其是以前的佃农和少地农民，由此农民普遍成为自耕农，于是劳动生产积极性有了显著提高，农业发展，农村的收入分配关系也趋于公平。但正是这种耕者有其田的土地改革最终实现的是小农经济，因为当农村存在大量农民时，土地的平均分配只能是小农经济。而且，为了不使租佃体制复活，巩固土地改革的成果，一般要限制土地的自由买卖，限制农户所拥有的最大耕地规模，这又进一步固化了小农经济。

由土地改革所导致的小农经济的问题是显然的。中国当下的土地流转就是试图克服土地改革所带来的小农经济的问题。日本、韩国、中国台湾通过土地改革所建立的小农经济，使得这些国家和地区的农业缺少国际市场竞争力，需长期依靠政府的补贴，且造就了一大批反全球化的农民利益群体，农产品消费者要为食品支付高昂的代价。

与土地改革促成的自耕农体制相比，工业化所促成的自耕农体制更为健康，因为工业化所促成的自耕农是大农，实现农业的规模经济。工业化导致农业机械在农业中的广泛使用，通常使用大型农业机械比使用中小型农业机械带来更高的农业生产效率，而大型农业机械只能在大规模农场得以有效使用，这就导致大规模农场具有了效率成本的优势，从而淘汰使用

---

① 高彦彦、杨德才：《农业租佃关系中的交易成本与土地产权分散程度的决定》，《制度经济学研究》2009 年第 2 期。

小型农业机械的小规模农场，最终农业演变成规模农业。

在工业化时代，土地改革实现了自耕农体制，但所导致的小农经济本很难长期存在。一般来说，小农经济的长期生存需要在相当程度上对竞争限制，尤其要免于参与全球农产品市场的竞争。由于农业发达国家的农业多为规模农业，大型农业机械的使用大幅降低了农产品成本，必然比实行小农经济的国家更具竞争优势，如此小农经济国家的农户将难以生存，从而出卖至少出租土地，促成土地在农场的兼并，产生规模农业，于是小农经济终结。

八　中国土地制度演变的历史阶段

根据以上分析，土地制度的演变一般经历了以下过程。在原始部落时代，生产以集体的方式进行，决定了土地制度为部落集体所有制。随着生产的个人化发展，出现了最初的土地私有制，标志着原始部落时代的终结。由于农户拥有的土地不均匀，土地的租佃体制产生。在中国，租佃体制经过两个发展阶段：井田制时代的劳役地租时期，这一时期的土地以分封的方式分配，井田制之后的实物地租以及再后来的货币地租时期，在中国传统文献中称这一时期为封建社会。随着现代资本主义兴起，农村土地的租佃体制日趋式微，而建立在土地私有制基础上的家庭农场体制则成为主流的农业生产组织形式。随着资本主义兴起，土地租佃体制走向式微主要是借鉴西方发达国家的经验，但在中国由于资本主义未能得以充分发展，到1949年中国农村普遍存在租佃体制，经过土地改革才结束了土地的租佃体制。

在中国传统教科书和学术界一般认为，根据马克思的历史唯物主义，社会历史可划分为五种社会形态：原始社会、奴隶社会、封建社会、资本主义社会和共产主义社会（其初级阶段是社会主义社会）。根据这一观点，奴隶社会通常被理解为原始社会后的第一种经济制度或社会形态。但这一观点主要来自对马克思关于社会形态发展阶段的解读，也就是说，马克思本身并没有直接表达过奴隶社会是原始社会后第一阶段。其实，马克思更强调的是，"奴隶制始终伴随着文明时代"。[①] 在《德意志意识形态》中马克思、恩格斯就指出："奴隶制是同任何经济范畴一样的经济范畴。"[②] 事

---

① 《马克思恩格斯选集》第四卷，人民出版社，1995。
② 《马克思恩格斯选集》第一卷，人民出版社，1995。

实上也确实如此，在 19 世纪的美国即便资本主义制度早已建立，且工业文明已相当发达，但奴隶制度还广泛存在。

第二节　影响农业社会土地流转的因素

根据本章第一节的分析，井田制时期土地原则上是不流转的。直到公元前 594 年鲁国实行初税亩，土地所有者获得完全的土地处置权后，才具备了土地流转的制度基础。本节讨论自实行初税亩后，影响农业社会土地流转的因素。

一　政策导向：抑制兼并 vs. 不抑兼并

自鲁国实行初税亩后，土地可自由买卖，通过兼并土地有可能过度集中到少数地主手中，从而引发诸多社会问题。因此农业社会的各朝代面临抑制兼并或者不抑兼并的政策选择，而这一政策选择对土地流转有着重要的影响。

鲁国实行初税亩后，鲁国公室继续衰微且政治每况愈下，鲁国继位者并没有继续其改革，且文献中并没有见到过关于"履亩而税"税率的任何记载。有研究认为，很可能初税亩制度建立后并未真正有效实施。[1]

公元前 356 年，商鞅在秦国变法，土地制度方面推行了"废井田、开阡陌"。《史记》记载，商鞅"为田开阡陌封疆，而赋税平"，从法律上废除了井田制度。法令允许人们开荒，土地可以自由买卖转让，赋税则按照各人所占土地的多少负担。就此而言，商鞅采取不抑兼并的政策。

公元前 221 年，秦始皇统一六国，随之颁布了"使黔首自实田"的法令，正式承认私人的土地所有权，并允许土地兼并。土地被兼并的农民，不得不以"见税什五"的苛刻条件耕种豪民之田。[2] 然而不抑兼并的政策导致豪强兼并土地愈演愈烈。《汉书·食货志》中提到董仲舒有论："用商鞅之法，改帝王之制，除井田，民得买卖，富者田连阡陌，贫者无立锥之地……邑有人君之尊，里有公侯之富……故贫民常衣牛马之衣，而食犬彘之

---

① 至晁福林：《论"初税亩"》，《文史哲》1999 年第 6 期。
② 高婷：《秦朝统一与经济结构的变动——兼谈秦代私营工商业的发展》，《秦陵秦俑研究动态》2003 年第 1 期。

食。重以贫暴之吏，刑戮妄加，民愁亡聊，亡逃山林，转为盗贼。"虽然有些夸张，但是不抑兼并确实使得土地兼并加剧，两极分化严重。

汉朝的土地制度与秦朝同，土地私有且可自由买卖。西汉汉元帝时（公元前49年），土地兼并日趋严重，自耕农大量破产沦为佃农，豪强庄园势力日益强大，租佃关系十分尖锐。虽然董仲舒曾向汉武帝提出"限民名田"的建议，师丹也向汉哀帝提出限田建议，王莽代汉时下诏实行"王田制"，但均因贵族富豪反对而未能实行。

到了西晋（266年），开始推行抑制兼并的政策。西晋的占田制规定，官僚、士族及一般民众按照各自的占田标准占有土地，不可多占。《晋书·食货志》中记载："男子一人占田七十亩，女子三十亩。其外丁男课田五十亩，丁女二十亩，次丁男半之，女则不课。"占田制不是国有土地基础上的授田，只是在法律上规定和承认私人占有土地的最高限额，以及按照土地亩数缴税的数额。既满足了王公贵族、官僚强宗侵占土地的欲望，又对其加以一定限制，同时承认一般农民自有的土地，并规定他们占有土地的最高限额和课田数额，一定程度上抑制了土地兼并，缓和了阶级矛盾。

北魏至唐朝前期以均田制为土地的基本制度。485年，为了增加财政收入，北魏孝文帝采纳汉族谋臣建议，在不触动官僚地主土地的前提下，颁布均田令，推行均田制。均田制是将国家掌握的土地实行分配，限制土地买卖、占田过限，以法律形式确认受田者的土地占有权和使用权。受田者年老或死亡，露田归还国家，桑田传给后代。露田也称正田，是种植作物的土地，不得另作他用，农民对露田只有使用权而没有所有权，成年授田，老死还田且不得买卖。桑田为世业田，是已经种植或允许种植桑、榆、枣等果木的土地，终身不用归还官府，土地权属于农民且可买卖。隋朝和唐朝前期推行的均田制，限制了土地的买卖和无限占有，在一定程度上抑制了土地兼并。

到了唐玄宗开元天宝年间，土地买卖和兼并之风盛行，政府直接支配的土地日益减少，均田制无法推行。《文献通考·田赋考》中提到，此时唐朝已是"法制隳弛，田亩之在人者，不能禁其卖易"。唐德宗建中元年（780年），宰相杨炎建议颁行"两税法"，以原有的地税和户税为主，统一各项税收而制定，分夏、秋两季征收，是对当时赋役制度较全面的改革。"两税法"之后，国家不再限制私家扩田置产的数额，于是土地买卖兴盛，均田制终于瓦解。

关于宋朝的土地兼并，郭丽冰认为，宋立国起于豪强，统治者的指导思想是"藏富于民"，即不管兼并者如何富有，只要在大宋国土内，通过赋税，最终还是归国家所有。宋太祖赵匡胤实行"田制不立"和"不抑兼并"的政策，即国家不制定土地制度，允许土地自由买卖。同时宋朝还推行比较自由的民间借贷政策，鼓励开垦荒地，不再运用政权力量进行土地再分配。"田制不立"和"不抑兼并"的土地政策，使土地买卖盛行，土地集中加剧，到了北宋中期，更是达到了"势官富姓，占田无限，兼并伪冒，习以成俗"。两宋期间出现了三次大规模的土地兼并浪潮，由此加剧了社会贫富的两极分化，"中下之家，逃租弃产，漂寓他乡者，往往而是"。于是宋朝政府一再采取一些限田和均田的措施以缓解社会矛盾，比如北宋王安石的"方田均税法"、南宋李椿年的"经界法"等。但这些措施只是暂时抑制了豪强地主的兼并势力，没有从根本上解决土地兼并的问题。①

元代的土地制度和南宋的土地制度一样，将土地分为官田和民田两种。

官田是承袭南宋所有的官田以及皇室贵戚、达官显宦及豪右等私人地产而来，另外在征服战争中大量的无主荒地也被没收为国有土地。民田，就是私人所有的土地，民田中有大量土地集中在大土地所有者手中。元代土地兼并很严重，余阙《青阳山房集》中记载："吴人之兼并武断，大家收谷，岁至数百万斛，而小民皆无盖藏。"②

关于明朝的土地兼并，唐娟认为，朱元璋建立明朝后，吸取元朝灭亡的教训，在土地方面实行安生养息的政策。"国以民为本"，为了抑制豪强的土地兼并，"又行养老之政""立法多右贫抑富"，将更多的土地交给自耕农，所以明初土地兼并并不明显。但到了万历年间（1573～1619年），勋戚和王侯占有的土地数量已经相当大，而农民占有数量较少，每户平均占地大致一顷多，加之赋税严重，很多农民只能将自己的土地变卖给地主。到了明朝中后期，为了应对严重的土地兼并现实，朝廷也出台了相应政策，比如"一条鞭法""总括一县之赋役，量地计丁，一概征银，官为分解，雇役应付"。就是把各州县的田赋、徭役以及其他杂征总为一条，合并征收银两，按亩折算缴纳，但也只是治标不治本。③

---

① 郭丽冰：《宋代的土地政策及其影响》，《辽宁师范大学学报》2008年第5期。

② 柴福珍、石华：《元代的农村基层社会管理》，《贵州社会科学》2010年第1期。

③ 唐娟：《试议明代皇室、宦官、官绅与土地兼并的关系》，《北方文学》2017年第1期。

清朝建立初期对汉族民众采取了经济上的掠夺政策，先后对山海关以内的土地进行了三次大规模的圈占，迫使很多农民失去土地，基本政策为不抑兼并。清代中期，官僚地主将土地承租给中下层人民百姓，有屯田、庄田两种形式。但无论是屯田还是庄田，都是为满足土地所有者即官僚地主的利益而设，农民则承受着压迫为统治阶级服务。[1]

二 税收制度：人头税 vs. 田赋税

中国古代的农业税收大体可归纳为两大系统：一是田赋，不论实际生产产量，每亩课征定额之税；二是人头税，按劳动力单位即"丁"或是按法定的标准户（一夫一妇谓之一床）来课征。这一系统又按照两种方式征收，一种是由政府直接征调劳动力，人民每年定期为国家服役若干日；一种是缴纳定量的布帛、绢绫，甚至现金，被称为"算赋"、"调"、"丁绢"或"丁赋"。

中国古代赋税制度的发展主要是以唐代两税法为分界，之前以人头税为主，之后则以田亩税为主。人头税按劳动力单位课征，是定额税，其税赋与纳税人的生产量或所得没有任何比例关系。就生产产量和税赋之间的关系而言是累退的，即每单位产量或收入所负担的税赋随土地拥有量的上升而递减。在税重而又累退的税赋结构下，农民如果在很小一块土地上进行生产，其每年的净得还不足以缴纳税赋。因此，许多小土地所有者在不堪国家沉重税赋时，只好放弃土地，全家逃亡以避免税赋或将他们的田地献给富豪，形成和大土地所有者的租佃关系，以求荫庇，是为"带产投靠"。为保证一定的税收收入，国家只能加大对已有农户的税赋，这样又强化了上述过程，更加剧了土地的兼并。[2]

田赋按田亩征收，是比例税。按田亩征收解决了长期以来存在的赋役混乱难题。由于不再把人丁当作征税对象，政府就放松了对人口的控制，农民可以在各地自由迁徙，土地租佃及买卖交易比较活跃，促进了土地流转和城镇工商业发展，"不在乡地主"人数日益增加。[3]

---

① 王炯：《清代土地制度演进分析》，硕士学位论文，河北农业大学，2011。

② 樊明等：《种粮行为与粮食政策》，社会科学文献出版社，2011。

③ 郭雪剑：《中国古代土地制度演变的特点和规律》，《学习与探索》2016年第1期。

三 置地文化：兼并和反兼并的共生性

在中国古代农业社会，为了解决食物短缺问题，政府十分重视农业，为此采取"强本抑末""令民心归于农"的政策。基于李成贵的研究，这一政策主要通过两种手段实现：一是经济干预，即"重商征重税"；二是在政治上贬低商人的地位，如汉高祖"令贾人不得衣丝乘车，重租税以困辱之"，如此又导致"置地为本"的文化。[①]

赵冈认为，在这种"重农抑商"政策和"置地为本"文化的影响下，农民形成不断置地的冲动。商人当累积了足够的财富后，也往往选择置地。即使无地的贫农弃农经商，一旦经商成功，累积了财富，也往往会回乡购买土地。因此，中国古人有强烈的不断扩大自身拥有土地规模的内在冲动，构成了土地兼并的文化原因。但另一方面我们认为，也正因为此，中国农民不轻易出售土地，这在很大程度上又遏制了土地兼并。[②] 因此置地文化导致了兼并与反兼并的共生性。

四 继承制：长子继承制 vs. 分户析产制

西方中世纪的财产继承制度是长子继承制，有利于财产的集中，也是资本主义在西方兴起的原因之一。和欧洲普遍采取的长子继承制不同，在中国古代实行分户析产制：作为家长的父亲去世后，其子分家立户，财产平均分割，由此很难形成稳定的土地集中。即便有人在生前积攒了大量土地，经过分户析产，土地也很难在一个人或一户高度集中。如果我们只强调土地的兼并集中而忽视土地的分户析产，就很可能夸大了中国古代农业社会中的土地兼并。因此中国古代的分户析产制是抑制土地兼并、导致土地过度集中的一个重要因素。[③]

五 土地兼并的非经济因素

土地买卖是土地兼并的基本方式，但在农业社会置地文化传统导致土地市场供给有限以及分户析产的土地继承制度，完全靠土地买卖实现大规

---

① 李成贵：《论传统农业的资源配置及其效率水平》，《中国农史》1997年第1期。
② 赵冈：《中国传统农村的地权分配》，新星出版社，2006。
③ 樊明等：《种粮行为与粮食政策》，社会科学文献出版社，2011。

模土地长期集中是很困难的。大规模土地集中往往与一些非经济因素有关，其中最值得关注的是豪强地主的强取豪夺。在中国农业社会，富户人家能更多地培养子弟读书做官，甚至捐官，而掌握权势的人又利用其政治权势敛财致富，如此形成一些拥有巨大政治权力和经济权力的豪门。这些豪门在土地市场可以半强制甚至强制交易的方式购买土地，甚至对弱小农户的土地赤裸裸地霸占，如此可形成大的豪强地主。

在这一方面，文献有大量的记载，如唐朝天宝十一载（752 年）的诏书有记："如闻王公百官及富豪之家，比置庄田，恣行吞并，莫惧章程……爰及口分永业，违法买卖，或改籍书，或云典贴，致令百姓无处安置，乃别停客户，使其佃食。"

一般来说，豪强富户对土地的超市场掠夺更多地发生在一个朝代的后期，往往与朝廷全面的政治腐败相关，也往往是导致民不聊生进而揭竿起义的重要原因。就此而论，土地私有制有导致通过兼并实现土地集中的可能，但仅此仍难以实现土地大规模集中，从而导致严重的两极分化。严重的两极分化更多地由非经济因素所导致，豪强富户的掠夺往往是直接原因，朝廷的政治腐败是更深层原因，而农业社会的专制制度最终导致一个朝廷的全面政治腐败是基础的制度原因。

六　关于农业社会土地流转的基本观察

以上分析了中国农业社会中的土地流转，有以下三个基本观察。

第一，从鲁国实行初税亩以来，宋朝之前以抑制兼并为主，而宋朝以后不抑兼并成为主流。总的来说，一个朝代不抑制兼并就会导致兼并现象趋于严重，阶级矛盾激化，政府就会推出抑制兼并的政策以缓和矛盾。

第二，传统文献强调，中国农业社会土地兼并相当严重，甚至认为土地兼并是导致改朝换代的一种长期力量。但根据前面的分析，中国农业社会还存在相当大的反兼并力量，包括政府实行的抑制兼并政策、置地为本的文化传统对土地市场供给的限制、分户析产的继承制度等。

第三，通过土地市场的自由交易难以大规模集中土地，大规模土地集中往往与一些非经济因素有关，其中最值得关注的是豪强地主的强取豪夺，其背后朝廷的全面政治腐败以及专制制度是更为基础的政治原因和制度原因。

第三节　民国时期国民政府的土地改革

中国自公元前 594 年鲁国实行初税亩以来，土地所有者拥有了对土地完整的处置权，土地可自由买卖和租佃。此后的 2000 多年，中国农村建立了以租佃关系为主导的土地制度，给中国农民和中国农业发展带来了诸多问题。长期以来，"耕者有其田"一直是中国农民对土地的基本诉求。19 世纪以来，欧洲针对封建租佃关系进行土地改革，形成一套关于土地改革的理论和政策。民国时期国民政府的土地改革正是在这种国内国外背景下展开，对我们今天讨论土地流转有一定的借鉴意义。

一　19 世纪欧洲土地改革的理论

19 世纪前，欧洲普遍实行封建租佃体制，阻碍了农业进步，并带来严重的收入不公问题，引发了诸多的思想家对土地私有制度的批判。英国学者托马斯·斯宾塞在"正午的自由"演讲中指出：土地是天赋人权，应当归于村镇或者郊区所有。[①] 1848 年约翰·穆勒在《经济学原理》一书中，尖锐批评坐享地租不劳而获的地主阶级，要求对全国土地估价，现有土地价值归地主所有，估价后因社会进步而自然增加的价值以租税的形式交给国家。[②] 第四章第二节介绍的亨利·乔治认为，土地所有者对生产过程毫无贡献，却通过收取地租分得社会大量财富。马克思更是全面批判了资本主义的私有产权制度，包括土地私有制，主张全部生产资料国有化，包括土地。德国的土地改革先驱达马熙克及其秘书威廉·路易·单主张，向地主征收等于地租或者高于地租的土地税，导致地主无利可图甚至亏本的地步，即"土地国有，税去地主"。[①]他们的政策主张虽各有不同，但基本主张是限制土地私有产权，剥夺土地所有者从拥有土地所获得的利益。所提政策也大多是通过征税等方式瓦解租佃体制，建立自耕农体制。基于这样的思想，欧洲不少国家开始了土地改革的实践。

---

① 赖晨：《民国闽西扶植自耕农研究（1941—1948）》，硕士学位论文，福建师范大学，2006。
② 王宏斌：《西方土地国有思想的早期输入》，《近代史研究》2000 年第 6 期。

二 民国时期国民政府土地改革的背景

中国农业社会的土地制度长期以来以租佃体制为主导，带来了与19世纪前欧洲土地租佃关系所导致的相似问题，即农业效率不高，收入不公。自明清以来人口剧增，从明末的1亿人左右增至清末的4.5亿人，导致人地关系更趋紧张，租佃关系更趋尖锐。因此，"耕者有其田"一直是中国农民的长期诉求，至清末这种诉求更为迫切。

针对中国自古以来的土地问题，孙中山广泛吸取西方激进的土地改革思想家的思想，基于中国国情提出平均地权的思想，即用征收地价税和土地涨价归公的办法，阻止地主从地租及地价增涨中获利。因此，平均地权的思想从某种意义上来说，是西方土地改革思想中国化的体现。对此，第四章第三节将有所介绍和讨论。

1926年在国共两党共同参加的中国国民党第二次全国代表大会上，国共两党均认可平均地权的思想，但在实行方法上，国共两党产生了严重的分歧：国民党基本的主张是采用温和的赎买方法，和平进行土地改革，即"买去地主"。而共产党主张通过暴力剥夺地主土地分给农民，即所谓的"踢去地主"。我们这里讲的土地改革，主要是在国民政府领导下的土地改革。

民国时期政局不稳，1937年抗日战争全面爆发后又面临着日本侵略。政府要稳定局面，坚持抗战，获得抗战物资，就要求进行土地改革，扶植自耕农，以安定社会，增加农业生产。当时处于内忧外患的国民政府，注意到欧洲土地改革后所呈现的社会安定和经济发展的现象。在这种国内国外的背景下，根据孙中山平均地权的思想，国民政府开始了土地改革。

三 民国时期国民政府土地改革的理论及实践

1925年孙中山逝世后，平均地权思想在中国继续发展。当时中国主要有三大土地改革流派：中国地政学派、中国农村经济研究学会派、《独立评论》派。其中，中国地政学派更多地继承了孙中山平均地权思想，是国民党土地改革的正统派，也是三派中最为重要的一派。下面我们对这三大土地改革流派分别简要介绍。

中国地政学派的主要代表人物是祝平、唐启宇等。该学派认为，中国土地的问题在于"地未尽其力"，主张土地产权归农民所有，反对土地国有，认为土地国有会降低农民生产积极性，且政府不能更好地进行土地的耕种与开发，因此土地国有并不符合人民的诉求。在取消租佃关系的方式上，中国地政学派主张"买去地主"而非"税去地主"和"踢去地主"，强调用经济交易的方式解除租佃关系。

中国农村经济研究学会派的代表人物是冯和法、钱俊瑞等。该学派观点与共产党相仿，认为中国土地问题在于封建租佃关系阻碍了生产力发展，主张采用强制的方法剥夺地主土地，即所谓"踢去地主"。

《独立评论》派的主要代表人物是翁文灏、李四光等。该学派认为，中国土地问题在于"人多地少"，即中国国土虽然很大，但可利用的土地较少，人地关系相当紧张。他们认为节制生育是解决土地问题唯一的办法。

三大土地改革流派中，中国地政学派的思想较丰富，实践也较多。国民政府组织的土地改革，主要以中国地政学派的思想为理论基础。然而，国民党提出的土地改革与地主阶级利益相冲突。早在1905年孙中山成立中国同盟会将平均地权作为政治纲领的一部分时，"在座会员有数人对于'平均地权'有疑义要求取消"。[①] 国民政府的重要阶级基础是地主阶级，而土地改革与地主阶级利益难以调和，导致国民政府试图推进的土地改革面临重重阻力。此外，民国时期战争频繁，社会动荡，土地改革一直缺少稳定的社会环境。如此导致国民政府的土地改革未能取得普遍成功，但在少部分地区取得了较好的成绩。

福建龙岩县是土地改革最有成效的地区之一。1933年福建事变后，福建人民革命政府实行"计口授田"，将全县3/4的土地分给农民，大批地主因此逃亡。[②]1934年福建事变失败，国民党收复此地后，地主返回龙岩县，想要收回土地，而已分得土地的自耕农不愿交出土地，二者矛盾尖锐，"纠纷残杀，时有所闻"。在这种背景下，国民政府进行土地改革时，福建省政府为了缓解龙县租佃矛盾，决定在此实施土地改革。

1943年2月，龙岩县政府开始进行土地改革，承认被占有的土地归农民所有，认定占地农民为自耕农。同时对土地所有权的地主进行地价补偿。给缺地的农民分配土地，但领地数量以能维持四口之家生活的土地数

---

① 沈渭滨：《"平均地权"本义的由来与演变——孙中山"民生主义"再研究之二》，《安徽史学》2007年第5期。

为基准。无钱缴纳地价的农民可向中国农民银行贷款。到1947年，全县农民均为自耕农。在此之后，龙岩县政府为了维护土地改革成果，颁布法令禁止土地转租，限制土地转卖与分割，且购买的土地只能用来自耕而不可以他用。①

甘肃省湟惠渠灌溉区是运用土地债券扶植自耕农的早期典型之一。② 该地区气候干旱，属于旱区，农业条件较差。在湟惠渠未开凿之前，该地区未开垦土地占37.43%。③ 在这种条件下，土地集中并不严重，租佃关系也并不尖锐。1939年甘肃省政府开凿湟惠渠后，农业生产条件改善，土地经济效益增长，当地开始竞购土地，土地集中日益明显。当时政府曾经下令禁止土地买卖，但在利益驱使下，政策并未得到有效执行。1942年4月，甘肃省政府拟定《湟惠渠灌溉区土地整理办法》，以法令的形式确定了土地承领人为自耕农的身份，同时确定了承领人可分年缴付地价。该法令虽未明确限制土地流转，但规定不得转移于非自耕农。同年6月，甘肃省政府又于达家川设立湟惠渠土地整理事务所，向中国农民银行借款400万元，征收25600市亩私有土地，分成1162个单位农场由自耕农承领。④

除福建省龙岩县、湟惠渠灌溉区外，国民政府还在全国14个省份的82个县试办扶植自耕农试验区，进行土地改革。1949年国民政府退往台湾地区后，又在台湾地区实行土地改革。虽然各地做法不一，但在土地改革的过程中有两个共同点：一是，各地的土地改革主要以"买去地主"的方式，即以当时地价买去地主手中的土地，分配给农民；二是，土地分配之后，多颁布法令限制土地流转，以防止土地再次集中。总的来说，这些土地改革在一定程度上破解了租佃关系，有其进步意义。

---

① 赖晨：《民国闽西扶植自耕农研究（1941—1948）》，硕士学位论文，福建师范大学，2006。
② 金德群：《中国国民党土地政策研究（1905—1949）》，海洋出版社，1991。
③ 魏宝珪：《湟惠渠灌溉区之扶植自耕农》，《人与地》1943年第7期。
④ 金德群：《中国国民党土地政策研究（1905—1949）》，海洋出版社，1991。

第四章
理论与争鸣

历史进入近现代，资本主义制度在西方主要国家得以确立，土地制度也随之发生变革。土地制度的变革使农业取得巨大的进步，同时也产生了诸多问题。于是思想家们针对资本主义的土地制度提出了不同的思想和主张。本章首先选取了两位西方的思想家马克思和亨利·乔治，介绍并评析其土地思想。在马克思和亨利·乔治土地思想的影响下，孙中山和毛泽东针对中国的土地问题也提出了自己独特的思想和政策主张。时至当下有更多的学者针对中国的土地制度，包括土地流转制度，进行了深刻的思考，富有启发意义。

第一节　马克思对资本主义土地制度的批判

卡尔·马克思（1818～1883年）出生于德国莱茵省特利尔市。青少年时代在德国求学，随后又在法国、比利时生活多年，最后移居英国伦敦，直至病逝。马克思是世界共产主义运动最重要的思想家，对土地制度也有其独特的思考。马克思的土地思想对世界包括对中国的土地革命以及中国1949年之后所建立的土地制度产生了深远的影响。

一　马克思对资本主义土地制度的肯定

马克思是资本主义制度的批判者，但对工业革命时期欧洲土地制度的演变仍然给予了肯定，归纳起来有以下三点。

（一）资本主义土地制度的形成打破了小农经济模式

在小农经济下，"每一个农户差不多都是自给自足的"。① 资本主义土地制度的形成打破了小农经济模式，使农业摆脱了封建制度的束缚，摆脱了长期的发展停滞状态，开始飞速发展。农业实行规模化、商品化生产，"大生产取代小生产，大农业取代小农业"。② 资本主义土地制度促进了"农业合理化，从而第一次使农业有可能按社会化的方式经营"。③

（二）工业革命的成果运用到农业领域

更先进的生产技术得到了应用，"陈旧和不合理的经营，被科学在工艺上的自觉应用代替了"。④ 马克思经过考察认为，资本主义土地制度有利于新的科学技术的应用，相对于封建经济能够提高土地的利用效率，大大促进农业生产力的发展，由此促进了资本主义农业的进步，并推动资本主义社会经济的发展。

（三）资本主义土地制度带来的农业发展促进工业革命的发展

资本主义土地制度的确立，造成农民与土地的分离。圈地运动后，农民一方面失去土地；另一方面不再受土地的束缚，大批可雇用的自由劳动者走向城市，为手工工场和工业革命之后的工厂提供了劳动力。"从1700年到1800年英格兰和威尔士的总人口增加了81%，而这时期的农业人口却增加了8.5%。"⑤ 一方面农产品的生产参与到了社会市场中，为城市工商业提供丰富的原料；另一方面农场又成为城市工商业产品的市场，由此促进了城市工商业经济的发展。

二　马克思对资本主义土地制度的批判

对于资本主义土地制度，马克思也予以了无情的批判。马克思认为，资本主义大农业不是合理的农业，也不能实现土地正常的社会利用，归纳

① 《马克思恩格斯全集》第一卷，人民出版社，1995。
② 《马克思恩格斯全集》第十八卷，人民出版社，1995。
③ 马克思：《资本论》第三卷，人民出版社，1975。
④ 马克思：《资本论》第一卷，人民出版社，1975。
⑤ 何洪涛：《论英国农业革命对工业革命的孕育和贡献》，《四川大学学报》（哲学社会科学版）2006年第3期。

起来有以下四点。

（一）资本主义土地制度导致租地农场主的短期租地行为

在马克思时代，租地农场是一种较为普遍的农场形式，租地农场主向地主短期租用土地。马克思认为，这种短期租地行为对土地资源的合理利用造成危害。有限的租期"限制租地农场主所进行的、最终不是对他自己有利而是对土地所有者有利的生产投资"。①租期一到，"在土地上实行的各种改良就要变成土地所有者的财产"，这就导致"租地农场主避免进行一切不能期望在自己的租期内完全收回的改良和支出"。租地农场主不愿在较短的租期内对土地投入太多以改善土地条件，而是企图在有限时间内尽量地掠夺地力，造成土地肥力下降。这种行为不利于农业生产力的持续发展。马克思认为，土地资本这种短期经营与肩负人类生存责任的农业生产是矛盾的。

（二）资本地租限制租地农场的发展

马克思认为，构成资本主义生产方式的大农业的基础——土地所有权"是一种限制"。认为土地私有权使土地所有者无偿地攫取高额租金，资本家增加在土地租金价格上的投入，就会造成对农业生产投资的不足，资本家难以采用新的设备、新的工艺，最终导致工业革命的成果很难推进到农业中去，不利于农业生产力的提高。

（三）土地所有者无偿地攫取租金是一种不道德的行为

地主将土地租给农场主获取租金，而农场主雇用农业工人耕种土地。马克思认为，土地所有者不能创造任何价值，对农业生产力的提高也无益处，只会坐享其成，"以致在苏格兰拥有土地所有权的土地所有者，可以在君士坦丁堡度过他的一生。"①

（四）农业资本家剥削农业工人创造的剩余价值

在马克思的时代，农业资本家大量雇用农业工人从事农业生产。马克思的地租理论认为，"一切地租都是剩余价值，是剩余劳动的产物"。①也就是说，在资本主义土地制度下土地所有者获得的地租本质上是农业工人创造的剩余价值，反映的是农业资本家和土地所有者联合剥削农业工人的经济关系。马克思认为，农业资本家对农业工人的剥削，导致农业工人的贫困。资本主义的成就"首先也是以直接生产者的赤贫为代价而取得的"。①

---

① 马克思：《资本论》第三卷，人民出版社，1975。

三 资本主义土地制度的出路：土地国有化

马克思在对资本主义土地制度批判后，提出土地国有化思想，强调土地国有化基础上的农业生产才能实现农业合理化。

土地国有化可以消除土地私有制下的短期租地行为带来的消极影响。上文提到马克思批判了资本主义土地制度下资本家不愿意或者没有能力加大对土地的资本投入，从而造成土地利用的不合理。如果通过国家的力量，实现联合生产，集中力量加大对土地的投入，便可实现生产的进步。马克思反问：资本主义农业生产"既然证明比小块的和分散的土地耕作远为优越，那么，要是采用全国规模的耕作，难道不会更有力地推动生产吗？"[①]

只有把"土地从大农民和更大的封建主私人占有中夺取过来，而变作由农业工人的合作团体集体耕种的社会财产时，他们才能摆脱可怕的贫困"。"土地国有化将使劳动和资本之间的关系彻底改变，归根到底将完全消灭工业和农业中的资本主义生产方式……生产资料的全国性的集中将成为自由平等的生产者的联合体所构成的社会的全国性基础。"[①] 马克思主张让无产阶级掌握政权，让广大无产者参与社会化大生产。社会化大生产代替资本主义生产，这样保证国家对生产可以有效地计划和监督，有利于提高劳动者积极性，因为这是在为社会生产而不是在为资本家生产。

在提出土地国有化思想的基础上，马克思又提出具体的经营生产方式。他主张在发达的工业资本主义国家完成土地国有化之后，农业工人凭借既有的工业力量组织大规模集体化经营。而在经济落后的国家，土地相对分散，农民可以成立合作社，集中土地、集中生产力进行生产，直到经济发展到一定程度后形成集体大农业。

第二节 亨利·乔治土地制度改革主张

亨利·乔治是一个对资本主义土地制度给予严厉批评的思想家，其所提出的土地制度的改革以及税收改革的主张，曾对西方产生巨大影响，

---

① 《马克思恩格斯全集》第十六卷，人民出版社，1995。

并对孙中山"平均地权"思想也有着深刻的影响。虽然亨利·乔治的主张从未实现过，但其提出的土地私有制的诸多问题，仍然值得我们进一步思考。

一 亨利·乔治和他的时代

亨利·乔治（1839～1897年）是美国19世纪末期的知名社会活动家和经济学家。出身于普通中产阶级之家，生活道路艰难曲折，社会经历丰富。1865年起，开始投稿写作，对社会改良、土地政策等方面提出了其独到的见解。1879年因《进步与贫穷》一书声名大噪。其中，亨利·乔治提出的"土地国有，地税归公，废除一切其他税收，使社会财富趋于平均"主张曾风行一时。

亨利·乔治主要生活在美国南北战争之后。南北战争后，美国进入一个相对稳定的发展时期，但土地投机现象日显严重。在繁荣的经济背景下，铁路建设发展迅速。州和地方政府为了铁路经过其所在地，为铁路公司提供了资金和免费的土地。然而铁路公司用得来的土地进行土地投机，且因为腐败导致铁路造价被人为提高。当铁路公司收入无法偿还贷款时，便引发了债务危机。1862年《宅地法》的颁布，使很多投机者获得大面积土地，土地投机者把生产者从土地上排挤出去。这些现象让亨利·乔治认识到土地投机的危害。

二 思想来源

亨利·乔治早年受斯宾塞的影响，对《社会静力学》一书推崇之至。斯宾塞在《社会静力学》中提出："全部土地不是属于个人所有，而归社会所有。在这种制度下，全部土地可以完全按照同一思想定律来圈定。""人人享有自然的、平等的和不可让渡的使用土地的权利。"① 斯宾塞的这些思想对亨利·乔治影响甚大，是亨利·乔治批判土地私有制的重要理论依据。

亨利·乔治也深受杰斐逊土地思想的启发。在他给友人的信中曾赞许地引用了杰斐逊的话："我一直坚持杰斐逊的理念，即土地的使用权和收

---

① 〔英〕赫伯特·斯宾塞：《社会静力学》，张雄武译，商务印书馆，1996。

益属于活着的人，那些死人没有力量和权利要求它……土地是使人们劳动和赖以生存的共同财富。"①

三 亨利·乔治的土地改革思想

（一）批判土地私有制

亨利·乔治在《进步与贫困》一书中认为，土地私有制的危害表现在两个方面：一是在该制度下，社会进步同时又产生贫困；二是在该制度下，土地利用效率低下。虽然美国经济有着突飞猛进的发展，但广大民众并没有从经济发展中得到应有的好处，贫富分化越来越严重，看起来贫困似乎是进步本身的产物。在土地私有制下，土地参与分配是重要的原因，同时土地私有制使社会进步带来的全部好处被土地所有者所获得。土地所有者进行的土地投机加上人口增加、技术进步和其他能增加生产力的因素最终都会提高地租。而在所有的进步国家中，地租的稳步增加自然会使人们对土地价值的上升充满信心，这种信心导致两类结果：一是使用者多占土地，二是投机者闲置土地以待日后高价卖出。当土地被投机者所占有后，资本、技术等生产要素流动不到真正生产者手中，必然导致土地利用的低效率。②

（二）地租理论

亨利·乔治认为土地具有特殊性质，资本不过是劳动的另一种存在形式，总产品只存在两种性质完全不同的生产要素：土地和劳动，且土地在分配中处于支配地位。由于工资和利息间存在固定比例，所以只要先把土地的所得——地租扣除后，就可以完成分配。用公式表示为：总产品 = 地租 + 工资 + 利息。①

（三）"单一地价税"主张

在亨利·乔治看来，导致经济不稳定的根本原因是土地投机，所以医治的根本方法是从源头上消灭土地投机。因此他提出对地租征收 100% 的税收，从而从土地所有者或投机者那里拿走全部收益，通过这种方法根除土地投机。土地投机一旦根除，经济波动随之消失。地价税能够支付政府所有的必要支出，从而废除其他一切有碍财富生产的税收。

---

① Andelson, Robert V., "Henry George and the Reconstruction of Capitalism: An Address," *American Journal of Economics & Sociology* 52 (1993).

② 〔美〕亨利·乔治:《进步与贫困》，吴良健、王翼龙译，商务印书馆，2010。

四 对亨利·乔治土地改革思想的评析

亨利·乔治的土地改革思想提出后引起巨大争议，并产生了深远的影响，但从来没有被实施过。奥沙利文归纳了对亨利·乔治单一地价税思想的主要批评。第一，对土地所有者来说，单一地价税势必使得土地净回报为零，进而使得土地价值为零。换句话来说，政府已从根本上没收了土地。第二，如果土地回报为零的话，土地所有者就将放弃土地，由政府官员来决定谁用土地。但和私人土地所有者不同的是，政府官员并不能从土地有效的使用中获得利益，如此政府土地市场就不太容易配置土地使得土地得到最有效的利用。第三，要衡量土地的租金是困难的，大多数土地包含土地改善的成分，因此很难把裸地的价格和土地改善所带来的增值区分开来。① 这些批评可以帮助我们理解为什么亨利·乔治，的土地改革主张从来没有实施过。

五 亨利·乔治的思想留下的思考

亨利·乔治认为，地主凭借土地所有权但并未参与社会生产活动却参与分配，是一种不合理的制度安排。此外，人们通过土地投机更进一步放大了土地私有制所带来的收入分配的不合理性。然而值得思考的是，资本主义国家尚无一国实行土地公有制，而社会主义国家虽实行了土地公有制，却并没有带来土地的高效率使用，对此需要反思。

土地利用存在着公平与效率的难题，如果我们把地主凭借土地所有权不劳而获视为不公平，那就有失偏颇。就我们今天的知识而言，要使得土地得以有效配置，就必须知道土地的真实价格，如此对昂贵的土地采取土地密集型的使用。价格是由供给和需求决定的，土地私有制使土地所有者成为土地供给方。就土地利用的效率而言，土地所有者是良好的供给方，因为土地最有效的使用最符合土地所有者的利益。在实际运行中，土地所有者总是试图把土地卖给或租给能出最高地价或租金的人，而能出最高地价或租金的人正是能最有效使用这块土地的人。但这就导致土地所有者凭借土地所有权而"不劳而获"。我们给"不劳而获"打上引号是指，虽然

---

① 〔美〕阿瑟·奥沙利文：《城市经济学》，中国人民大学出版社，2013。

土地所有者并没有参与生产过程，但却参与了土地有效配置的过程。

我们认为，对土地私有制的批判，或无视了土地所有者参与了土地有效配置的过程，或感觉他们从土地所得和他们的贡献相比太大了。从这个意义上来说，土地所有者凭借土地所有权不劳而获是不公平的。然而问题在于，我们至今尚未找到在土地非私有制的条件下良好的土地供给方，土地的有效配置与其自身的利益高度一致。

在亨利·乔治之后，人们也提出一些主张以使得亨利·乔治的主张有一定的可行性。如中国的孙中山提出"平均地权"的思想，强调土地涨价归公，但本章第三节的分析表明，涨价归公难以避免土地配置的效率损失。

第三节　孙中山平均地权思想：公平与效率两难

孙中山（1866～1925 年），名文，字德明，号逸仙，广东香山县（今中山市）人。孙中山是中国近代民主主义革命先驱，担任过中华民国临时大总统。孙中山提出的平均地权的思想，是其民生主义的核心内容，虽非直接关于土地流转，但试图平衡土地流转中的公平与效率，包含着公平与效率两难，对此学界少有关注。深刻认识孙中山平均地权思想所包含的公平与效率两难，可使我们更深刻认识土地流转的复杂性。

一　孙中山的平均地权思想

孙中山提出平均地权的思想有着深刻的国际和国内背景。孙中山多年生活在西方，对西方的土地问题有着深切的感受。从西方圈地运动到后来的工业革命，土地价格和租金快速增长，一些土地投机者更是人为导致了地价上涨，带来严重的社会财富分配不公。就国内的情况而言，清朝以来随着人口成倍增长，人地关系趋于紧张，租佃关系矛盾尖锐，太平天国运动在相当程度上可以理解为这种严重的土地短缺以及尖锐的租佃关系的产物。而在城市，从清末开始每一次城市化浪潮都推高城市土地价格，城市土地升值以及农地转化为城市用地升值的分配问题就凸显出来。[1]

---

[1]　熊金武、王昉：《"涨价归公"正义——对今日中国土地征收制度和房产税制度的反思》，《河北经贸大学学报》2011 年第 6 期。

西方的土地问题催生出激进的土地改革运动思想。约翰·米勒认为，土地私有不正当，地主独占地租与社会的正义不符，主张把将来发生的地租没收归公。本章第二节介绍的亨利·乔治提出对土地租金征税100%，实质上就是剥夺私有土地。马克思更是提出全面消灭私有制，全面实行国有化，包括土地国有。

在西方不仅有诸多土地改革的思想，更有付诸行动的实践。许多国家在中国19世纪30~40年代扶植自耕农运动之前的一百多年里，进行了以赎买方式的和平土地改革，为中国提供了宝贵的经验教训。比如丹麦、德国、罗马尼亚、爱尔兰、芬兰等，用和平方式完成了封建农业向资本主义现代化农业的过渡，为农业社会向工商业社会的转型铺平了道路。[1] 孙中山深受西方这些思想家关于限制甚至剥夺私有土地产权思想以及扶植自耕农实践的影响，针对中国的土地问题，提出平均地权的思想，在一定程度上可以理解为，西方土地改革思想的一次中国化。

平均地权的思想有一个较长期的形成和发展过程。1906年孙中山在《中国同盟会革命方略》中阐述了平均地权的含义："当改良社会经济组织，核定天下地价。其现有之地价，仍属原主所有；其革命后社会改良进步之增价，则归于国家，为国民所共享。"[2] 一般认为，平均地权的思想更为完整的表述是在1924年1月召开的国民党第一次全国代表大会的宣言中：①国家规定土地法，土地使用法、土地征收法及地价税法，由政府进行土地管理及征税事宜；②私地由地主报价，国家就价征税，必要时依价收买；③国家当给佃农以土地，资其耕种。[3]

孙中山认为，这样一来地主基本上是没有什么损失的，也就有效解决了地主土地分配的问题，地主有自己的土地就可以进行耕种劳作，满足自身的需求。同时，国家除了可以有效避免地主虚报地价，了解土地所属状况外，还可以增加国家的收入，使国家有更多的财力处理农民的收入分配问题，改善农民的生活状况，进而促进整个社会的发展。

---

① 赖晨：《民国闽西扶植自耕农研究（1941—1948）》，硕士学位论文，福建师范大学，2006。

② 孙中山：《中国同盟会革命方略》，《孙中山全集》第一卷，中华书局，1981。

③ 《中国国民党第一次全国代表大会宣言》，陆子芝、王处辉主编《中国社会思想史资料选辑（民国卷）》，广西人民出版社，2005。

二 涨价归公的效率损失

关于孙中山平均地权的思想，看起来是一个地主和社会双赢的涉及土地流转的方案。然而，孙中山的平均地权可能带来土地资源配置的低效率，对此少有关注。

孙中山对平均地权做了更具体的解释："比方地主有地价值一千元，可定价为一千，或至多二千；就算那地价将来因交通发达，价涨至一万，地主应得二千，已属有益无损；赢利八千，当归国家。"[①] 然而，孙中山这一平均地权的方案会导致土地利用的效率损失。

在土地私有的市场经济条件下，一块土地归能出最高地价或租金的人拥有或使用，这使土地实现有效配置。然而，按照孙中山的土地溢价部分全部归国家所有的思想，则土地所有者在出售土地时，只要地价超过其最初定价，卖给谁以及卖多少价钱与土地所有者在利益上无关。比如说，一块土地在最初核定地价时，地价为 1000 元/亩，到出售土地时已涨至10000 元/亩。这时，土地所有者只能获得 1000 元的原地价，土地溢价与之无关，他只要把土地卖出超过 1000 元/亩即可，有可能只卖给最多出价2000 元/亩的人，而愿出价 10000 元/亩的人并不能获得土地。这就意味着，这块土地本可用于带来 10000 元收益的用途，但却配置于只带来 2000元收益的用途，显然造成了土地资源配置效率的损失达 8000 元。

当然，这里我们假定土地所有者有权把土地卖给任何一个人。我们不妨考虑任何土地买卖通过国家拍卖的形式来实行，有可能是出 10000 元/亩的人获得土地，从而实现了资源的有效配置。但这里有个问题，只要现有土地所有者从每亩土地中获得超过 1000 元而低于 10000 元时，土地买卖就不可能发生。比如说，如果这块土地对原所有者只能带来 3000 元/亩，则作为土地所有者将不会出售土地，这将造成土地 7000 元/亩的配置效率损失。

也许有一种改革方案能够克服土地溢价归国家所有所带来的土地资源配置无效率问题，这就是征收地价税。如果地价税较低，则土地溢价仍然主要归原地主所有，但如果地价税过高，则可能带来土地难以通过买卖实

---

① 孙中山:《三民主义与国家前途》，1906 年 2 月 2 日在东京《民报》创刊周年庆祝大会上的演说。

现流转，从而难以实现土地有效配置。

试想，土地溢价税按土地溢价的80%征税，还是用上面的例子。土地按10000元/亩卖出，交税为（10000 - 1000）×80% = 7200元，则自己剩余为1000 + 1800 = 2800元，仍低于土地按原用途可带来的3000元收益，则土地买卖仍不会发生，仍然有土地配置低效率的问题。

如果按照亨利·乔治提出的对土地租金征税100%的主张，则土地就只能地主自己使用，不可能流转给更能有效使用该土地的人或机构，不能流转的生产要素一定带来配置效率损失。

综上分析，孙中山的土地溢价归公的政策会带来土地资源配置的效率损失。

三 平均地权思想中公平与效率两难

孙中山的平均地权思想试图解决土地因革命后社会改良进步之增价的归属问题，主张涨价归公，以为如此地主和公众均可满意从而实现公平，但却忽视了土地涨价归公带来效率损失。仔细分析，其实所有试图限制土地所有权的实现以实现公平的土地改革主张，都难免不包含公平与效率的两难，孙中山平均地权主张以及本章第二节介绍的亨利·乔治提出的对土地租金征税100%的主张，都是如此。

从更深的理论上来分析。任何从土地所有权获得利益的行为，都有着"不劳而获"的基本特征，在道德上难以得到肯定。中国周朝的《诗经》就有诗句："不稼不穑，胡取禾三百廛兮？"其实就是在表达对地主凭借其土地所有权而获得利益的不满和质疑。到近代西方，激进的土地改革运动思想家们都对土地所有者凭借其土地所有权获取地租给予道德上的批判。

然而问题就在于，土地最有效率配置最符合土地所有者的利益，因为出价最高者获得土地，而只有能最有效利用土地的使用者才能在竞标中出价最高。相反，激进的土地改革运动思想家们主张剥夺地主的土地所有权，竟提不出一种方案，由谁来接管土地能保证土地得到有效配置，因为对一个不能从土地有效配置中获得利益者，无论是个人还是政府，很难做到对土地的有效配置。而要保证土地有效配置与土地所有者的利益一致，就要求土地所有者能从土地有效配置中获得所有的土地利益。然而，人们希望土地能得到有效的配置，却不接受土地所有者获得全部土地的利益，这就是所有试图限制甚至剥夺土地所有权的土地改革方案必然遭遇到的公平与效率的两难。

第四节　毛泽东的土地思想及其实践

毛泽东（1893~1976 年），字润之，湖南湘潭人。出身于农民家庭的毛泽东，深知土地对于农民的重要性，因此毛泽东一生都在探求土地制度的改革，由此产生了毛泽东的土地思想，对中国影响深远。

一　毛泽东土地思想的来源

通读毛泽东在各个历史时期对土地制度的论述及政策主张，我们认为，毛泽东的土地思想主要来源于中国传统的平均土地思想、孙中山的平均地权思想以及马克思列宁主义合作制思想。

（一）中国传统的平均土地思想

在中国传统的农业社会，一直存在着少部分地主占有大量土地而广大农民少地甚至无地的现象。在土地作为最重要的生产资料的农业社会，广大少地无地的农民迫切要求获得土地，以至于贯穿整个中国传统农业社会的农民起义，多有关于土地的诉求。如宋朝的王小波、李顺起义就喊出"等贵贱、均贫富"的口号，他们以拯救受苦受难的百姓自居，"吾疾贫富不均，今为汝均之"。这里的均贫富主要是指均分土地，表达了广大农民要求平均土地财富的强烈愿望，于是"贫民多来附"。明末李自成领导的农民起义举起"均田免赋"的旗帜，深受广大农民的拥护。清朝太平天国起义颁布的《天朝田亩制度》，明文规定"按人口平均分配土地""凡天下田，天下人同耕，此处不足则迁彼处，彼处不足则迁此处"。

毛泽东对于中国历史上的农民起义是称赞的。毛泽东敏锐地察觉到：中国的革命要想成功，必须要得到占人口绝大多数农民的拥护，而要得到广大农民的拥护，就必须满足广大农民获得土地的要求。毛泽东曾不止一次提到："我们赞助爱惜平分土地的要求，实行打土豪，分田地。"[①] 1925

---

① 逄先知、金冲及主编《毛泽东传》，中央文献出版社，2011。

年，毛泽东在《国民党右派分离的原因及其对于革命前途的影响》一文中，对太平天国农民革命给予很高的评价，称赞太平天国平分土地是"农村无产阶级向清朝贵族及地主阶级的农民革命"①。

（二）孙中山的平均地权思想

孙中山的土地思想主要是平均地权，主要有两点主张。一是实现耕者有其田，"由国家按地价收买地主的土地分配给农民耕种"。1924年，孙中山在《三民主义·民生主义》的演讲中第一次明确提出："要使农民问题得到完全解决，'要耕者有其田'，那才算是我们对于农民问题的最终结果。"二是土地涨价归公，即"改良社会经济组织，核定天下地价。其现有之地价仍归原主所有，其革命后社会改良进步之增价，则归于国家，为国民所共享"。

毛泽东肯定了孙中山平均地权的思想，但并不主张孙中山提出的"由国家按地价收买地主的土地分配给农民耕种"，而是主张没收地主土地，分配给无地少地农民。1940年，毛泽东在《新民主主义论》中指出："这个共和国将采取某种必要的方法，没收地主的土地，分配给无地和少地的农民，实行中山先生'耕者有其田'的口号，扫除农村中的封建关系，把土地变成农民的私产。"② 1945年，毛泽东在《论联合政府》中指出："为着消灭日本侵略者和建设新中国，必须实行土地制度的改革，解放农民。孙中山先生的'耕者有其田'的主张，是目前资产阶级民主主义性质的革命时代的正确的主张。"① 由此可知，孙中山的土地思想对毛泽东有着深刻的影响，是毛泽东土地思想的重要来源。

（三）马克思列宁主义的土地公有制、合作制思想

在土地问题上，马克思主义的基本原则是废除土地私有制。马克思说："我认为，社会运动将做出决定：土地只能是国家的财产。"③ 列宁提出"共耕制"思想，即农村土地归为公有，实现成员共同耕作，统一分配。针对小农经济的问题，马克思提出合作制理论。列宁在《论合作制》一文中提出，在不发达国家引导农民走社会主义道路，并创造性地发展了马克思的合作制理论。毛泽东深知土地公有制是马克思主义针对欧洲的资

---

① 《毛泽东文集》第一卷，人民出版社，1993。
② 中共中央文献研究室：《毛泽东在七大的报告和讲话集》，中央文献出版社，1995。
③ 《马克思恩格斯全集》第十八卷，人民出版社，1965。

本主义社会提出的,但必须"把马克思主义应用到中国具体环境的具体斗争中去""按照中国的特点去应用它",① 以实现社会主义土地公有制的目标。毛泽东受到马克思合作制经济思想的启示,希望通过合作制来改造小农经济,从而实现由农业社会向工业社会的转变。

1943 年,毛泽东在《组织起来》一文中指出:"在农民群众方面,几千年来都是个体经济,一家一户就是一个生产单位,这种分散的个体生产,就是封建统治的经济基础,而使农民自己陷入永远的穷苦。克服这种状况的惟一办法,就是逐渐地集体化;而达到集体化的惟一道路,依据列宁所说,就是经过合作社。"②

基于对毛泽东土地思想来源的考察我们发现,毛泽东土地思想的来源存在一定的矛盾性:耕者有其田强调农民获得属于自己的土地,而土地公有化和农业合作化的思想则强调土地公有,集体耕种。这两种思想的对立也体现在毛泽东的土地思想中。

二 毛泽东的土地思想

在不同的革命和建设时期,为适应不同形势的需要,毛泽东的土地思想不断演变。以下分别讨论在土地革命时期、抗日战争时期、解放战争时期和中华人民共和国成立后毛泽东的土地思想。

(一) 土地革命时期:1927～1937 年

1927 年,毛泽东在"八七会议"上明确提出:"中国革命的根本内容是土地革命。"③ 1928 年,毛泽东主持制定了《井冈山土地法》,是中国共产党第一部土地法,规定"废除封建性及半封建性剥削的土地制度,没收一切土地归苏维埃政府所有"。但随着土地革命的深入,毛泽东开始改变土地国有政策。1929 年,毛泽东制定了《兴国土地法》,将《井冈山土地法》中"没收一切土地"的规定改为"没收公共土地及地主阶级土地",这意味着暂时允许一部分农民拥有土地。

1931 年 2 月 28 日,毛泽东给江西省苏维埃政府写了一封题为《关于加强春耕工作的意见》的信,明确指出:"过去分好了的田即算分定,得

---

① 《中共中央文件选集》第十一册,中共中央党校出版社,1991。
② 《毛泽东选集》第三卷,人民出版社,1991。
③ 胡华主编《中国新民主主义革命史参考资料》,商务印书馆,1951。

田的人即由他管所分的田，这田由他私有，别人不得侵犯。以后一家的田，一家定业，生的不补，死的不退；租借买卖，由他自主；田中出产，除交土地税于政府外，均归农民所有。"① 由此毛泽东明确了农民土地所有权。

（二）抗日战争时期：1937～1945 年

为了适应抗日战争的需要，中国共产党积极调整了土地政策，主要表现为：停止一切没收地主土地的行为，实行减租减息，农民交租交息的政策。毛泽东认为，减租减息政策体现的是民族斗争和阶级斗争的一致性。1938 年 11 月，毛泽东在六届六中全会所做的结论《统一战线中的独立自主问题》中讲道："地主应该减租减息，同时农民应该交租交息，团结对外。这些都是互助的原则和方针，是积极的方针，不是消极的片面的方针。"② 这一政策调节了农民与地主对立阶级之间的利益和关系，同时注重对农民土地所有权及农民土地权益的保护。

1941 年毛泽东在《〈农村调查〉的序言和跋》一文中指出：现在党的农村政策是抗日民族统一战线的政策，是综合"联合"和"斗争"的两重性的政策。"在土地政策方面，是要求地主减租减息又规定农民部分地交租交息的两重性的政策。这是目前中国的最革命的政策，反对和阻碍这个政策的施行，无疑义地是错误的。"③ 在抗日战争时期，毛泽东的土地政策为适应抗日统一战线的需要而有所"后退"。

（三）解放战争时期：1945～1949 年

在抗日战争即将胜利之时，毛泽东在 1945 年中共七大上发表的《论联合政府》调整了之前的土地政策主张："把土地从封建剥削者手里转移到农民手里，把封建地主的私有财产变为农民的私有财产。"但该报告仍然强调，还要继续实行减租减息政策，并将它推广到全国，"然后采取适当方法，有步骤地达到'耕者有其田'。"④

解放战争初期，中国共产党曾试图通过发行土地公债、有偿赎买地主

---

① 中国社会科学院经济研究所中国现代经济史组：《第一、二次国内革命战争时期土地斗争史料选编》，人民出版社，1981。
② 刘学礼：《毛泽东与减租减息政策》，《党史文汇》2015 年第 12 期。
③ 《毛泽东选集》第三卷，人民出版社，1966。
④ 中共中央文献研究室：《毛泽东在七大的报告和讲话集》，中共中央文献出版社，1995。

土地的方式来实现耕者有其田。1946年底，有偿赎买地主土地的政策在陕甘宁边区少数地方试点并达到了预期的效果。但是在推广的过程中，大多数解放区的反应并不积极，主要是因为当时大多数解放区以清算之名，行平分地主土地之实，认为既然已经实现了对土地的平均分配，当然就没有发行公债征购地主土地的必要了。由于各解放区反应并不积极，因此有偿赎买地主土地的政策在陕甘宁边区试点成功后，并没有将其推广到全国。随后由于国共内战的爆发，为了迫切得到广大农民群众的支持，中国共产党又采取了最简单、最有效的方式来剥夺地主的土地，以实现耕者有其田，充分满足农民对土地的需求，激发农民的革命热情进而支持解放战争。毛泽东深切地知道，农民是中国革命的主力军，只有实现了耕者有其田，才能牢牢获得农民的支持以获得革命的胜利。

（四）中华人民共和国成立后：1949～1976年

1949年中华人民共和国成立，在全国范围内实行土地改革，实现了将土地租佃体制转变为农民土地所有制，实现了耕者有其田。土地改革极大地调动了农民的劳动生产积极性，进一步巩固了新政权的执政地位。但通过土地改革所实现的耕者有其田实际上形成了小农经济。小农经济本存在诸多问题，但在这些问题尚未充分暴露出来之时，就被合作化运动所掩盖。

毛泽东一直认为，实际上农民土地所有制是处于分散落后状态的小农经济，不能持续进行扩大再生产，而且抵御天灾人祸的能力弱，同时分散的小农经济也不利于实现农业机械化。所以，毛泽东认为："要搞社会主义，不能靠小农经济。"[①] 由此提出农业合作化。1951年9月，毛泽东主持召开了第一次全国农业互助合作会议，明确提出"先合作化后机械化"，这是毛泽东农业合作化思想的重要内容，也是中国农业机械化发展的重要理论基础。

1955年7月，毛泽东在《关于农业合作化问题》报告中指出："我们现在不但正在进行关于社会制度方面的由私有制到公有制的革命，而且正在进行技术方面的由手工业生产到大规模现代化机器生产的革命，而这两种革命是结合在一起的。在农业方面，则必须先有合作化，然后才能使用

---

① 《毛泽东选集》第五卷，人民出版社，1977。

大机器。"[1]1956 年 6 月,毛泽东以国家主席名义发布了《高级农业生产合作社示范章程》,其中第二条规定:"农业生产合作社按照社会主义的原则,把社员私有的主要生产资料转为合作社集体所有。"第十三条规定:"入社的农民必须把私有的土地和耕畜、大型农具等主要生产资料转为合作社集体所有。"

第五节　当代中国关于土地制度的争论

20 世纪 70 年代末,中国在农村土地集体所有制基础上逐渐建立起农户自主经营的体制,实现了"耕者有其田",极大地调动了农民的劳动生产积极性,农民收入得到显著提高。但这使中国农业又成了小农经济,到20 世纪 80 年代中期,其弊端日益显现。为此,中国学术界开始了关于中国土地制度的长期争论,且随着农村经济的发展不断出现新的话题。这场争论可以划分为两部分:一部分是关于中国农村土地基本制度的讨论,核心问题是农村土地是否要实行私有化;另一部分是现行体制条件下如何完善土地制度,才能更好地促进农业生产的发展。本节就中国是否要实行土地私有化以及在现行体制下如何完善土地制度,选择正、反两个方面具有代表性的观点加以介绍。

一　中国农村土地集体所有制的问题

第一,土地利用效率低下。郭晓鸣指出:一方面,主要按人口均分土地的方式首先形成了超小型的小块土地经营格局,而以人口变动为依据不断再调整土地,进一步强化了土地经营规模不断细分的发展趋势;另一方面,土地按人口均分方式的长期维持,在一定程度上使土地经营的兼业化和副业化现象不断发展,成为土地利用效率提高的重要障碍。[1]

第二,承包期的两难选择。樊明等指出,为了防止承包期短而导致的农民经营土地的短期行为,政府采取延长承包年限的政策,并反复强调承包期的稳定性,采取承包地确权的方式强化承包期的稳定性。但这一政策

---

① 郭晓鸣:《中国农村土地制度改革:需求、困境与发展态势》,《中国农村经济》2011 年第 4 期。

面临两难选择：在承包期 30 年的时间跨度内，农户的人口、劳动力变化很大，可能出现有的家庭人多地少，而有的家庭地多人少的情形，这将加剧劳动和土地匹配的不合理性。[①]

第三，土地集体所有制是导致城中村形成的主要原因。樊明等指出，在土地集体所有制条件下，即使卖掉村集体的部分甚至全部耕地，农民仍会依附于村集体，因为从村集体可获得集体经济的福利甚至社会保障。此外，城乡分隔的户籍制度又进一步限制了农民离开原社区，一个重要原因是，在别的地方很难获得正常的社会保障。如此，城中村就自然形成。[①]

第四，阻碍农业现代化的发展。郭晓鸣指出，土地承包制不可避免地带来土地分散、零碎经营，由于土地产权未能足够明晰地界定以及使用权交易市场缺失，农地超小规模、细碎地分散于农户之间。在此条件下，中国农地规模经营并未随农村劳动力非农化转移而同步推进，小规模、细碎的农地经营方式在很大程度上构成了提升农业竞争力的重要障碍，限制了现代农业的发展。[②]

第五，村干部委托代理。陈剑波指出，村委会作为农村基层唯一合乎法定体制的正规制度安排，承担着政府代理人、集体产权代理人、社区管理者相互矛盾冲突的三项职能。在社会保障制度不完善的条件下，土地集体所有是既有的现实选择，这就使集体所有的治理结构中存在的委托—代理关系，三重角色和职能完全模糊了村委会的定位，谁也说不清楚村委会究竟代表着谁。正是这样的模糊角色使法律体系、行政体系对其权利、义务进行清楚界定存在非常大的困难，造成村干部滥用职权、违法乱纪、侵害农民利益的事件时有发生。[③]

二 土地私有化之争

土地是否要实行私有化是涉及中国土地基本制度的一个重大争论，这场争论涉及诸多方面的问题，学者们提出诸多不同的意见，现将其归

---

① 樊明等：《工业化、城镇化和农业现代化：行为与政策》，社会科学文献出版社，2014。
② 郭晓鸣：《中国农村土地制度改革：需求、困境与发展态势》，《中国农村经济》2011 年第 4 期。
③ 陈剑波：《农地制度：所有权问题还是委托—代理问题?》，《经济研究》2006 年第 7 期。

纳如下。

（一）土地私有化是否有利于土地的有效使用

当前，中国农业处于传统农业向现代农业跨越的阶段，而规模经营是现代农业的前提。只有土地资源流转起来，才能实现规模经营。文贯中认为，农民不拥有土地所有权，会造成土地资源浪费，从而限制规模经营发展。[①] 刘晓炜认为，土地私有就有了所有产权，可以搞大农场，可以实现集约化经营。[②]

而邵传林认为，农地私有化不一定能促进农地资源的有效配置。在中国农村社会保障体系未建立完善的前提下，农地的社会保障功能大于其经济功能，即使实行土地私有化，农民也不一定愿意流转出土地。[③]

（二）土地私有化是否会损害农民利益

中国人多地少矛盾突出。简新华认为，在当前社会保障机制不够完善的情况下，土地私有会造成贫富差距拉大从而使农民利益受到损害。土地实行私有造成贫富差距拉大和"三无农民"（无地、无业、无保障农民）数量增加，在解放初期已经出现过。解放初期的土地改革，虽然使无地农民分到了土地，不少农民由于农业条件落后卖地求生，失去土地又受自身条件局限，无法进城务工，贫富两极分化严重。[④]

但随着大量劳动力涌入城市，集体所有制下土地产权不清也引起一系列问题。文贯中认为，在土地集体所有制下，农民只拥有处置权，没有所有权，随着土地集约规模化经营的发展，土地纠纷增多，土地的所有权和使用权的分离不利于农民对于土地产权的维护。而土地私有能够明确产权，当发生诸如土地征用纠纷时，可以明确按照法律的规定，维护农民的利益。[⑤]

---

① 文贯中：《解决三农问题不能回避农地私有化》，《中国与世界观察》2007 年第 8 期。
② 刘晓炜：《驳土地私有化论》，《贵州财经学院学报》2006 年第 1 期。
③ 邵传林：《农村土地私有化是解决"三农"问题的灵丹妙药吗》，《经济学动态》2009 年第 9 期。
④ 简新华：《中国农地制度和经营方式创新研究——兼评中国土地私有化》，《政治经济学评论》2013 年第 1 期。
⑤ 文贯中：《解决三农问题不能回避农地私有化》，《中国与世界观察》2007 年第 8 期。

（三）土地私有化是否有利于中国城镇化的推进

蔡继明等认为，土地私有产权制度的建立，是建立市场经济和实现现代化的必要条件，是有效解决"三农"问题、加快中国城市化进程从而保证基本现代化目标实现的一个必要条件。他从农民与土地的关系角度阐释了土地私有化有利于城镇化的推进。由于农民只拥有土地的使用权没有所有权，农民无法买卖土地，束缚了农民进城发展。但土地私有制使土地可以拿到市场上进行交易，不想耕种的农民将土地出售，进城寻求发展机会，有利于城镇化的推进和质量的提高。[①]

而柯缇祖则从土地公有制之下国家可以科学规划土地资源角度阐释了土地公有制有利于城镇化的推进。在中国工业化快速提升之下，非农就业机会增加，农村劳动力大量流入城市，对住宅和城市基础设施的需求增长迅速，造成土地价格上升。凭借城市土地属于国家所有这一优势，国家对国土资源进行合理规划，对于被征收土地或被拆迁的人给予利益补偿，土地资源得到集约利用，城市化建设步伐加快。[②]

（四）土地私有化是否会使农民丧失最后一道社会保障防线

在中国实行土地私有化，农民获得了土地产权，能够按照自己的想法对土地进行自由使用、处置和转让。秦晖认为，土地私有化会使农民丧失最后一道社会保障防线这一说法是荒谬的，保障农民本来就应该是政府的职责，不应让农民用自己的土地保障自己，土地作为社会保障是把国家的责任推给农民。[③] 柳建平认为，试图在维持土地集体所有制、农地产权不清晰的状态下实现公平与效率，实际上是不可能的，因而政府应当承担起农村社会保障的责任，解卸土地的保障职能，还农民以土地所有权。[④]

但温铁军认为，土地公有制是"农民兼业经济的无风险制度"，农民把得到的土地作为兼业的基础，不将其拿到市场上交易。分配得到的土地作为一家人能吃上饭的保证，家里的成员可以选择进城工作，这是趋于利

---

① 蔡继明：《中国土地私有的分步改革方案》，载蔡继明、邝梅主编《论中国土地制度改革》，中国财政经济出版社，2009。
② 柯缇祖：《土地公有制是中国创造发展奇迹的最大奥秘之一》，《红旗文稿》2011 年第 22 期。
③ 秦晖：《农民地权六论》，《社会科学论坛》2007 年第 5 期。
④ 柳建平：《中国农村土地私有制问题的争议》，《理论参考》2013 年第 6 期。

益最大化的选择，即使有的家庭举家搬迁到城镇生活，往往也会把自己家的土地给亲戚种，而不愿意扔掉本属于自己的土地。[1]

（五）土地私有化是否会导致城市贫民窟化

简新华等认为，土地私有化会带来"城市贫民窟化"。实行土地私有化，土地对农民束缚力下降，农民卖掉土地进城务工。但随着农业集约化、现代化的发展，所需劳动力数量下降，农民缺少土地只能进城务工。但是，这并不是经济发展和工业化提高所带来的结果，反而会出现过度城镇化，会像印度、拉美国家那样在城市形成大面积的贫民窟，成为所谓"城市贫民窟化"。[2]

但樊明等认为，一方面，关于城市贫民窟现象，确实在不少国家出现过，在一些国家和地区，贫民窟及非法占地搭棚的人口曾占相当大的比重，但这是一个在发展中出现的现象，在不少国家和地区，已得到一定的解决，或基本不存在了；另一方面，并非所有实行土地私有的国家都出现了严重的贫民窟现象，包括一直实行土地私有化的国家，如欧洲大部分国家，以及通过改革过渡到土地私有化的原社会主义国家，如俄罗斯及东欧诸国。因此，不能简单地认为，如果中国实行土地私有化，贫民窟就一定成为中国的城市现象。[3]

（六）土地私有化是否有利于消除腐败现象

农地归集体所有，使得村干部在农村土地转让、征用拆迁、使用和承包权调整分配中的侵权谋私行为的现象时有发生。陈志武认为，实行土地私有化能遏制"圈地运动"。公有制下官权掌握更多物质基础，从农民手里掠夺土地的情况时有发生，土地私有制明晰土地产权，有利于农民对自己土地产权的维护。

但简新华认为，土地私有化并不能完全消除与土地有关的腐败现象。对于土地只要有征用、管理和限制，就可能产生官僚主义，出现行贿受贿、寻租腐败现象，即使是实行土地私有制和多党议会民主制的国家也不可避免，有的甚至很严重。[4]

① 温铁军：《温铁军：莫让私有化摧毁乡土社会》，《中国房地产业》2014年第7期。
② 简新华：《中国土地私有化辨析》，《当代经济研究》2013年第1期。
③ 樊明等：《工业化、城镇化和农业现代化：行为与政策》，社会科学文献出版社，2014。
④ 简新华：《中国土地私有化辨析》，《当代经济研究》2013年第1期。

三 现有体制下完善土地制度

（一）土地确权是否有利于土地流转

2013 年的中央一号文件提出，健全农村土地承包经营权登记制度，强化对农村耕地、林地等各类土地承包经营权的物权保护。用 5 年时间基本完成农村土地承包经营权确权登记颁证工作，妥善解决农户承包地块面积不准、四至不清等问题。

北京大学国家发展研究院综合课题组对成都市都江堰的土地确权实践进行了调查，认为确权是土地流转的基础，土地确权能够提高土地的产权强度，减少土地流转的交易成本并促进土地流转。[①] 付江涛等认为，新一轮土地确权登记颁证使农户的承包经营权更加安全、清晰，减少农户转出土地的顾虑并降低交易成本，具有促进土地流转的作用。并以 2014 年对江苏铜山、海门和高邮 3 县（市、区）实地调查资料为依据，通过构建模型，得出农村承包土地确权登记颁证能够显著促进农户承包地转出的结论。[②]

但贺雪峰认为，土地确权应当慎行，在中国农村人均耕地很少，承包土地地块分散、承包土地的农户与耕种土地的农户越来越发生分离的情况下，确权进一步强化承包户对具体地块的占有权，就只能使细碎土地整合为宜耕地块的难度更大，土地就越是无法有效耕种。[③]

（二）资本下乡是否有利于农业发展

资本下乡被认为是改善中国农业经营模式，加快农业现代化进程的有效途径。2013 年中央一号文件提出，鼓励工商资本到农村发展适合企业化经营种养业，希望凭借资本下乡调整国民收入分配格局和财政支出结构，推动中国农业现代化进程。

蒋永甫、何志勇认为，资金一直是农业发展的短板，资本下乡为农业发展带来了资金，改善农业投资不足的困境。[④] 涂圣伟指出，资本下乡给

---

① 程令国、张晔、刘志彪：《农地确权促进了中国农村土地的流转吗?》，《管理世界》2016 年第 1 期。

② 付江涛、纪月清、胡浩：《新一轮承包地确权登记颁证是否促进了农户的土地流转——来自江苏省 3 县（市、区）的经验证据》，《南京农业大学学报》2016 年第 1 期。

③ 贺雪峰：《农村土地确权应当慎行》，《决策》2014 年第 7 期。

④ 蒋永甫、何志勇：《资本下乡与现代农业发展中的农民组织化路径》，《云南行政学院学报》2014 年第 5 期。

农村带来了大型机械、新型农业生产资料等，优化了农业产业结构，提高了农业机械化程度。在资金力量的支持下，通过土地流转形成规模化经营，引入的科技人才和管理人才，为农村带来了先进的生产技术和管理经验，产生"知识溢出效应"。①

但曾红萍认为，部分工商资本下乡的真正目的在于套取国家支农资金，并享受惠农政策。②吕亚荣、王春超指出，这部分工商资本冒着农业生产赔本的风险夺取其他真正发展农业生产的资金支持，损害了农业生产。有部分工商资本改变承租土地的用途，变农业用地为非农业用地，出现"非农化""非粮化"，以此牟利，危害粮食生产安全。③

---

① 涂圣伟：《工商资本下乡的适宜领域及其困境摆脱》，《改革》2014 第 9 期。
② 曾红萍：《地方政府行为与农地集中流转——兼论资本下乡的后果》，《北京社会科学》2015 年第 3 期。
③ 吕亚荣、王春超：《工商业资本进入农业与农村的土地流转问题研究》，《华中师范大学学报》2012 年第 4 期。

第五章
土地适度规模经营研究

农业的规模经营是当今农业现代化的基本特征，也是农业发达国家农业之所以发达的重要原因。中国自改革开放以来，分田到户，与人民公社时期相比虽极大调动了广大农民的劳动生产积极性，却形成了小农经济，生产效率低下。因此中国要实现农业现代化，需要通过土地流转而实现农业规模化经营。

第一节 农业生产规模经济的理论及证据

农业生产规模经营的理论基础，是农业生产的规模经济性，为此本节加以分析讨论。只有深刻认识到农业生产的规模经济性，才能深刻认识到实现土地规模经营的重要性。

一 农业生产规模经济的理论

（一）农业生产规模经济的概念

所谓规模经济，是指当所有生产要素同比例增加时，产量增加的比例大于生产要素增加的比例，否则，为规模不经济。当我们讨论农业生产规模经济时，更多强调的是，随农地这一要素的扩大所产生的规模经济。就农业生产来说，随着农地规模的扩大，平均生产成本下降，为规模经济。当农地规模扩大到一定程度后，平均生产成本上升，为规模不经济。当平均生产成本最小时，所对应的农地规模为最佳农地规模，见图 5-1。横轴代表农地规模，用 L 表示，纵轴代表平均成本。对应一定的资本技术水平，存在相应的平均成本曲线。AC（K_1）代表与资本技术 K_1 相对应的平均成本曲线，L_1 代表在资本技术 K_1 条件下所对应的最佳农地规模。AC（K_2）代表与资本技术 K_2 相对应的平均成本曲线，L_2 代表在资本技术 K_2 条件下所对应的最佳农地规模。如果与 K_1 相比，K_2 代表资本技术的改善，则平均成本在所有农地规模上都下降，表现为平均成本曲线向下移动，最佳农地规模随之增加。

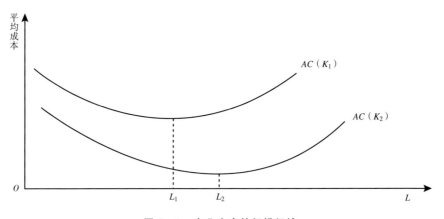

图 5-1　农业生产的规模经济

因此，在给定资本技术条件下，当经营农地的规模未达到最佳农地规模时，农业生产者为降低平均生产成本，将不断扩大农地规模，这可以帮助解释当今世界农业发达国家的农场大多达到相当大的规模，尤以美国最为突出。随着投入农业资本的增加，农业技术的改善，最佳农地规模也不断扩大，随之农场规模也不断扩大。

（二）农业生产规模经济的原因

农业生产的规模经济是由农业生产的技术特性所决定的。在犁地、施肥、播种、喷洒农药、收割等生产环节都存在规模经济。

就犁地而言，如使用耕牛，则生产效率较低，相应平均成本较高，犁地深度也较浅，且耕种面积有限。如使用中小型拖拉机，则效率提高，平均成本降低，犁地深度也增加，其有效耕种面积增加。如使用大型拖拉机，则效率更高，平均成本更低，犁地深度进一步加深，其有效耕种面积更大。这说明随着农地规模的扩大以及更为大型的农业机械的使用，农业生产的效率会显著提高，成本降低，呈现规模经济。

就施肥、播种、喷洒农药、收割等生产环节而言，也是一样的道理。简单的农机具的生产效率较低，平均成本较高，作业处理的质量也不好。采用更有效率更大型的农机具，则可提高效率、降低成本。以喷洒农药为例，可以使用人工喷雾器，也可使用农用飞机。使用农用飞机，虽价格昂贵，但会大大提高生产效率，在大面积土地上使用，可大大降低平均成本，由此表现出显著的规模经济性。

二 中国农业生产的规模经济性：基于2016年问卷数据

与美国等农业发达国家家庭农场农地规模相比，中国农户农地规模显然太小，但即便如此，农业生产的规模经济性仍然明显。2016年土地流转问卷调查询问受访农户所耕种的小麦、玉米、水稻的亩数，农户农业生产的劳动力以及小麦、玉米和水稻的亩产等。我们用农户农地亩数代表农户的生产规模，用农地亩数乘以亩产再除以农户劳动力数可求得单个农户的劳动生产率（千克/人），由此我们可以检验农户生产规模与农户劳动生产率之间的关系，进而研究小麦、玉米和水稻是否存在规模经济。

图5-2、图5-3和图5-4显示，随着农户耕种小麦、玉米、水稻亩数的增加，小麦、玉米和水稻的劳动生产率均呈明显的上升趋势。也就是说，当农村劳动力可耕种更多土地时，会表现出单个劳动力所生产的产量增加，这证明了中国农业尽管在这么小的规模上，也存在着显著的规模经济性。在此说明，在图5-2、图5-3和图5-4中，我们删除了极少量农户耕地亩数多于40亩的样本。

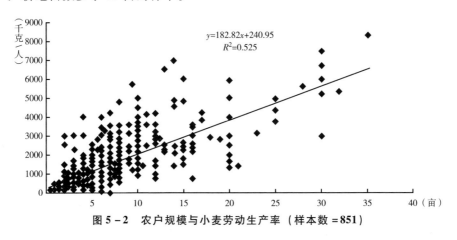

图5-2 农户规模与小麦劳动生产率（样本数=851）

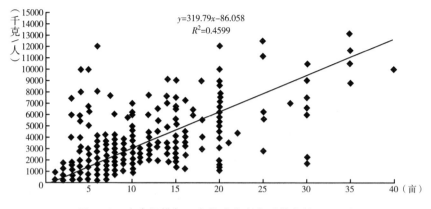

图 5 - 3　农户规模与玉米劳动生产率（样本数 = 1743）

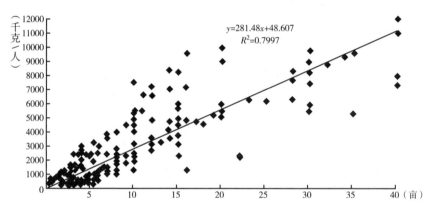

图 5 - 4　农户规模与水稻劳动生产率（样本数 = 836）

第二节　农地适度规模的理论分析

根据本章第一节的分析，给定一个社会的农业生产资本技术和制度条件，当然是在给定的制度条件下，存在着一个对应最低平均成本的农地规模，为最佳农地规模。然而这只是一个理论上的概念，我们不可能观察到超过最佳农地规模的样本，因而我们并不能确定实际的最佳农地规模。此外，在未来很长时间内，中国农户的耕地规模不可能达到或接近农业发达国家家庭农场的规模。这就提出一个在一定时期、一定条件下一国甚至一个地区农地适度规模的问题。本节侧重讨论中国的农地适度规模。

一 农地适度规模的概念

1987 年中共中央在五号文件中第一次明确提出要采取不同形式实行规模经营之后，"发展适度规模经营"一语频繁出现在若干重要文件中，如近年来的中央一号文件，由此引发了学术界对农地适度规模的讨论，并提出了一些关于农地适度规模的概念。

彭宇文认为，农地适度规模一般是指与一定的经济发展水平、物质装备程度和生产技术结构相适应，保证土地生产率有所提高，并使农业劳动收入达到或略高于农村劳动力平均收入时，一个务农劳动力所经营的耕地面积。所谓适度，就是说农户所承包的土地必须在自己的耕作能力范围内，土地面积少有可能出现兼业的情况，不能充分发挥土地、肥料和农机及农业基础设施的作用，造成浪费现象；多了会无暇顾及，再加上投资大、效率低、债务增加等可能致使农户种植收益减少。①

刘凤芹认为，土地规模经营的前提条件是农村劳动力机会成本提高，受制于两个因素：其一，土地流转速度和集中程度；其二，农村劳动力转移的速度和程度。如果土地流转速度加快，则土地的集中度也就加快，从而土地规模经营将发展和扩大。②

许庆等认为，适度规模经营来源于规模经济，指的是在既有条件下，适度扩大生产经营单位的规模，使土地、资本、劳动力等生产要素配置趋向合理，以达到最佳经营效益的活动。从理论上讲，所谓适度应以粮食产出的平均成本是下降了还是上升了来衡量。克服农地小规模经营的弊端，扩大经营规模获取规模经济效益，构成我国实行农地规模经营的逻辑起点。③

还有其他诸多关于农地适度规模的概念。这些概念有助于我们从理论上理解农地适度规模，但大多都没有提出农地适度规模的计算方法和具体大小。

① 彭宇文：《农地适度规模经营的思考》，《湖南农业大学学报》2004 年第 3 期。
② 刘凤芹：《农业土地规模经营的条件与效果研究：以东北农村为例》，《管理世界》2006 年第 9 期。
③ 许庆、尹荣梁、章辉：《规模经济、规模报酬与农业适度规模经营：基于我国粮食生产的实证研究》，《经济研究》2011 年第 3 期。

二 对农地适度规模的估计

讨论农地适度规模首先要明确以下三点：第一，农地适度规模是针对一定农业生产的经营单位而言，本书讨论的是以农户为经营单位的农地适度规模；第二，农地适度规模应与一定的生产技术和生产组织相适应；第三，农业生产的经营主体可以获得与其他非农行业相仿的收入。据此，我们讨论适合中国当下国情的农地适度规模。

（一）与其他非务农职业收入均等化的适度规模

2016 年暑期，我们与农业部农村经济研究中心以"技术创新、金融支持与农业规模经营主体发展"为题，在河南针对种粮大户、家庭农场、龙头企业、农业公司以及一般农户组织了问卷调查，共获得 996 份有效问卷。问卷询问：在现有条件下，你们认为比较合适的耕种亩数？表 5-1 报告了受访的 343 个种粮大户和家庭农场代表的回答，平均数为 144.85 亩，但离散程度较高，显示受访者对此分歧较大。图 5-5 显示，实际耕种面积和认为的适度耕种面积存在着一定的相关性，说明农民所提出的适度规模受其实际耕种面积的影响。

表 5-1　适度耕地规模的分布

	1~100 亩	101~200 亩	201~300 亩	300 亩以上
所占比重（%）	69.68	13.99	5.25	11.08
样本数（个）	239	48	18	38

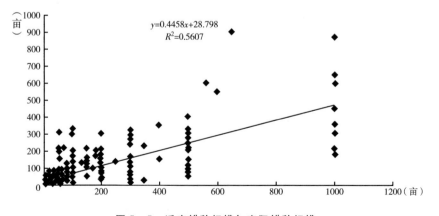

图 5-5　适度耕种规模与实际耕种规模

问卷继续询问：你们认为种粮规模至少要达到多少亩，种粮收入才能达到当地中等以上水平？表 5 - 2 显示，种粮亩数也集中分布在 100 亩以下，平均数为 153.57 亩。图 5 - 6 显示，农民对当地中等收入水平的估计也与其所耕种的耕地规模存在着一定的相关性。

表 5 - 2　收入达当地中等以上水平所需耕地规模的分布

	1～100 亩	101～200 亩	201～300 亩	300 亩以上
所占比重(%)	66.86	15.56	6.92	10.66
样本数(个)	232	54	24	37

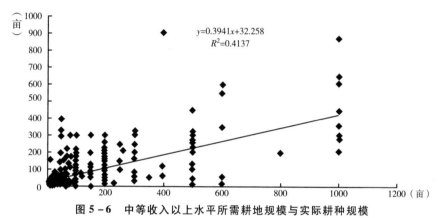

图 5 - 6　中等收入以上水平所需耕地规模与实际耕种规模

（二）基于城乡收入均等化的适度规模

要实现城乡收入均等化，就要求农业劳动力占总劳动力之比与农业产出占国内生产总值之比相等，即：

$$\frac{农业劳动力}{总劳动力} = \frac{农业产出}{国内生产总值}$$

比如，农业产出占国内生产总值比重为 10%，如果不存在城乡收入差距，则要求农业劳动力占总劳动力的比重也将是 10%。2015 年中国农业产出占国内生产总值之比为 8.83%，而农业劳动力占总劳动力之比为 28.30%，如此必然导致巨大的城乡收入差距。如果实现城乡收入均等化，则只需要 8.83% 的农业劳动力。根据《中国统计年鉴 2016》，2015 年中国总劳动力为 77451.0 万人，按 8.83% 计，大约只需要 6838.92 万个农业劳动力。2014 年农作物总耕种面积约为 20.27 亿亩，则人均耕地亩数为 29.64 亩。根据国家统计局公布的数据，2012 年农村年家庭户规模为 3.62 人，据此，基于城乡收入均等化的农地适度规模应为 107.30 亩/户。这一计算有一个隐含的假定：所有农业产出均为种植业产出，所有农业劳动力均为种植业劳动力。其实农业产出不限于种植业产出，如畜牧业、渔业等，而农业劳动力也不限于种植业劳动力，因此这一农地适度规模并非很准确，但可作为基本参考。

（三）远期适度规模的估计

以上分析是基于 2015 年农业产出与 GDP 比重为 8.83% 时，城乡收入均等化所对应的农业适度规模。图 5－7 显示，中国农业产出占 GDP 的比重整体呈下降趋势。根据发达国家的经验，现在发达国家农业产出占 GDP 的比重多在 1% 左右，如英国为 0.69%、美国为 1.25%、法国为 1.90%。没有理由怀疑中国的农业产出占 GDP 的比重也将在 1% 左右，保守估计也不会高于 5%。如此我们保守预测，在长期中国的城镇化率会达到 95%。根据《中国统计年鉴 2015》，2014 年美国的城镇化率为 81.45%。《中国统计年鉴》报告的美国城镇化率是指在城镇中居住的人口占总人口的比重，而并非农业劳动力占总劳动力的比重。此处我们讨论的城镇化率应是基于职业的，也就是非农业劳动力占总劳动力的比重。就基于职业的城镇化率来说，我们认为，美国的城镇化率应为 98.75%（1－1.25%）。

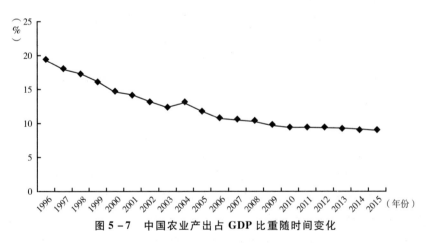

图 5－7　中国农业产出占 GDP 比重随时间变化

资料来源：相关年份《中国统计年鉴》。

当城镇化率达到 95% 时，按照上述城乡收入均等化的计算方法，可预估出我国农业长期追求的农业适度户均规模应为 189.48 亩。

第三节 影响土地适度规模经营的因素

西方农业发达国家的农业大多为基于家庭农场的规模经营，而中国实行的是建立在土地集体所有制基础上的小农经济，效率低下，因此当下中国正试图通过土地流转实现土地的适度规模经营，这就需要研究影响土地适度规模经营的因素。

一 西方土地规模经营的解读

在研究中国如何实现土地规模经营时，我们不妨先分析为什么西方农业发达国家多为基于家庭农场的规模经营。我们认为主要有以下三个方面原因。

一是，土地私有制。在土地私有制下，土地产权明确，加之西方国家一般法制健全，土地流转主要通过土地的自由买卖实现。由于土地买卖是一次性的交易，交易成本较低。此外，土地租赁也是土地流转的重要方式，但西方农业发达国家的土地租赁建立在规模经营的基础上，租赁交易成本仍然较低。

二是，存在城乡统一的劳动市场。随着农业现代化的不断向前推进，农村产生了大量剩余劳动力。如果这些剩余劳动力不能及时转移，通过土地兼并规模经营就难以实现。在西方不存在中国式的城乡分隔的户籍制度，农民到达城镇后很快就可享受到与城镇居民一样的经济权利和政治权利，这就使得农村剩余劳动力能够及时转移。此外，大多农民离开农村时会出售农村的私有土地，为其向城镇转移提供了资金支持。这些制度安排可以帮助解释为什么在西方农业发达国家，农业劳动力占总劳动力的比重一般为 1%～2%。

三是，平原农业。一般来说西方农业发达国家，存在着大面积的平原，在这方面美国最为典型。当平原面积很大时，在平原上可实现基于大型农业机械的农业机械化，从而有效提高农业的劳动生产率，降低农业的生产成本。由此，家庭农场的规模普遍较大。相反，对于一个多山的国家来说，由于难以使用大型高效的农业机械，则必然限制其家庭农场的土地规模经营。

二 制约中国实现农业规模经营的因素

西方的经验可以帮助我们理解，中国为什么产生了小农经济以及通过土地流转实现规模经营的困难，我们认为有以下三个方面原因。

一是，农村土地集体所有制。在中国农村，实行土地集体所有制。在分户经营的条件下，集体土地按相等的数量和质量平均地分配给每个村民。这首先导致农户经营农地的规模狭小，即为小农经济。其次，为了实现每户承包土地的质量相等，就要求把不同质量土地按户分配，这就导致了严重的土地碎化问题。2016 年土地流转问卷调查显示，全国户均承包土地 7.26 亩，分 4.0 块。可以看出，即便是有土地流入的农户仍然是小规模经营，而有土地流出的农户经营规模则更小。在农户承包地狭小的条件下，一个农户要实现土地的规模经营，就需要向多个农户租赁土地，交易成本就必然很高，尤其考虑到交易合同悔约的概率较大。农户租赁的土地实为剩余承包期的土地经营权，这就意味着一个农户要保持土地的规模经营就要经常与这些农户进行土地租赁谈判，同样也会增加土地流转的交易成本。以上两个因素必然限制了承包土地的规模。

二是，城乡分隔的户籍制度。农业现代化的不断向前推进，必然产生大量的农村剩余劳动力，需转移到城镇就业居住。然而中国存在着城乡分隔的户籍制度，使得在城镇就业居住的农民很难获得城镇户籍、享受和城镇居民同等的经济权利和政治权利。此外，政府并不鼓励在城镇就业居住的农民和农村土地承包权的彻底分离，其初衷为将承包土地赋予社会保障的功能。如此，大多农民工工作到一定年纪后会选择返乡务农，重新耕种其狭小的承包地。本书作者之一樊明 2015 年就中西部工业化、城镇化和农业现代化组织问卷调查，涉及农民工留城意愿。表 5-3 显示，66.1% 的受访农民工表示，到了一定年纪将选择返乡，而表示将一直留在城镇的农民工并不多，仅占 10.3%。

表 5-3　中西部城镇农民工留城选择分布

备选答案	所占比重（%）	样本数（个）
一直留在城镇	10.3	461
能留城镇就留	23.5	1050
到了一定年纪回乡	66.1	2950

三是，地形条件。中国地貌类型复杂多样，其中山地占总面积的33%、高原占26%、盆地占19%、平原占12%、丘陵占10%。[①] 山区包括山地、丘陵和高原，占国土面积的3/4。在山区一方面农业耕地分布零散、不规则，气候、土壤、环境条件差异较大，大型农业机械难以施展。[②] 另一方面农业灌溉条件较差，农业灌溉用水得不到满足，限制了农业的经营规模。

以上三个原因可分为两类：一类是地形条件，一类是制度条件，包括土地制度和户籍制度。前者为客观的，难以改变的，而后者为主观的，是可以改变的。因此为了实现中国农地的规模经营，我们要尽快改革限制土地流转的制度因素，当下首要的是废除城乡分隔的户籍制度，从而建立起城乡统一的劳动市场，促进农村剩余劳动力及时向城镇转移。面对中国缺乏平原的自然条件，我们一方面可考虑在山区农村实行土地整治，获得一定面积的平原，从而有助于实现基于较大型农业机械基础上的农业机械化，实现农业的规模经营。另一方面，对绝大多数山区来说，随着农业现代化在中国乃至世界不断向前推进，谷物等大宗农产品价格必将呈现持续下降的趋势。当山区耕种谷物等大宗农产品已无利可图时，则一方面多发展适合山区地形灌溉条件的农产品，另一方面也要做好放弃在山区种植谷物等大宗农产品的准备，这是农产品市场全球一体化的必然结果，对此，樊明等有专门的讨论。[③]

---

① 地质出版社地图编辑室：《通用中国地图册（2013）》，地质出版社，2011。
② 熊飞：《国内外山区农业发展的经验与启示》，《农民日报》2015年10月17日。
③ 樊明等：《中西部工业化、城镇化和农业现代化：处境与对策》，社会科学文献出版社，2015。

第六章
土地流转的农户行为分析

鼓励通过农户间的土地流转实现土地规模经营，是当下国家的政策。但土地流转能否真正实现，首先取决于农户的自主决策，因此要研究农户的土地流转行为。本章基于 2016 年土地流转问卷数据，分析农户土地流入流出行为、土地抛荒行为、农户耕种亩数对农户投入的影响、租金形成的影响因素、农户土地流转合同方式选择以及对土地流转的金融支持。

第一节　土地流入流出行为的分析

土地流入流出是土地流转最基本的行为，是我们分析土地流转行为的重点。要实现土地的规模经营，必须有更多的农户参与土地流转，包括土地流入和土地流出。本节侧重分析影响土地流转的因素。

一　影响土地流转的因素分析

（一）户主受教育程度

户主是农户生产经营活动最主要的决策者，其受教育程度对土地流转有所影响。陈灵肖发现，户主受教育水平越高，则农户转入土地面积越多，可能是因为农户掌握了较好的知识，能够较快掌握耕种技能，进行科学耕种，所以有能力耕种更多的土地。① 表6-1显示，参与土地流入流出的农户的户主受教育年数高于无流转农户的户主，支持了以上分析。用 *EDU* 代表受教育年数。

表6-1　户主受教育程度与土地流转

土地流转	受教育年数(年)	样本数(个)
流入	7.58	636
无流入	6.72	2290
流出	7.01	832
无流出	6.83	1984

（二）务农收入占总收入比重

农户务农收入占总收入比重越高，说明该农户在农业生产方面更具比较优势，更倾向于流入土地。2016年土地流转问卷调查只关注了受访者个人的务农收入和非务农收入，因此只能采用受访者个人务农收入占其总收入比重，间接代表农户务农收入占总收入比重。表6-2显示，土地流入农户的务农收入占总收入比重明显高于无流入的农户，而土地流出农户务农收入占总收入比重明显低于无流出农户，支持了以上判断。用 *AGRINC* 表示务农收入占总收入比重。

表6-2　务农收入占总收入比重与土地流转

土地流转	务农收入占总收入比重(%)	样本数(个)
流入	48.07	607
无流入	40.91	2593
流出	27.09	868
无流出	47.95	2332

（三）务农技能和打工技能

对农民来说，如果务农技能高，从事农业生产更具比较优势，因而更倾向于流入土地。如果打工技能高，从事非农经济活动更具比较优势，因

---

① 陈灵肖：《我国农户农地流转行为研究——基于湖南、贵州、云南1001个农户样本的调查》，硕士学位论文，南京农业大学，2006。

而更倾向于流出土地。2016 年土地流转问卷调查请受访者自评其务农技能和打工技能，备选答案均为：很低、较低、一般、较高、很高。依次赋值从 1 到 5，分别构成务农技能指数和打工技能指数。表 6 - 3 显示，有土地流入农户的务农技能高于无流入农户，而有土地流出农户的务农技能低于无土地流出农户。就打工技能而言，有土地流入与无土地流入农户相比无差别，但有土地流出农户的打工技能要高于无土地流出的农户。用 *AGRSKILL3* 代表务农技能 "一般"，*AGRSKILL4/5* 代表 "较高" 或 "很高"。回归分析时，以务农技能 "很低" "较低" 为比较基础。用 *URBSKILL3* 代表打工技能 "一般"，*URBSKILL4/5* 代表 "较高" 或 "很高"。回归分析时，以打工技能 "很低" "较低" 为比较基础。

表 6 - 3　务农技能、打工技能与土地流转

土地流转	务农技能指数	样本数（个）	打工技能指数	样本数（个）
流入	3.19	623	2.54	551
无流入	2.88	2818	2.54	2412
流出	2.82	1010	2.63	938
无流出	2.98	2431	2.50	2025

（四）务农劳动力

农户的务农劳动力越多则所能耕种的土地就越多，就越倾向于流入土地。相反，农户的务农劳动力越少则所能耕种的土地就越少，就越倾向于流出土地。表 6 - 4 显示，有土地流入农户的务农劳动力明显多于无土地流入的农户，相反有土地流出农户的务农劳动力明显少于无流出的农户。用 *AGRLABOR* 代表农户务农劳动力个数。

表 6 - 4　农户务农劳动力与土地流转

土地流转	务农劳动力（个）	样本数（个）
流入	2.08	529
无流入	1.70	2287
流出	1.36	831
无流出	1.94	1985

（五）对农产品售价和务农净盈利评价

农户作为理性经济人其生产经营决策必定受价格和盈利信号的影响。如果农户对农产品售价以及务农净盈利表示肯定，则必然会更多地流入土地，相反则会更多地流出土地。2016 年土地流转问卷调查请受访农户对农产品售价和务农净盈利进行评价，备选答案有：很低、较低、正常、较高、很高。依次赋值从 1 到 5，分别构成售价评价指数和务农净盈利评价指数。表 6 - 5 显示，土地流入农户对农产品的售价评价指数和务农净盈利评价指数均高于无土地流入农户；相反，土地流出农户对农产品的售价评价指数和务农净盈利评价指数均低于无土地流出农户。用 *PRICE*3 代表对农产品售价评价"正常"，*PRICE*4/5 代表"较高"或"很高"。回归分析时，以对售价评价"很低""较低"为比较基础。用 *PROFIT*3 代表对务农净盈利评价"正常"，*PROFIT*4/5 代表"较高"或"很高"。回归分析时，以对务农净盈利评价"很低""较低"为比较基础。

表 6 - 5　售价、务农净盈利评价与土地流转

土地流转	售价评价指数	样本数(个)	务农净盈利评价指数	样本数(个)
流入	2.48	514	2.23	608
无流入	2.24	1883	1.90	2432
流出	2.23	518	1.86	689
无流出	2.31	1879	2.00	2351

（六）通过网络获取信息

是否通过网络获取信息是衡量农户是否继续学习以及所掌握信息量多少的重要指标。农户经常通过网络获取信息，则有能力耕种更多的土地从而更容易成为土地流入者，但同时也可能因此获得更多非农就业机会从而更多地成为土地流出者。2016 年土地流转问卷调查询问受访者通过网络获取信息的情况，备选答案有：村里无网络、从未（村里有网络）、较少、一般、较经常、很经常。"村里无网络"和"从未"合并赋值为1，其余依次赋值从 2 到 5，构成网络获取信息指数。表 6 - 6 显示，土地流入农户的网络获取信息指数高于无土地流入农户，而土地流出农户的网络获取信息指数则低于无土地流出农户。用 *INTERNET*2 代表"较少"通过网络获得信息，*INTERNET*3/4/5 代表通过网络获得信息程度"一般""较经常"

"很经常",将三者合并主要是后两者样本量较少。回归分析时以"村里无网络""从未"为比较基础。

表6-6 通过网络获取信息与土地流转

土地流转	网络获取信息指数	样本数(个)
流入	2.28	517
无流入	2.10	2072
流出	2.09	702
无流出	2.16	1887

(七)对土地情感

农户的土地流转行为尤其是流出行为,不仅受到经济因素的影响,而且受到农户对土地情感的影响。2016年土地流转问卷涉及农户对土地情感,备选答案有:土地是一种生产要素,补偿合适就放弃;放弃有些舍不得;土地是根,很难放弃。依次赋值从1到3,构成农户土地情感指数,数值越大则表示农户对土地情感越深,则越不容易放弃土地。表6-7显示,有土地流入农户的受访者对土地情感要深于无土地流入农户的受访者。相反,有土地流出农户的受访者对土地情感低于无土地流出农户的受访者。用 *LANDEMO2* 代表"放弃有些舍不得",*LANDEMO3* 代表"土地是根,很难放弃"。回归分析时,以"土地是一种生产要素,补偿合适就放弃"为比较基础。

表6-7 对土地情感与土地流转

土地流转	对土地情感指数	样本数(个)
流入	2.06	636
无流入	1.89	2910
流出	1.80	1067
无流出	1.97	2479

二 土地流转回归分析

(一)土地流转回归方程

用 *LANDIN* 代表土地流入,有土地流入则 *LANDIN* = 1,否则为0。用 *LANDOUT* 代表土地流出,有土地流出则 *LANDOUT* = 1,否则为0。由于因变量均为 0 - 1 变量，采用 Logit 模型进行回归。根据前文分析，有相同的因素影响土地流入和土地流出，因而土地流入回归方程和流出回归方程有相同的设定，即相同的解释变量。以下为土地流入或流出回归方程：

$$LANDIN/LANDOUT = \alpha_0 + \alpha_1 EDU + \alpha_2 AGRINCI + \alpha_3 AGRSKILL3 + \alpha_4 AGRSKILL4/5 +$$
$$\alpha_5 URBSKILL3 + \alpha_6 URBSKILL4/5 + \alpha_7 AGRLABOR +$$
$$\alpha_8 PRICE3 + \alpha_9 PRICE4/5 + \alpha_{10} PROFIT3 + \alpha_{11} PROFIT4/5 +$$
$$\alpha_{12} INTERNET2 + \alpha_{13} INTERNET3/4/5 + \alpha_{14} LANDEMO2 +$$
$$\alpha_{15} LANDEMO3$$

（二）土地流入回归结果

表 6 - 8 报告了土地流入回归方程的回归结果。相关分析显示，务农收入占总收入比重（AGRINC）、打工技能（URBSKILL3、URBSKILL4/5）与其他变量相关性较高，如务农净盈利（PROFIT3、PROFIT4/5）和售价评价指数（PRICE3、PRICE4/5）等。因此，如果把所有解释变量同时放入回归方程回归，则导致多重共线性问题。为此，模型 1、模型 2、模型 3 在选择解释变量时做到相关性较高的解释变量不同时放入同一回归模型。三个模型回归结果显示，所有解释变量符号与理论预期一致，且大多至少在一个模型达到 90% 的显著水平，说明这些变量对土地流入有显著影响。

表 6 - 8　土地流入回归结果

解释变量	模型 1		模型 2		模型 3	
	系数	p - 值	系数	p - 值	系数	p - 值
C	- 3.0401	0	- 3.2323	0	- 3.1943	0
EDU	0.0916	0	0.0894	0	0.0794	0
AGRINC					0.0025	0.0316
AGRSKILL3	0.1759	0.2355	0.4448	0.0035	0.3347	0.0202
AGRSKILL4/5	0.7695	0	1.0773	0	1.0399	0
URBSKILL3			- 0.0884	0.4547		
URBSKILL4/5			- 0.3861	0.0654		
AGRLABOR	0.1896	0.0028	0.3566	0	0.2937	0
PRICE3	0.5037	0				
PRICE4/5	0.1130	0.7408				
PROFIT3	0.5872	0				
PROFIT4/5	0.9086	0.0061				
INTERNET2	0.0213	0.9155				
INTERNET3/4/5	0.4670	0.0261				

续表

解释变量	模型 1		模型 2		模型 3	
	系数	p - 值	系数	p - 值	系数	p - 值
*LANDEMO*2	0.0568	0.6767	0.1051	0.4447	0.1636	0.2111
*LANDEMO*3	0.2470	0.0568	0.2421	0.0659	0.2352	0.0590
Prob(LRstatistic)	0		0		0	
样本数(个)	2203		2251		2444	

(三) 土地流出回归结果

表 6 - 9 报告了土地流出回归方程的回归结果。相关分析显示,受教育程度(*EDU*)、打工技能(*URBSKILL*3、*URBSKILL*4/5)与其他变量相关性较高,如售价评价指数(*PRICE*3、*PRICE*4/5)和务农净盈利评价指数(*PROFIT*3、*PROFIT*4/5)等。为此,模型 1、模型 2、模型 3 在选择解释变量时做到相关性较高的解释变量不同时放入同一回归模型。三个模型回归结果显示,除了售价评价(*PRICE*3、*PRICE*4/5)外,所有解释变量符号与理论预期一致,且大多至少在一个模型达到90%的显著水平,说明这些变量对土地流出有显著影响。

表 6 - 9 土地流出回归结果

解释变量	模型 1		模型 2		模型 3	
	系数	p - 值	系数	p - 值	系数	p - 值
C	- 0.9345	0.0001	0.3248	0.0694	0.2046	0.3046
EDU	0.0254	0.1775			0.0294	0.0920
AGRINC	- 0.0048	0.0002	- 0.0064	0	- 0.0082	0
*AGRSKILL*3	- 0.0145	0.9156	- 0.0330	0.8048	- 0.1299	0.2886
*AGRSKILL*4/5	- 0.4368	0.0220	- 0.6444	0.0004	- 0.6300	0.0002
*URBSKILL*3			- 0.0431	0.7282		
*URBSKILL*4/5			0.4151	0.0314		
AGRLABOR	- 0.0611	0.3979	- 0.4681	0	- 0.4558	0
*PRICE*3	0.0849	0.4998				
*PRICE*4/5	0.5053	0.1955				
*PROFIT*3	- 0.5065	0.0085				
*PROFIT*4/5	- 1.6415	0.0290				
*INTERNET*2	- 0.1882	0.4030	- 0.1577	0.4729	- 0.1136	0.5816

续表

解释变量	模型 1		模型 2		模型 3	
	系数	p - 值	系数	p - 值	系数	p - 值
INTERNET3/4/5	- 0.7591	0.0142	- 0.5610	0.0315	- 0.5791	0.0222
LANDEMO2	- 0.1279	0.3463	- 0.3227	0.0165	- 0.2779	0.0268
LANDEMO3	- 0.2646	0.0539	- 0.3296	0.0131	- 0.3925	0.0016
Prob(LR statistic)	0		0		0	
样本数(个)	2065		1912		2280	

三　基本观察

根据以上讨论和回归结果，我们形成以下基本观察：户主受教育程度越高，则会更多地流入土地或流出土地；务农收入占总收入比重越高的农户会更多地流入土地，否则会更多地流出土地；务农技能高的农户会更多地流入土地，打工技能高的农户则更多地流出土地；务农劳动力越多的农户会更多地流入土地，相反则会更多地流出土地。农户的土地流转行为受利益信号的作用：农户对农产品售价以及务农净盈利评价指数越高，则会更多地流入土地，相反则会更多地流出土地；经常通过网络获取信息的农户会更多地流入土地或流出土地，是土地流转较为活跃的群体；对土地情感越深的农户，会更多地流入土地而较少流出土地。

第二节　农户抛荒行为的分析

根据 2015 年中西部工业化、城镇化和农业现代化协调发展问卷调查，有抛荒行为的农户占 8.73%；根据 2016 年中国教育政策调查，有抛荒行为的农户占 14.3%，比重并不低。对此我们首先要认识到，抛荒导致土地资源的浪费，但我们也要承认农民抛荒背后的经济理性。为此，要加以分析，制定有针对性的政策使得抛荒农民理性地放弃抛荒。我们基于 2016 年土地流转问卷数据分析农户抛荒行为。虽然调查时有流转大户偏好，不宜用于推断全国农户的平均抛荒行为，但并不影响分析导致抛荒行为的原因。本节大多变量为上节所涉及的变量，对这些变量不再定义。

一 抛荒的影响因素

（一）户主受教育程度

一般而言，农户受教育水平越高，有更多的机会从事非农职业甚至外出务工以赚取更高的收入。这样，一方面，对较低的务农收入不够重视；另一方面，也可能无暇务农，因而就可能选择抛荒。表 6-10 显示，有抛荒行为户主的受教育年数多于无抛荒行为的农户，但差别不大。

表 6-10　户主受教育程度与抛荒

土地流转	受教育年数（年）	样本数（个）
抛荒	6.93	282
无抛荒	6.88	2534

（二）承包地块数

农户土地碎化严重，则平均地块的面积较小，规模经济性低，出租也有难度，农户如果耕种所有的土地则往来奔走于不同地块，耕种成本也较高。这时，农户就可能舍弃一些质量较差、较偏远的地块甚至全部承包地，既不自耕，也不出租，形成抛荒。表 6-11 显示，有土地抛荒农户的承包地块数明显多于无抛荒农户。用 *PIECE* 代表土地块数。

表 6-11　承包地块数与抛荒

土地流转	承包地块数（块）	样本数（个）
抛荒	5.42	278
无抛荒	3.86	2758

（三）务农收入占总收入比重

务农收入占总收入比重越大，则农户越依赖于务农收入，也就更不会轻易抛荒。表 6-12 支持了这一分析，抛荒农户的务农收入占总收入比重低于无抛荒农户。

表 6 - 12　务农收入占总收入比重与抛荒

土地流转	务农收入占总收入比重（%）	样本数（个）
抛荒	38.55	275
无抛荒	42.64	2925

（四）务农劳动力

农户务农劳动力越多，则能耕种更多的土地，就越不会选择抛荒。表 6 - 13 显示，有抛荒行为农户的务农劳动力少于无抛荒农户。

表 6 - 13　务农劳动力与抛荒

土地流转	务农劳动力（个）	样本数（个）
抛荒	1.59	283
无抛荒	1.79	2533

（五）务农技能和打工技能

务农技能越高的农户从事农业生产收入越高，因而更愿意从事农业生产，更不愿意抛荒土地。而打工技能越高的农户能更多地获得非农就业机会并获得较高的收入，包括去城镇打工。这样，一方面，较低的务农收入已不再显得重要；另一方面，也更难兼顾务农，从而更可能抛荒。但表 6 - 14 并没有显示抛荒农户与无抛荒农户在务农技能和打工技能上有明显的差别。

表 6 - 14　务农技能、打工技能与抛荒

土地流转	务农技能指数	样本数（个）	打工技能指数	样本数（个）
抛荒	2.91	306	2.52	290
无抛荒	2.94	3135	2.54	2673

（六）农业条件和土地肥沃程度

农业条件差、肥沃程度低的土地耕种价值较低，因而更容易被抛荒。2016 年土地流转问卷调查请受访农户评价其所承包土地的农业条件，备选答案有：很差、较差、一般、较好、很好。分别赋值从 1 到 5，构成农业条件指数。用 AGRCOND3 代表农业条件"一般"，AGRCON4/5 代表"较好"或"很好"。回

归分析时，以农业条件"很差""较差"为比较基础。2016 年土地流转问卷调查请受访农户评价其所承包土地的肥沃程度，备选答案有：很贫瘠、比较贫瘠、一般、较肥沃、很肥沃。分别赋值从 1 到 5，构成土地肥沃指数。表 6-15 显示，有抛荒行为农户土地的农业条件指数和土地肥沃指数低于无抛荒农户。用 *FERTILE*3 代表土地肥沃程度"一般"，*FERTIE*4/5 代表"较肥沃"或"很肥沃"。回归分析时，以土地"很贫瘠""较贫瘠"为比较基础。

表 6-15　农业条件、土地肥沃程度与抛荒

土地流转	农业条件指数	样本数（个）	土地肥沃指数	样本数（个）
抛荒	2.77	283	2.89	309
无抛荒	2.93	2540	3.02	3235

（七）对土地情感

农户对土地的情感，显然会影响农户的抛荒行为。有时从经济合理性来看，农户可能会选择抛荒，但由于对土地的情感因素，就可能放弃抛荒。表 6-16 显示，无抛荒农户对土地情感要深于抛荒农户。

表 6-16　对土地情感与抛荒

土地流转	土地情感指数	样本数（个）
抛荒	1.74	312
无抛荒	1.94	3234

二　土地抛荒行为回归分析

用 *ABANDONED* 代表抛荒，有抛荒则 *ABANDONED* = 1，否则为 0。由于 *ABANDONED* 为 0-1 变量，采用 Logit 模型进行回归。根据以上分析，提出以下抛荒回归方程：

$$
\begin{aligned}
ABANDONED = {} & \alpha_0 + \alpha_1 EDU + \alpha_2 PIECE + \alpha_3 AGRINC + \alpha_4 AGRLABOR + \\
& \alpha_5 AGRSKILL3 + \alpha_6 AGRSKILLA4/5 + \alpha_7 URBSKILL3 + \\
& \alpha_8 URBSKILLA4/5 + \alpha_9 AGRCOND3 + \alpha_{10} AGRCOND4/5 + \\
& \alpha_{11} FERTILE3 + \alpha_{12} FERTILE4/5 + \alpha_{13} LANDEMO2 + \\
& \alpha_{14} LANDEMO3
\end{aligned}
$$

表 6-17 中模型 1 为包含所有变量的回归结果。相关分析显示,农业条件(*AGRCOND*3、*AGRCOND*4/5)、土地肥沃程度(*FERTILE*3、*FERTILE*4/5)与其他解释变量相关性较高,因此,模型 1 存在多重共线性问题。模型 2 为去掉农业条件后的回归结果,模型 3 为去掉土地肥沃程度、务农技能和打工技能后的回归结果,显示除受教育程度(*EDU*)、务农技能(*AGRSKILL*3、*AGRSKILL*4/5)和打工技能(*URBSKILL*3、*URBSKILL*4/5)不显著外,其他变量的符号与理论预期一致,且至少在一个模型中达到90%的显著水平,说明这些变量对抛荒有显著影响。

表 6-17 土地抛荒回归结果

解释变量	模型 1		模型 2		模型 3	
	系数	p - 值	系数	p - 值	系数	p - 值
C	- 1.5093	0	- 1.5679	0	- 1.5313	0
EDU	0.0163	0.5026	0.0162	0.5059	0.0088	0.7006
PIECE	0.0808	0	0.0809	0	0.0597	0
AGRINC	0.0001	0.9785	0.0002	0.9000	- 0.0028	0.0884
AGRLABOUR	- 0.2529	0.0037	- 0.2557	0.0032	- 0.2185	0.0086
AGRSKILL3	0.0441	0.8123	0.0343	0.8536		
AGRSKILL4/5	- 0.0179	0.9376	- 0.0369	0.8714		
URBSKILL3	- 0.1996	0.2553	- 0.2128	0.2238		
URBSKILL4/5	0.2762	0.2586	0.2600	0.2861		
AGRCOND3	- 0.2704	0.1696			- 0.4122	0.0110
AGRCOND4/5	- 0.2613	0.2960			- 0.5361	0.0074
FERTILE3	- 0.2440	0.2265	- 0.3818	0.0310		
FERTILE4/5	- 0.3696	0.1396	- 0.5203	0.0128		
LANDEMO2	- 0.4003	0.0414	- 0.4012	0.0406	- 0.3791	0.0431
LANDEMO3	- 0.2733	0.1336	- 0.2889	0.1112	- 0.2928	0.0827
Prob(LR statistic)	0		0		0	
样本数(个)	1775		1775		2194	

三 观察与思考

根据以上分析和回归结果,我们获得以下观察:土地碎化越严重,农户越有可能选择抛荒;务农收入占总收入比重越低,从而务农收入重要性降低，农户越可能选择抛荒；家庭务农劳动力越多，能耕种更多的土地，就越不会选择抛荒；农业条件越好，土地越肥沃，农户从事农业生产的收入就越高，就越不会选择抛荒；对土地情感越深的农户，选择抛荒的可能性就越低。然而，受教育程度、务农技能和打工技能对抛荒在理论上有所影响，但在有抛荒行为与无抛荒行为农户之间差别有限，在控制了其他因素后的回归分析，也没有发现这些因素对抛荒有显著影响。

以上只是基于农户因素讨论了土地抛荒。抛荒是土地流转成本高于土地流转利益的表现。一般来说，在土地私有社会，如果土地对其所有者价值较低甚至不再需要，土地所有者或卖出或租出其土地而不会选择抛荒。这是因为土地流转大多以买卖的方式进行，流转的交易成本较低，要低于土地价格。比如，如果贴现率为 5%，则地价为租金的 20 倍。这时，农户一般就不会选择抛荒，而是出卖，因为地价会显著高于土地交易成本。在土地私有基础上即便有土地租佃，由于租佃规模通常较大，租佃的单位面积交易成本也比较低，通常会低于租金，抛荒一般也不会发生。

土地抛荒是一个颇具中国特色的现象。在中国，土地承包权的获得不是通过市场，而是集体无偿平均分配，不管农户是否需要。当农户不再需要其承包土地后，剩下的选择就是出租和抛荒。如果租金较低且低于出租的交易成本，则抛荒就是理性的选择。从这个意义上来说，抛荒与集体土地所有制相关，是农户只有土地承包权而无所有权的产物。

第三节　农户耕种亩数对农户投入的影响

现代农业是资本密集型农业，表现为基于大规模家庭农场的高密集资本投入，这是现代高效农业的基本特征。因此要实现农业现代化，农户就必须加大资本投入。有诸多因素影响农户的资本投入，本节仅就农户耕种亩数对农户农机具投入的影响进行分析，把农户对农机具的投入简称为农户投入。

一　农户投入现状

2016 年土地流转问卷调查询问受访农户：您家正在使用的农机具的数量、购买时间和价格？备选的农机具包括：拖拉机、农用车、水泵、喷雾器、收割机、脱粒机、增氧机、板车、耕牛、船只、塑料大棚等。由此得到农户所使用各类农机具的数量及价格，以此衡量农户投入。表6-18报告了农户各类农机具使用情况，经过计算得到，户均农机具投入为14227.05元。值得注意的是，农机具加权平均使用年数为7.17年，这就意味着如果考虑到折旧，按现值衡量的农户投入水平相当低，且农机具更新缓慢。

表6-18 农户农机具使用情况

农机具	拖拉机	农用车	水泵	喷雾器	收割机	脱粒机
拥有率(%)	16.38	25.80	18.57	46.20	1.13	2.31
购买价格(元)	13366	6668	854	211	49538	3227
使用年数(年)	10.05	7.32	7.96	5.14	6.71	7.14
样本数(个)	582	917	660	1642	40	82
农机具	增氧机	板车	耕牛	船只	塑料大棚	其他
拥有率(%)	0.17	3.07	1.77	0.03	1.46	3.01
购买价格(元)	1833	401	8809	700	21635	2011
使用年数(年)	7	12.45	8.53	5.5	7.92	5.15
样本数(个)	6	109	63	1	52	107

二 农户耕种亩数与农户投入

农户作为农业生产者，也是利润最大化的追求者，在决定其投入时遵循利润最大化原则，即在给定农产品价格与农机具价格的条件下，尽可能地提高亩产并降低亩均投入。我们以此为基础来讨论农户的投入行为。

(一) 农机具大小与农作物亩产

2016年土地流转问卷调查询问受访农户：如何描述您家所使用农业机械（如拖拉机）的大小？备选答案有：微型、小型、中型、大型、特大型。依次赋值从1到5，构成农机具大小指数。表6-19报告了对应不同大小农机具的小麦、玉米和水稻的平均亩产，显示随着农机具趋于大型化，农作物亩产呈上升趋势。究其原因，我们认为，相比小型农机具，具有相同功能的大型农机具在农业生产方面更具效率且更为精细化，如现代化的大型农机具在施肥时效率更高且更加均匀，在犁地时效率更高且耕地更深。土地深耕有助于满足农作物生长发育时对土壤的要求。

表6-19　农机具大小指数与农作物亩产

单位：千克，个

农机具大小指数	小麦		玉米		水稻	
	亩产	样本数	亩产	样本数	亩产	样本数
1	365	171	451	332	499	175
2	405	236	459	407	498	254
3	444	189	487	241	525	121
4	442	110	490	123	560	10
5	475	4	525	2	—	0

（二）农户耕种亩数与亩均成本

不同大小的农机具对应着不同的有效耕种面积，只有与耕种亩数相适应时才能发挥出最大效率。现代农机具趋于大型化，就要求农户耕种更大规模的土地，从而使得大型农机具发挥出其效率优势，由此降低农业生产成本。

为了说明这一点，我们基于2016年土地流转问卷数据，研究农户耕种亩数与亩均农机具投入、亩均劳动力投入的关系。图6-1和图6-2显示，随着农户耕种亩数的增加，亩均农机具投入和亩均劳动力投入均呈现减少的趋势，也就意味着亩均成本的降低。农户耕种土地面积越大，亩均成本得以降低，可以帮助解释在农户耕种面积较小的条件下农户不愿加大农机具投入的原因。

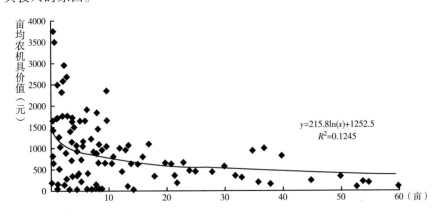

图6-1　农户耕种亩数与亩均农机具投入

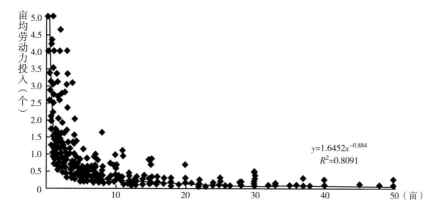

图 6 - 2　农户耕种亩数与亩均劳动力投入

三　农户耕种亩数与农机具大小

前文已述,农机具趋于大型化,就要求农户耕种更大规模土地以发挥大型农机具的高效率。相反,农户耕种亩数的增加也为大型农机具的使用创造了基础条件,促进农户使用更为大型高效的农机具,由此增加农户投入。表 6 - 20 显示,随着农户耕种亩数的扩大,农机具大小指数呈上升趋势。

表 6 - 20　农机具大小与耕种亩数

耕种亩数	农机具大小指数	样本数(个)
(0,2]	1.97	357
(2,4]	2.05	465
(4,7]	2.16	364
(7,12]	2.13	263
>12	2.23	290

四　基本观察

通过以上分析我们获得以下基本观察:一是,目前中国农户对农业生产投入水平相当低,且农机具更新缓慢;二是,大型农机具的使用会增加农作物亩产并降低亩均农机具和亩均劳动力投入,由此降低亩均成本;三是，农地规模的扩大会促使农户购买大型农机具，增加农业投入。

由此我们认为，当下农户耕种面积过小是导致农户农业低投入的重要原因，要促使农户增加对农业的投入从而加快农业现代化进程，就必须增加农户耕种亩数，这就需要加快土地流转。

第四节　租金形成的影响因素分析

租金是土地流转的价格，租金的高低直接影响着土地流转双方的利益分配、土地流转的规模、农业生产的成本以及农产品价格。本节分析租金形成的影响因素。

一　土地流转租金调查

2016 年土地流转问卷调查询问土地流入农户及土地流出农户的租金。目前租金通常有两种衡量方式：一是以货币为单位，二是以某种农产品亩产的市场价值。为了将所有租金以统一单位来衡量，我们把以农产品亩产的市场价值衡量的租金折换成货币单位，方法是参照 2016 年国家发展改革委员会发布的粮食最低收购价作为折算标准，即小麦为 1 公斤 2.36 元、水稻为 1 公斤 2.84 元、玉米为 1 公斤 2 元。表 6 – 21 报告了租金的分布，有约 1/3（33.51%）的租金小于 400 元/亩，租金在 400 元/亩到 800 元/亩为主，平均租金为 536.39 元/亩。

表 6 – 21　租金的分布

租金（元）/亩	占比（%）	样本数（个）
(200,400]	33.51	187
(400,500]	22.94	128
(500,800]	18.82	105
(800,1200]	15.77	88

2016 年土地流转问卷调查还询问土地流入和流出农户如何评价租金的高低？备选答案有：很低、较低、合理、较高、很高。依次赋值从 1 到 5，构成租金评价指数。表 6 – 22 报告了土地流入农户和土地流出农户对土地租金的评价，显示大多农户认为土地流转租金"合理"。值得关注的是，

土地流出农户的租金评价指数为 2.42，低于土地流入农户租金评价指数 2.85，说明流出农户认为租金偏低，而土地流入农户认为租金偏高。

表 6 – 22　农户对租金的评价

单位：%

流入农户评价	占比	流出农户评价	占比
很低	9.88	很低	13.58
较低	11.38	较低	32.96
合理	63.32	合理	51.22
较高	14.52	较高	2.15
很高	0.90	很高	0.09
流入租金评价指数	2.85	流出租金评价指数	2.42

二　土地流转租金的影响因素

土地的租金是由土地租赁市场的供给和需求决定的。如果一个因素导致土地租赁市场的供给增加或需求减少，则会成为导致租金下降的因素；相反，则会成为导致租金上升的因素。

（一）地形

一般来说，平原土壤较肥沃，水源条件较好，适于采用大型农业机械耕作，能有效地提高农业生产效率，降低农业生产成本，因而需求较大，租金较高。相反，山区土壤较为贫瘠，交通条件较差，因而需求较小，租金较低。表 6 – 23 显示，平原的租金最高而深山的租金最低，支持了以上分析。用 PLAIN 代表平原。回归分析时，以"深山""丘陵/黄土高原"为比较基础。

表 6 – 23　地形与租金

地形	租金(元/亩)	土地肥沃程度	样本数(个)
平原	595.25	3.38	578
丘陵/黄土高原	500.08	2.87	643
深山	444.04	2.92	113

（二）土地肥沃程度

大卫·李嘉图认为，地租由土地的肥力决定，越肥沃的土地产出越多，在价格不变的情况下能够获得更高的收入，因而土地肥沃程度越高，需求量越大，土地租金越高。[①] 2016 年土地流转问卷调查询问受访村民：如何评价您居住村庄土地肥沃程度？备选答案有：很贫瘠、比较贫瘠、一般、比较肥沃、很肥沃。表 6 - 24 显示，随着土地肥沃程度的增加，租金随之增加，支持了李嘉图的理论。回归分析时，以土地"很贫瘠/比较贫瘠"为比较基础。

表 6 - 24　土地肥沃程度与租金

土地肥沃程度	变量名称	租金（元/亩）	样本数（个）
很贫瘠/比较贫瘠	FERTILITY1/2	507.97	248
一般	FERTILITY3	538.60	725
比较肥沃/很肥沃	FERTILITY4/5	549.05	361

（三）租期

朱文钰等认为，当农地整体质量、肥力、灌溉条件、地形及交通条件较好时，农地流转期限越长，土地租金越高。[②] 我们认为，对于土地流出农户来说，土地流转租期越长，就越不能根据市场及家庭情况决定是否将土地租出，于是就越不愿意把土地长期租出。而对于土地流入农户来说，流转租期越长，越能够对土地进行长期投资，因而更希望租赁租期长的土地。表 6 - 25 显示，租期越长，租金明显增加。用 TERM 代表租期。

表 6 - 25　租期与租金

流转租期（年）	租金（元/亩）	样本数（个）
(0,2]	433.80	233
(2,4]	499.82	271
(4,9]	558.36	316
>9	611.63	392

---

① 转引自〔美〕阿瑟·奥沙利文《城市经济学》，中国人民大学出版社，2013。
② 朱文珏、谢琳、邱泽元、罗必良：《农地租约中的期限与租金及其相互关联性——理论分析与实证检验》，《南方经济》2016 年第 10 期。

三　租金影响因素的回归分析

用 *RENT* 代表租金。根据以上分析，我们构造以下土地租金半对数方程以弱化被解释变量的异方差：

$$\log(RENT) = \alpha_0 + \alpha_1 PLAIN + \alpha_2 FERTILITY3 + \alpha_3 FERTILITY4/5 + \alpha_4 TERM$$

采用 OLS 模型回归。表 6 – 26 模型 1 为包含所有变量的回归结果，但土地肥沃程度的符号与理论预期不一致，相关分析显示，土地肥沃程度（*FERTILITY*4/5）与地形（*PLAIN*）相关性较高，因此模型 1 存在较为严重的多重共线性问题。为此，模型 2 去除"平原"再回归。综合模型 1 和模型 2，所有解释变量符号与理论预期一致，且大多达到 95% 显著水平，说明这些变量对租金均有显著影响。

表 6 – 26　租金回归结果

解释变量	模型 1		模型 2	
	系数	t - 值	系数	t - 值
C	5.9370	134.1680	5.9958	135.9794
PLAIN	0.2482	6.5792		
*FERTILITY*3	– 0.0178	– 0.3843	0.0392	0.8467
*FERTILITY*4/5	– 0.0371	– 0.6751	0.0912	1.7413
TREM	0.01364	5.6261	0.0109	4.4986
R^2	0.052770		0.0186	
样本数（个）	1340		1340	

四　基本观察

通过以上分析我们获得以下基本观察。

一是，平均租金为 536.39 元，比媒体经常报道的要低。按户均承包地 7.12 亩计，如果将承包地全部流转出，平均年租金收入为 3819 元，相当于一个农民工一个月的工资收入。

二是，对于租金的评价，大多受访农户认为租金"合理"。但土地流出农户认为租金偏低，而土地流入农户认为租金偏高。

三是，平原地区的租金显著高于深山、丘陵/黄土高原地区。土地越肥沃，则租金越高。租期越长，租金越高。

四是，关于租金的高低，为了说明土地流转的好处，媒体常常高度称赞高租金，说流出土地的农户除了在城里打工，还可额外获得租金收入，且租金不低。但媒体的这种报道导向是有问题的，因为租金高，固然土地流出农户可提高收入，但对土地流入真正种地的农民来说，就意味着高租金成本，收入的降低，抵御风险的能力减弱。我们应更多地关注种地农民的利益，只有这样才更有利于农业生产。

第五节　土地流转合同形式选择研究

随着越来越多的农户加入土地流转到，土地流转合同违约也越来越成为问题。为此政府鼓励农民签订高严肃性的合同，尤其鼓励农民通过政府在各地建立的土地流转交易平台签订土地流转合同。由此，政府在各县普遍建立了土地流转交易平台，有的地方甚至建立了镇级的土地流转交易平台。建设土地流转交易平台是一项高投入的公共基础设施建设。然而，农民大多采用口头方式签订土地流转合同，而很少到政府高投入的土地流转交易平台，由此导致政府高投入建立的土地流转交易平台就服务于提高合同严肃性而言，并没有得到充分使用。本节研究参与土地流转的农户对土地流转合同形式选择背后的理性，在此基础上讨论政府广泛建立土地流转交易平台的合理性。

一　农户土地流转合同形式选择分布

2016 年土地流转问卷调查询问参与土地流转的农户土地流转合同的形式，备选答案有：口头合同、书面合同、村委会备案合同、政府备案合同。表 6 - 27 显示，超过一半的农户（53.9%）选择"口头"合同，近 1/3 的农户（29.3%）选择"书面"合同，而最受政府鼓励的"政府备案"合同仅占 1.9%。需要说明的是，2016 年土地流转问卷调查在选择调查对象时，有对流转大户的偏好，而流转大户会更多地选择政府备案合同，因此"政府备案"合同占 1.9% 还可能有所高估。如此就带来两个问题：一是，如何理解农民大多选择低严肃性土地流转合同；二是，政府土地流转交易平台是一项投入不低的公共基础设施，如果投入大但使用较少，是否存在高投入—低产出的问题？

表 6 - 27　土地流转合同形式分布

	口头	书面	村委会备案	政府备案
所占比重(%)	53.9	29.3	14.9	1.9
样本数(个)	946	514	261	33

二　土地流转合同形式选择的理论分析

不同的土地流转合同形式代表不同的合同严肃性，还代表不同的合同成本，包括合同订立成本和违约成本。订立成本是所有为土地流转合同订立而发生的成本。违约成本是指合同一方违约时另一方维权所需支付的成本。一般来说，从口头、书面、村委会备案到政府备案依次代表不断增强的合同严肃性，但同时也代表依次不断增高的合同订立成本。口头合同订立成本最低，只需合同当事人的口头约定即可。相反政府备案合同则订立成本最高，当事人事先要了解相关程序并提供各种证明材料，如土地确权证明，如果暂无土地确权证明则不能通过政府提供的平台办理或采取变通措施。赴土地流转交易平台的旅行成本以及办理所需要的时间、费用等，都属于订立成本的范畴。合同的违约成本和合同的严肃性呈负相关关系，即合同的严肃性越高，违约成本就越低。

下面我们具体分析农民选择合同形式背后的理性，见图 6 - 3。随着合同严肃性 S 增加，合同订立成本曲线 C_S 向上倾斜，而合同违约成本曲线 C_B 则向下倾斜。合同订立成本和合同违约成本之和为合同总成本 $C = C_S + C_B$。合同总成本曲线为 "U" 形曲线，存在最低值，所对应的合同严肃性 S^* 为最佳合同严肃性。作为经济理性人的农民在选择土地流转合同形式时，会选择与最佳合同严肃性 S^* 所对应的合同形式。

现在分析违约成本降低对最佳合同严肃性的影响，见图 6 - 4。考虑违约成本降低，违约成本曲线从 C_B^0 下移到 C_B^1，合同总成本曲线从 C_0 下移到 C_1，最佳合同严肃性 S_0^* 左移至 S_1^*，即最佳合同严肃性降低。农民会根据新的最佳合同严肃性相应调整合同形式。

下面分析订立成本降低对最佳合同严肃性的影响，见图 6 - 5。考虑订立成本降低，订立成本曲线从 C_S^0 下移到 C_S^1，合同总成本曲线从 C_0 下移到 C_1，最佳合同严肃性 S_0^* 右移至 S_1^*，即最佳合同严肃性提高。农民会根据新的最佳合同严肃性相应调整合同形式。

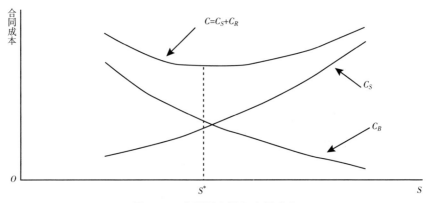

图 6 - 3　合同严肃性与合同成本

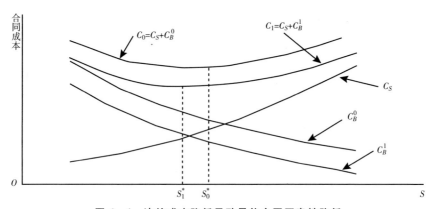

图 6 - 4　违约成本降低导致最佳合同严肃性降低

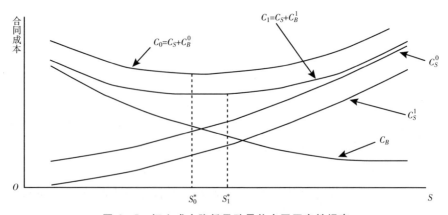

图 6 - 5　订立成本降低导致最佳合同严肃性提高

三 模型检验

根据以上理论分析，我们基于 2016 年土地流转问卷数据加以检验。流转租金、流转时间和流转对象影响着违约成本，而农户户主学历影响合同订立成本。由此我们可以观察，随着流转租金的增加、流转时间的延长、流转对象的变化以及农户户主学历的提升，土地流转合同形式是否发生改变，其所对应的合同严肃性向最佳合同严肃性 S^* 接近。由于"政府备案"样本量过小，我们主要分析口头、书面和村委会备案合同形式。

（一）流转租金

低流转租金意味着低违约成本，因而农户会更多地选择低严肃性合同形式。表 6 - 28 显示，对应于"口头"合同，随着租金的提高，口头合同所占比重明显呈下降趋势；对应于"书面"合同和"村委会备案"合同，在租金很低时，采用比重较低，但随着租金增加，"书面"合同和"村委会备案"合同增加的趋势不够明显。至少就样本量较大的口头合同形式而言，支持了以上分析。

表6 - 28　流转租金与土地流转合同形式

	流转租金(元)	< 300	[300, 600)	[600, 900)	[900, 1200)	≥1200
口头	所占比重(%)	36.07	37.58	16.41	8.21	1.73
	样本数(个)	167	174	76	38	8
书面	所占比重(%)	7.28	24.5	31.13	24.5	12.58
	样本数(个)	22	74	94	74	38
村委会备案	所占比重(%)	5.58	28.93	21.83	25.38	18.27
	样本数(个)	11	57	43	50	36

（二）流转时间

土地流转时间越长，不确定性就越大，一方或双方违约的可能性就越大。如果土地流转时间较长，有可能给非违约方造成更大的损失。比如，土地流入方种植一种需较长时间才能收获的农作物，如果树，而土地流出方提前终止合同，必然导致非违约方遭受重大损失。在一方违约的条件下，非违约方如果持有高严肃性合同则必然便于维权。表 6 - 29 显示，对应于口头合同，随着流转时间的增加，所占的比重呈下降趋势；对应于书面合同，流转时间在三年以内，所占比重相对较小，超过三年后所占比重显著增高，并基本保持在35%左右；对应于村委会备案合同，随着流转时间的增加，所占比重呈增加趋势。

表6-29 流转时间与土地流转合同形式

单位：%，个

时间(年)	口头		书面		村委会备案	
	所占比重	样本数	所占比重	样本数	所占比重	样本数
[1,3)	80.07	233	13.4	39	6.53	19
[3,5)	58.97	368	34.46	215	6.57	41
[6,10)	47.68	175	36.51	134	15.8	58
[11,15)	20.39	21	36.89	38	42.72	44
≥15	23.08	30	33.08	43	43.85	57

（三）流转对象

不同的流转对象代表着不同的违约成本。如果土地流转双方关系较为亲近，合同的违约成本较低，其违约后遭受的违约损失较少。因为如一方违约，未违约方能够以较低的成本要求违约方遵守协议，同时违约方还会受到来自熟人社会的谴责压力。相反，如果土地流转双方关系较远或双方地位不对等，如果关系较远或较强势的一方违约，未违约方的维权难度就会比较大，这时农民会选择较高严肃性的合同以便于维权。表6-30显示，流转对象为亲戚或本村其他农户时，农民大多采用的是口头合同；当流转对象为土地合作社或农业企业时，农民多采用严肃性高的合同形式；反租倒包是农民与村委会之间的合同关系，因此合同形式主要采用村委会备案合同。

表6-30 流转对象与土地流转合同形式

单位：%，个

流转对象	口头		书面		村委会备案	
	所占比重	样本数	所占比重	样本数	所占比重	样本数
亲戚	77.03	171	19.37	43	3.60	8
其他农户	64.11	268	30.62	128	5.26	22
反租倒包	13.04	3	34.78	8	52.17	12
土地合作社	30.00	6	35.00	7	35.00	7
农业企业	0	0	81.82	9	18.18	2

（四）农户户主学历

农户户主受教育年数与订立成本呈反向关系，即随着户主受教育年数的增加，户主签订高严肃性合同的订立成本降低，从而会更多地选择高严肃性的合同形式。此外，户主受教育程度越高，合同意识和维权意识越强，因而更倾向于选择高严肃性的合同形式。表6－31显示，随着户主受教育程度的增加，其选择的口头合同所占比重有所下降，书面合同所占比重有所上升，但口头合同仍在不同学历农户中占较大比重，这可能与大多土地流转合同的违约成本较低有关。

表6－31　土地流转合同形式对应的农户户主学历

单位：%，个

农户学历	口头		书面		村委会备案	
	所占比重	样本数	所占比重	样本数	所占比重	样本数
未受教育	65.85	135	17.56	36	16.59	34
小学	55.53	276	30.99	154	13.48	67
初中及以上	59.83	356	29.75	177	10.42	62

四　基本观察

农民是基于合同总成本最小化的原则选择土地流转合同形式，这一理论分析得到调查数据的支持：土地流转租金的提高、流转时间的增加、流转双方关系的疏远导致违约成本的提高，农户更倾向于高严肃性的合同形式；随着农户户主受教育年数的增加，高严肃性合同的订立成本降低，农户更多地选择高严肃性的合同形式。

以上分析可以帮助我们理解为什么农民极少通过政府土地流转交易平台签订土地流转合同，一个重要的原因在于大多数农民的土地流转规模较小，因而所涉及的租金较低，合同持续的时间较短，土地流转大多在同村村民甚至亲戚之间进行，农户普遍选择低严肃性的合同形式是理性的选择。

由此，政府不应不加区别地鼓励农民在土地流转时到政府土地流转交易平台签订高严肃性的合同。政府在以高投入建立土地流转交易平台时，要考虑当下广大农户的土地流转规模小、所涉及的流转租金低、流转时间较短、大多数土地在同村的亲朋好友之间流转等因素，因而大多数农民暂时还不会到政府土地流转交易平台签订土地流转合同。因此，在建立土地流转交易平台时，要把平台的建设与农民的实际需要相结合，如果脱离农民的实际需要以高投入建立土地流转交易平台，而农民又很少使用这种平台，必然导致公共资源的浪费。

第六节　对土地流转金融支持的研究

土地流转需要金融支持，但能够作为抵押的是承包地剩余承包期的经营权，由此给金融支持土地流转带来诸多困难和问题。本节基于 2016 年土地流转问卷和 2016 年农业部河南问卷，研究金融对土地流转的支持。

一　金融支持对土地流转的促进作用

土地流转如果得到金融支持，则农户就有较为充足的资金支付租金、添置农业机械设备、增加人手、购买更多的农业服务，从而可扩大土地经营规模。2016 年农业部河南问卷询问受访农户融资活动对其农业经营规模的影响，备选答案有：大幅度增加、小幅度增加、无明显变化、小幅度降低、大幅度降低。表 6 - 32 显示，52.22% 的受访农户的农业经营规模在获得融资后"大幅度增加"或"小幅度增加"，可见获得金融支持的农户能更多地扩大土地经营规模，流转入更多的土地。

表 6 - 32　金融支持对土地经营规模的影响

金融支持对土地经营规模的影响	所占比重（%）	样本数（个）
大幅度增加	13.61	49
小幅度增加	38.61	139
无明显变化	46.94	170
小幅度降低	1.11	4
大幅度降低	0.28	1

金融支持对土地流转的促进作用还可从另一个视角加以审视。土地流转的租金可以有多种支付时间。2016 年土地流转问卷询问农户土地流转租金的支付时间，备选答案有：一次性付清、收获后支付、逐年支付首次支付在签合同后、逐年支付首次支付在第一次收获后。表 6 - 33 显示，42.84% 的农户

需要在收获前（包括一次性付清和逐年支付首次支付在签合同后）支付土地租金，剩余57.16%的农户在农作物收获后支付。对42.84%需收获前支付租金的农户来说，会更多地需要金融支持来支付租金。

表6-33　土地租金支付时间

土地租金支付时间	所占比重(%)	样本数(个)
一次性付清	18.70	278
收获后支付	44.79	666
逐年支付首次支付在签合同后	24.14	359
逐年支付首次支付在第一次收获后	12.37	184

一般来说，收获后支付租金的农户由于已获得收入，扩大土地流转规模较少受到资金的限制。相反，收获前支付租金的农户则受到资金的限制较大，由此就可能导致所能流入的土地减少。表6-34支持了这一分析，收获后支付租金的土地流入农户的流转规模明显大于收获前支付租金的农户。对收获前支付租金的农户来说，如果能够得到金融支持，则有助于其增加土地流入的规模。

表6-34　租金支付时间与流转规模

租金支付时间	流转规模(亩)	样本数(个)
收获前支付	19.99	176
收获后支付	25.28	298

二　土地流转的金融支持需求

由于收获后支付土地租金一般对金融支持需求较小，这里不做分析。以下侧重基于收获前支付租金的农户样本分析土地流转对金融支持的需求。

随着流转入土地的增多，收获前需支付的租金额就增加，从而产生对金融支持的需求。表6-35显示，随着土地流入规模的增加，需收获前支付的租金随之增加。不过就当下来说，土地流转的规模普遍较小，绝大多数土地流转规模不超过15亩，收获前所需支付的租金仅4000多元。但对流转入土地超过 50 亩的农户来说，收获前需一次支付租金平均在 80000 元以上，对一般农户来说是一个不小的数目，就需要获得金融支持。

表 6-35　流转规模与收获前支付的租金

流转规模(亩)	平均租金(元)	样本数(个)
(0,2]	1252.13	57
(2,5]	1905.78	36
(5,15]	4067.00	30
(15,50]	17261.58	19
>50	80598.42	19

根据官方数据，2016 年中国承包耕地流转面积已达到 4.6 亿亩，超过承包耕地总面积的 1/3。① 可以预见的是，随着土地流转在全国各地的进一步开展，土地流转所需要的金融支持会继续增加。

三　金融支持土地流转的困难和问题

农户通过土地流转实现规模经营，需要金融支持，能否获得金融机构的支持是一个值得关注的问题。2016 年农业部河南问卷调查请受访农户评价从正规金融机构获得贷款的难易程度，备选答案有：很困难、较困难、一般、较容易、容易。表 6-36 显示，受访农户普遍感到贷款难，其中反映获得贷款"较困难"和"很困难"的共占 74.41%。

表 6-36　对正规金融机构贷款难易状况评价

贷款难易状况	所占比重(%)	样本数(个)
容易	0.14	1
较容易	4.06	29
一般	21.40	153
较困难	51.05	365
很困难	23.36	167

---

① 高云才：《农村土地经营权有序流转，流转面积超承包耕地总面积 1/3》，《人民日报》2016 年 11 月 20 日。

有诸多因素导致土地流转难以获得金融机构的支持。

一是，土地承包经营权抵押难。2016年土地流转问卷调查询问受访农户没有获得正规金融机构贷款的原因，备选答案有：缺少担保物、无人或机构担保、缺少项目。表6-37显示，"缺少担保物"占37.43%，"无人或机构担保"占36.14%，二者之和为73.57%，则二者成为阻碍农户获得正规金融机构贷款的重要原因。

表6-37　未获得正规金融机构贷款的原因

未获得贷款原因	所占比重(%)	样本数(个)
缺少担保物	37.43	1187
无人或机构担保	36.14	1146
缺少项目	26.43	838

根据国外经验，用于土地改良基建等需要的长期贷款，一般以土地抵押的方式获得。但在中国，农村实行土地集体所有制，土地不归农民所有，农户只拥有承包地剩余承包期经营权。虽然在法律政策上承认承包土地经营权具有抵押和担保权能，但在具体操作中仍存在许多问题。核心的问题是，承包土地剩余期经营权很难变现，缺少一个可使承包地剩余承包期经营权流转的市场。一旦土地流转农户发生贷款违约，金融机构很难处置所抵押的承包地剩余承包期经营权。根据刘世明等研究，很少有通过处置承包地剩余承包期经营权收回不良贷款的案例，在具体实践中往往通过现金清收的方式收回不良贷款。[①] 这就大大限制了农户通过抵押承包地剩余承包期经营权获得正规金融机构贷款的融资活动。

此外还存在一些技术困难。一方面，农村土地承包经营权抵押评估缺乏专业的评估机构和评估人员，没有形成统一和有公信力的评估标准导致土地的价值难以评估。另一方面，土地流转市场尚不成熟，缺少有权威的流转平台，流转信息不畅通，流转的交易对象有限等导致抵押物处置变现难。

二是，土地流转规模小。土地流转规模小，所需融资的规模就小，单

---

① 刘世明、徐光增、刘国峰、马冉、马健：《农村土地承包经营权抵押贷款：信贷供给与机制构建》，《金融监管研究》2016年第1期。

位资金的融资成本就必然高。道理在于，金融融资需要金融机构对融资者进行征信调查，其费用与融资规模关系不大，接近于固定成本。如果土地流转农户所需融资规模小，则结果必然是，或资金成本过于昂贵从而农户很难承受，或金融机构所负担的成本过高从而金融机构难以支持。相比之下，能够获得金融机构融资贷款的大多为土地流转大户。

四 民间借贷盛行

民间借贷是获得金融支持的重要方式。2016 年土地流转问卷询问受访农户的贷款方式，备选答案有：亲朋好友、高利贷、金融机构、很难贷到。表 6 - 38 显示，高达 74.18% 的受访农户通过亲朋好友获得贷款，而通过正规金融机构借贷的只有 11.30%，说明民间借贷盛行。

表 6 - 38 贷款获得方式

贷款获得方式	所占比重(%)	样本数(个)
亲朋好友	74.18	2278
高利贷	0.46	14
金融机构	11.30	347
很难贷到	14.07	432

民间借贷盛行的主要原因在于亲朋好友间的相互金融支持信息成本低，违约成本高。信息成本低在于亲朋好友之间彼此了解，一般无须支付征信费用。而违约成本高在于一旦借贷者欠钱不还，就将在熟人社会留下坏名声，失去亲朋好友的信任，也不利于在熟人社会获得个人进一步发展的机会。也因为违约成本高，通常也就不需要程序烦琐的抵押。但同时也要看到，民间金融由于合同手续不正规，缺少正常的风险规避机制等，容易引发金融风险以及相关的民事纠纷，尤其对流转大户来说，不宜主要依靠民间金融获得土地流转的融资。

五 观察与思考

根据以上分析，我们获得以下基本观察。

金融支持对土地流转有着重要的促进作用。获得金融支持的农户能更多地扩大土地经营规模，流转入更多的土地。收获后支付租金的土地流入农户比在收获前支付租金的农户流入更多土地，因为收获后支付租金的农户受资金约束较小。

由于当下土地流转的规模普遍较小，总体而言，土地流转对金融支持的需求尚比较小，但对收获前支付租金的流转大户来说，如流转入土地超过 50 亩的农户，则必然有较高的金融支持需求。

虽然土地流转入农户对金融支持有需求，但普遍获得金融机构的金融支持困难，一个很重要的原因是承包地剩余承包期经营权变现能力低，难以成为有效的贷款抵押物。此外，土地流转规模小也是重要原因。

这里有一个需要思考的问题是，政府应如何发挥作用？要回答这个问题，需要回答农户间土地流转是否有正外部性？如果有显著的正外部性，政府介入农户间土地流转的金融支持，能否通过成本—收益检验？

我们认为土地流转的正外部性集中表现为，土地实现规模经营后，生产效率提高、成本降低，从而农产品价格降低。通过土地流转，农村剩余劳动力可脱离农村农业，配置到更有效发挥作用、产出更高的部门，可改善劳动力资源的有效配置。也正因为如此，中国政府近年来不断加大对土地流转支持的力度。但是否要直接介入对土地流转的金融支持？

一个可能的支持是，由政府支持的保险公司为土地流转提供再担保，也就是如果农户流转土地经营失败无力偿还贷款，至少部分由政府支持的保险公司偿还。但这首先要求，农户确实是因经营失败而难以偿还。但面对如此众多的小农，政府支持的保险公司很难一一甄别失败农户的真实原因，结果很难避免道德风险问题，也就是农户有能力偿还贷款而故意让保险公司偿还。

我们认为另一个可能的支持就是支持民间金融参与土地流转。具体做法就是，将一些民间金融机构合法化，将其对土地流转的金融支持规范化，从而就可能让参与土地流转的农户获得必要的金融支持，同时把风险控制在可控的范围。

当然我们也认为，实施对土地流转的金融支持，政府要保持谨慎。对各种可能的方案要做成本—收益分析。如果暂时找不到合适的金融支持土地流转的方式，有限作为甚至不作为也不失为明智的选择。

第七章

中国土地实现规模经营的实践及其评析

20 世纪 70 年代末，中国农村广泛推广家庭联产承包责任制，在当时极大地调动了广大农民的劳动生产积极性，为解决中国城乡居民的温饱问题做出了巨大贡献。但这一制度导致建立在土地集体所有制基础上的小农经济存在诸多问题。之后，一些地方对土地经营模式开始了诸多的探索，值得总结和反思。

第一节　两田制：平度模式

平度模式较早地探讨在土地承包体制下如何实现土地规模经营，曾经是中国广泛推广的一种影响较大的实现土地规模经营的模式。虽然在 1997 年被中共中央办公厅、国务院办公厅下文终止，但之后关于土地规模经营模式的探讨依然有一些以平度模式为基础，因此平度模式依然值得关注。

一　"两田制"的基本内容

平度市位于胶东半岛，是山东省面积最大的县级市，也是山东省农业大市。总面积为 3166 平方千米，平原洼地占总面积的 73%，土地肥沃、水源充足。全市推行"两田制"前，1987 年共有人口 131.3 万人，其中农业人口为 122.99 万人，占全市总人口的 93.67%；耕地为 259.5 万亩，农业人口人均耕地 2.1 亩，大于当时全国人均耕地 1.45 亩的平均水平。

（一）"两田制"产生的背景

1978 年中共十一届三中全会后，平度市（当时为平度县）经过不断的试验探索，从 1982 年开始在全市农村推行大包干的家庭联产承包责任制，极大地调动了农民的劳动生产积极性。但之后小农体制的问题也逐渐暴露出来，对此刘玉正做过以下较为详细的分析。

一是，劳力少和缺劳力的家庭平均分包的土地种不了、种不好，造成粗放经营，甚至荒芜；劳力充足和有种田能手的家庭平分的土地不够种，劳力优势得不到发挥，难以实现务农致富。二是，束缚住农民的手脚，制约非农产业的发展。具有一技之长的能工巧匠不能从第一产业中完全跳出来，无牵挂地进入第二、第三产业。已经从事第二、第三产业的人，也是上班做工，下班种田，顾此失彼。三是，均田制分田因土地优劣分等搭配，田块分割零碎，限制了生产要素效能的发挥。每户七八块地，有的十几块地，在同一地块中，各户作物混杂种植，耕种管理很难统一，费工费时，效率低、效益差，不仅限制了大型机械在农业生产中的应用，而且农户间因耕作、浇水等产生摩擦和矛盾。四是，人地关系难以协调。按人均田只是适应了当时的人口现状，随着家庭人口增减，要维持人均田，就要定期调整土地，不仅操作难度大，而且容易助长农民种地的短期思想。[①]

（二）"两田制"的基本内涵

1988 年，平度市开始全市推广"两田制"，主要方案是将承包地分为口粮田和承包田两类。对此，蒋中一等做过较为完整的介绍。

按照公平和效率分离的原则，把耕地分成两类：一类为口粮田，另一类为承包田，也叫责任田。口粮田承担农村社会保障职能，满足农民的基本生活需要，属于自给性的生存资源，体现平均分配的福利原则。口粮田按人口平均划分，一般是每人 0.4～0.6 亩。而承包田则引入效率原则实行适度竞争，由农民根据经营能力投标承包，可以多包，可以少包，也可以不包，突出土地配置的效率。此外，村社还一般留有 3% 的耕地作为机动田，用于农户增迁或因其他不可测因素及时调整。

---

① 刘玉正：《山东省平度市实施"两田制"及配套制度建设改革始末》，《泰山学院学报》2015 年第 4 期。

与"两田制"的设计相配套，对经营耕地的收益分配方式也有相应的规定。口粮田只负担农业税。承包田实行有偿使用，除交纳农业税外，要向村社上交耕地承包费、负担政府规定的定购任务。

承包田的承包引入市场竞争机制。村经济合作社（或由村民委员会代行）作为耕地所有者的代表向村民招标。村民在评定的承包费底标和上限范围内，现场投标、公平竞争。如出现投标确定的承包费总额高于测算方案确定的数量，全村则按统一比例调减，以避免承包费过高的现象。由于能够进行调整的耕地相当有限，为了保证竞争适度，村经济合作社采取直接干预和限制措施。其一，把握规模适度。全市一般掌握在劳均 10～15 亩，人少地多的村，一个劳力承包不超过 15 亩，不少于 10 亩；人多地少的村，一个劳力承包不超过 10 亩，不少于 5 亩。其二，把承包地划成20～30 亩的耕作方，引导农民自愿结合成小组进行投标，防止地块分割细化。其三，"两田"的承包期一定，5 年不变，其间依人口的增减（婚丧嫁娶，按计划出生的人口，迁入迁出），相应地变动"两田"比例，采取"动账不动地"和"两田互补"的办法调节。①

二 "两田制"引发的争论及终止

"两田制"在推行的 10 年间产生了巨大的影响，学者们对此做了大量的研究探讨，但一直存在正、反两种不同的意见。

山东省沂南县农村社会经济调查队肯定了"两田制"的积极意义。一是，实行"两田制"后，原来的空壳村和负债村得到了改善实现了盈利，为集体经济输了血，给进一步发展农村经济增加了活力和后劲。二是，部分"三提五统"由村从承包费中代交，在一定程度上减轻了农民的负担。三是，过去的"提留难"得到有效的解决，一定程度上改善了基层干部群众关系。四是，过去因劳动力少或年长农户造成的抛土失管的现象得到缓解，促进了土地资源的充分利用。五是，根据劳动力情况决定包地数量，不愿要地者可向其他产业转移，充分挖掘和利用了劳动力资源，部分劳动力转移到第二、第三产业。六是，过去实行均田制使耕地过于零散，水

---

① 蒋中一、陈子光、贾彦海：《平度市"两田制"改革的政策效果分析》，《中国农村经济》1994 年第 4 期。

利、机械不能充分利用，实行"两田制"后，机耕、机播、机收率大为提高，促进了合理利用农业机械和新技术推广。七是，促进了土地规模经营，带来规模效益，农民收入有了明显的提高。八是，强化了双层经营体制，完善了集体社会化服务机制，提高了农业生产组织化程度。九是，理顺了土地所有权与使用权的关系，实行"两田制"后，强化了干部群众的土地公有观念和法制意识，为实现以法管地、以法治农创造了条件。①

但"两田制"也暴露出诸多问题。山东省沂南县农村社会经济调查队注意到，某些地方强行将农民的承包田集中起来，以多收承包费为目的，使得社区内农民失去一半多土地的使用权。①姜海、曲福田指出，在具体执行过程中，"两田制"经常成为地方政府和集体收回农民承包地、变相增加农民负担和强制推行规模经营的一种手段。② 俞可平认为，"两田制"实质上是对农民的剥夺，变相地超额收费5%。责任田采取竞争性承包和租赁的方式，承包者或承租者必须向村上交额定的承包费或租赁费，这是一种变相的地租，当农民的主要收入依赖于土地时，这便是对农民的一种剥夺。外出农民无退路，间接影响城市的稳定发展。③ 刘玉正认为，"两田制"需要有一定条件，包括：土地资源相对宽松，第二、第三产业有一定基础，农业生产的机械化程度有一定发展，基层组织健全、有力干部素质较高等。④

鉴于"两田制"的这些问题，中共中央办公厅、国务院办公厅于1997年下发文件明令禁止推行"两田制"，认为地方政府假借"两田制"之名变相收回农民承包地，增加农民负担。文件指出："八十年代中期以来，一些地方搞'两田制'，把土地分为'口粮田'和'责任田'，主要是为了解决负担不均和完成农产品定购任务难等问题。但在具体执行过程中，也出现了一些问题。有些地方搞的'两田制'实际上成了收回农民承包地、变相增加农民负担和强制推行规模经营的一种手段。中央不提倡实行

① 山东省沂南县农村社会经济调查队：《"两田制"的功与过》，《调研世界》1998年第4期。

② 姜海、曲福田：《"两田制"变迁的经济解释》，《山东农业大学学报》（社会科学版）2007年第4期。

③ 俞可平：《论农业"适度规模经营"问题——警惕强制性"两田制"对农民的剥夺》，《马克思主义与现实》1997年第6期。

④ 刘玉正：《山东省平度市实施"两田制"及配套制度建设改革始末》，《泰山学院学报》2015年第4期。

'两田制'。没有实行'两田制'的地方不要再搞,已经实行的必须按中央的土地承包政策认真进行整顿"。①

三 "两田制"的新的理论探讨

"两田制"在 1997 年被终止,但在 2003 年又有部分农村自发实施"两田制"。有些学者在过去"两田制"的基础上提出了改善意见,以克服过去旧"两田制"的一些问题。朱振辉等首先提出"新两田制",之后杨红更进一步加以概括。

"新两田制"在形式上与平度模式类似,但在运行方式上有改善。"新两田制"是将"发展田"按农村社区的实际人口多少进行配股分红,农户既可通过"保障田"保证其最低的基本生活,又借由"发展田"分享土地规模经营的收益。

"保障田"一经发包,要保持长期稳定,不再做调整,做到真正意义上的"增人不增地,减人不减地"。"保障田"在保障土地承包使用权长期稳定的基础上,充分考虑承包者的生产、生活需要,允许其在一定条件下对"保障田"进行转包、出租、出让等形式的流转,并可通过土地抵押获取投资其他行业所需资金。一旦承包方举家向城市迁移,则可通过与村委会协商的方式,在获得一次性经济补偿的基础之上,将"保障田"交回给村委会处置。

对于"发展田",则按"保障田"发包时的人口数平均分配,每人一股计算平均地亩数。之后每年一调整,按当年人口数去除"发展田"的总量,算出股数。"发展田"由村委会在召开村民大会或村民代表会议的基础上,通过公开竞标,对外发包。每年所得收益按股份进行分配,"发展田"要做到"增人增股,减人减股",股份一年一核算,收益一年一分配。"发展田"的流转只能以出让方式进行,且只能出让给村委会。村委会按当年股权收益的一定倍数确定合适的价格进行经济补偿。如果某农户全家从当地迁出,则可由此得到一笔一次性的补偿。②

---

① 《中共中央办公厅、国务院办公厅关于进一步稳定和完善农村土地承包关系的通知》,中办发〔1997〕16 号,1997 年 8 月 27 日。
② 杨红:《论"新两田制"相较于农村土地股份制模式的优越性》,《当代经济》2012 年第10 期。

四 对"两田制"的评析

根据以上的介绍以及学者们的不同评价，我们提出以下几点基本看法。

一是，"两田制"同时存在规模经济和规模不经济。以往对"两田制"肯定的重点强调实现了土地的规模经营，但这仅体现在承包田，即便如此，对所谓种粮大户，一个劳力承包不超过 15 亩，规模经营的效益也十分有限。而对口粮田来说，则是规模缩小，每人仅耕种 0.4 ~ 0.6 亩。整体而言，"两田制"是改善了规模经济还是进一步恶化了规模经济，尚未可知。

二是，"两田制"所实现的土地流转并非基于市场的自愿交易，而是政府的指令，并非所有的参与者都是这一制度的受益者。尤其在一个县级市的范围内形成运动，可能会造成大量民众被动接受，导致一些农民从"两田制"中获得的利益少于失去土地所带来的损失。

三是，高公共管理成本。按照土地承包期 30 年不变来说，村委会只需要统筹发包而后各自经营并不需要更多的管理成本。但是"两田制"的承包期为 5 年一期，每年需要统计人口分配收益，这就需要村委会等基层组织更多地介入组织管理，大大增加了公共管理成本。

四是，政治权力与经济权力混合，容易滋生腐败。土地作为集体资产由村委会运作，村委会具有极大的发包、收益分配的权力，容易导致基层干部利用政治权力获得经济利益，滋生腐败。

根据以上分析，我们判断"两田制"并不是一种普遍有效地实现土地适度规模经营的模式。

第二节 农村土地股份合作制

农村土地股份合作制最早起源于广东省南海区，在国内引起了一定反响，一些地方开始了类似的探索。与南海侧重于将农村土地转化为工业用途不同，江苏省扬州市侧重将农村土地用作农业发展。本节对南海和扬州农村所实行的土地股份合作制分别介绍并评析。

一 南海土地股份合作制及评析

（一）南海土地股份合作制

农村土地股份合作制最早在南海出现有其特定背景。20 世纪 90 年代，南海工业高速发展。1992 年国家统计局发布的"中国农村综合实力百强县"中南海名列第四。工业的高速发展使得工业用地紧张，土地价格上升。与此同时，广东省逐步取消粮食定购任务，农村中出现重工轻农现象，一些农户弃地抛荒。这时南海有几个村开始尝试以土地股份合作制的方式经营集体土地，即在不改变土地集体所有制的前提下，将集体土地统一规划，以土地或厂房出租给企业使用，打破了国家统一征地垄断农地非农化的格局。

1993 年，在市委市政府的推动下，土地股份合作制遍及全市农村，并对土地股份合作制的运作加以规范：以行政村或经济社（村民小组）为单位，全面丈量集体所有的土地，清查财产和资金，然后折股量化到每位符合条件的当地村民。具体步骤为：第一，村集体根据土地的不同地段，采取不同的折价，把土地承包经营权和集体企业的固定资产量化折股；第二，村集体将股权无偿地分配给村集体成员；第三，村集体成员将土地承包经营权交给村集体；第四，村集体发起成立农村股份合作组织，对土地及其他资产实行统一经营，村集体成员成为农村股份合作组织的股东；第五，村集体成员按股获得资产增值和盈利的收益。[①] 需要说明的是，在南海国家的征地制度依然实行。

（二）对南海土地股份合作制的评析

南海土地股份合作制形成于特定的区域环境，有着积极的意义。一是，在现行体制下，通过土地股份合作制把农村土地转变为建设用地，有着流转的规模经济性。设想如果需占用耕地的企业逐个与农户谈判土地流转，交易成本必然很高。但实行土地股份合作制后，企业只需与农村股份合作组织谈判，通常可以得到经集中整治过的土地，节约了交易成本，并提高了流转土地的质量。二是，设想如果由企业与农户逐个谈判土地流转，则土地流转的利益只归参与流转的农户，而通过农村股份合作组织流转土地，则流转带来的利益由全体村民共享。

但南海土地股份合作制存在两个方面问题。

一是，按照《中华人民共和国土地管理法》，国家实行土地用途管制，将土地分为农用地、建设用地和未利用地，并且严格限制农用地转为建设用地。任何单位和个人不得侵占、买卖或者以其他形式非法转让土地。任

---

① 刘宪法：《"南海模式"的形成、演变与结局》，《中国制度变迁的案例研究（土地卷）第八集》，中国财政经济出版社，2011。

何单位和个人进行建设，需要使用土地的，必须依法申请使用国有土地。显然，南海的农村股份合作组织未经政府的征地程序，就把其集体土地用于工业建设，明显违背了《中华人民共和国土地管理法》。从法律意义上来说，从农村股份合作组织租赁土地所建设的工业厂房就是"工业小产权房"。

二是，土地股份合作制作为一种制度安排，存在相当大的潜在代理问题。任何股份制都是所有权和经营权相分离的一种制度安排。由于所有者和经营者的信息不对称，本应为所有者谋取最大利益的经营者却为自己谋取合约以外的私利。一般来说，股份制要顺利运行，需要良好的市场环境，经营者经营得好则获得奖励，如股票期权等；如果经营不好，公司就可能面临恶意收购。然而，土地股份合作制根本就没有这样的激励机制和监管机制。在缺少有效监督的情况下，农村股份合作组织的领导人就很可能无视广大股东利益而牟取私利。由此，有可能土地股东实际获利不如租赁合约规定的租金，因为在租佃体制下，无须对经营者实施监督，节省了股份制下的监督成本。

二 扬州土地股份合作制及评析

（一）扬州土地股份合作制

2004 年 7 月，扬州市成立了首家农村土地股份合作社。扬州模式与南海模式最大的不同是，南海模式大部分入股土地用于工业用途，而扬州模式全部入社土地均用于农业用途。到 2009 年 4 月底，扬州农业适度规模经营面积为 182 万亩，占承包耕地总面积的 55%，土地股份合作社组建个数和入股土地面积在江苏省位居第一。按股权经营方式的不同，扬州市农村土地股份合作制可分为内股外租型土地股份合作社、参股型土地股份合作社、自主经营型土地股份合作社。

内股外租型土地股份合作社的特征是，农民在村镇引导下主动申请，村委会登记注册，将自家承包的部分土地承包经营权入股建社，土地股份合作社将连片土地承租给规模经营大户或农业公司，设定保底分红。农民不再直接参与土地的生产经营，依照确定的股权份额享受土地租金。这种类型占了土地股份合作社的大多数。

参股型土地股份合作社的特征是，土地股份合作社与农产品加工企业或专业合作社联合，以项目或园区建设为纽带，其成员参与生产、加工、销售与流通，形成利益共担、风险共担的经营机制，解决了农民非农就业的后顾之忧，还为经营能手提供了平台。

自主经营型土地股份合作社的特征是，合作社将农民入股的土地，按农业生产发展需要集中成片，合作社统一经营，但这种方式属于少数。[①]

（二）对扬州土地股份合作制的评析

于延东认为，扬州市农村土地股份合作社完善了农村经营体制，推动了高效规模农业发展，促进了城乡资源要素的优化配置，带动了农民致富，提升了农民能力素质。[②]

蒋丽认为，扬州市土地股份合作制维护了农民完整的土地承包经营权，促进土地资源的合理配置，增加了农民土地收益。但也存在一些问题。比如，土地股权在章程中表述不清和估算不准，有可能导致非土地股侵蚀土地股的收益而影响到农民切身利益；土地股份合作社规模小，合作层次不高，对农户的辐射带动力较弱；土地股份合作社运行机制和风险防范机制不健全，分配制度不完善；土地股份合作制受到一些因素的制约，比如农民自身文化水平低、土地招投标信息扩散面窄、农业基础设施不完善、扶持政策难落实等。[①]

自改革开放以来，我们认为在中国农村实行家庭联产承包责任制调动了农民的积极性，但因此形成的小农经济使得规模经济的优越性难以发挥。而扬州市实行的土地股份合作制改变了分田到户制，在中国特有的农村土地集体所有制基础上实现了一定程度的土地规模经营，使得不少农民可以脱离农业生产。但土地股份合作制也是一把双刃剑。

第一，内股外租型土地股份合作社本质上是"地主"，即把分散于农户的土地集中起来统一出租，因而租佃体制的问题都会反映在这种土地股份合作制形式中，包括租赁方的短期经营行为等。而参股型土地股份合作社则是在内股外租型土地股份合作社基础上，加上参与租赁方的生产经营，因此内股外租型土地股份合作社的问题依然存在。

第二，自主经营型土地股份合作社强调由合作社自己组织农业生产。一般来说，农业生产最佳的组织形式为家庭农场，这已是国内外学术界的共识。而自主经营型土地股份合作社作为农业生产的一种组织形式，是一种非家庭农场

[①] 蒋丽：《扬州市农村土地股份合作制的发展现状、问题和对策研究》，硕士学位论文，南京农业大学，2009。

[②] 于延东：《扬州市推进土地股份合作发展调研》，《唯实》2009年第11期。

体制，面临管理成本以及因农民劳动受到的激励降低而带来的效率损失。

第三，土地股份合作制的实行，通常使得小部分农民继续从事农业生产而大多数农民脱离农业生产。这些脱离农业生产的农民必将凭借其土地股权获得相应的收益，这就带来两个问题：一是，这些收益都将成为真正农业经营者的成本，如果收益大就意味着成本高，必将给农业经营者带来困难；二是，脱离农业生产的股东凭借其土地股权从种地农民获利，引发这种收入分配方式在道德上的争议。

第四，一般股份制的问题，上文已有讨论。一般来说，在偏远落后的农村，上级政府的监管更弱，而集体经济内部的监督机制也难以健全，股份制引发的代理问题可能更为严重。

因此我们认为，土地股份合作制不失为一种在不能改变土地集体所有制前提下，促进土地规模流转的有意义尝试，但终究不是未来农业生产组织的发展方向。

第三节　城乡统筹综合改革：温江模式

近年来，中国农村的土地流转正不断向前推进，但在此过程中，有两个突出的问题值得关注：一是土地流转后农民往往选择去城镇就业居住，却很难获得城镇户口和享有与城镇居民相同的福利待遇，特别是子女受教育、医疗保险和退休保障；二是离开农村的农民与土地的承包关系并未解除，导致与留在农村真正种田的农民形成租佃关系，离开农村的农民仍凭借其土地承包权获得利益，而留在农村的农民需交较高的租金，成了某种意义上的佃农。在克服以上两个方面问题上，四川温江模式做出了有益但有限的探索。

一　温江模式概述

2003 年起，四川省成都市开展了全面的城乡统筹综合配套改革。2007年，成都市被确立为国家统筹城乡综合配套改革试验区，地处成都平原的温江区率先实施了"双放弃换保障"和"两股一改"的改革。

所谓"双放弃换保障"是按照"大统筹、大集中"的思路，对农民自愿放弃宅基地使用权和土地承包经营权后的宅基地和耕地两类土地实施整理，推进土地跨区域流转。这种模式主要针对已经在城镇找到工作，且家庭收入中有 80% 以上为非农收入，又拥有宅基地和承包地的农户。通过申请"双放弃"，由当地政府部门核查批准后，入住政府统一规划建设的集中居住点，户口变为城镇居民，进入失地农民社保系统。[①] 具体步骤是：第一，由区政府按照"三靠近"原则即靠近中心城区、场镇、产业聚集区确定集中居住点，由区国有城投公司通过市场运作方式筹集资金，进行集中居住区安置房建设；第二，根据温江区《关于鼓励农民向城镇和规划聚集区集中的试行意见》，审核确定符合跨区域集中居住条件的农民；第三，按照温江区《关于鼓励农民向城镇和规划聚集区集中的补充意见》实施土地补偿；第四，对农民放弃的土地分类处置，农民原来所承包的土地在解除承包关系后，凡是符合土地预征收条件的，由土地储备中心予以收储，其余的由当地农业公司统一进行管理，社区集体负责经营。"双放弃换保障"能让农民获得包括经济补偿、居住用房、社会保险、转移就业等多种收益。[②]

"两股一改"是以农业产业化、项目规模化经营为依托推进土地集中流转，以实现农村"集体资产股份化、集体土地股权化"。具体步骤是：以村（社区）为单位将集体资产股份量化到人、集体土地股权到人；农村集体资产股份化和集体土地股权化后，交由村级股份经济合作社统一管理，合作社对全村的土地进行整理；有项目支撑的村（社区）由合作社统一与项目业主签订土地流转合同，按股份和股权享有相应的收益；暂时没有项目的，由村级股份经济合作社统一经营。这是一种优化机制下"土地入股"的融资模式，即原有的村（社区）集体按照企业经营的模式进行日常管理和运行，入股的农民充当股东的角色，承包的集体土地同时也转变为一种股权资产，成为流转后收益的分配基础。村（社区）集体的土地所有权依然保留在村（社区）集体内部，土地的权属性质没有发生根本改变。

二 温江模式的争论

温江模式试行后，在社会上引起一定的反响，学术界也有所回应，形成了一些不同的意见，主要有以下几点。

王瑞雪认为，"双放弃"的创新意义在于该制度承认并尊重了农民的土

---

① 王小霞：《成都温江：农地"确权"与流转》，《中国经济时报》2008 年 10 月 16 日。
② 方正行、邵昱、周敏、胡晓敏、龚晓燕：《统筹城乡改革：温江的探索与实践》，《成都行政学院学报》2009 年第 1 期。

地权利。与其他地区不同，温江改革试验区农民不仅在持有集体土地使用权时可以得到相关法律、法规的保护，而且在退出集体时其土地权利也能够得到相应补偿，并可得到系列配套政策的扶持。对那些逐步转向非农产业的"亦工亦农""亦城亦乡"且有能力进入城市生活的双栖农民来说相当有吸引力，"双放弃"使他们能够从容地离开土地享受更高质量的生活。①

冯江华、何伦志认为，温江模式"集体资产股份化、集体土地股权化"这一政策决定了：虽然农民迁入城镇且身份发生了变化，但其对原有承包集体土地的股东权益并不会因此而被剥夺，集体资产也不会因为其所居住的社区合并而被简单平调。这样就从根本上消除了农民因为害怕迁入城镇而失去集体资产收益权的顾虑，而且从分配制度讲，也可以激励有意愿和有条件的农民向城镇迁移发展，对加快城镇化发展步伐无疑是十分有利的。②

当然，也有学者对温江模式提出批评意见，但总体来说这种批评意见更侧重于操作层面。

左航认为在政府方面主要有：一是政府职能定位不当、行政干预过多，主要表现在政府职能缺位、错位、越位；二是流转管理不规范，主要表现在农地流转程序不规范、农地流转手续不规范、农地流转运作不规范；三是监督机制不健全，主要表现在村民对农地流转的集体议事制度、集体监管制度以及谁来监管农民权益的机制虽建立但未完善；四是土地流转方面，主要有流转市场发展程度低、流转中介不完善等问题。③

张力、杨秋宇认为，在温江改革中，就农民的土地承包经营权而言，"双放弃"模式规定的是统一适用"粮食地补偿标准"实行分别补偿。但这种补偿方式预设性地固化了农民对土地的利用方式，即土地原来只能用于粮食种植用途，掩盖了农民对土地产生增值的可能性。④

还有诸多学者对温江模式提出评价，总体来看肯定评价占主流地位，批评意见主要集中在模式实施中操作层面的一些问题。

---

① 王瑞雪：《"双放弃"：游走在现行制度边缘的创新——对"双放弃"制度的评析与思考》，《调研世界》2009年第6期。
② 冯江华、何伦志：《借鉴"成都温江模式"推进新疆农村土地流转》，《新疆社会科学》（汉文版）2013年第3期。
③ 左航：《温江"两股一改"农地流转模式的改革研究》，《齐齐哈尔大学学报》2015年第1期。
④ 张力、杨秋宇：《户籍改革中嵌入农民退出地权机制的合规化分析——以温江"双放弃"模式为考察对象》，《农村经济》2013年第10期。

三 对温江模式的基本观察

我们认为，温江模式包含了两个独立的部分：其一是"双放弃换保障"，强调农民通过自愿放弃宅基地使用权和土地承包经营权并获得相应保障后，实现农民和土地的彻底分离，从而实现彻底城镇化，但只适用于部分已经基本城镇化的农民；其二是"两股一改"，采用股份制的方式进一步固化农民和土地的联系，农民不管走到哪，都保持着对所承包地的利益关联。关于土地股权制的利弊，本章第二节已进行了讨论，在此不再重复，下面侧重分析"双放弃换保障"的改革。

温江模式最主要的积极意义在于"双放弃换保障"。在中国，越来越多的农民进城务工成为农民工，但是农民工很难获得城镇户口，并享有和城镇居民相同的福利待遇，在城镇的住房也很难解决，由此很难融入城镇。大部分到了一定年纪还会返回农村，这并不是真正意义上的城镇化，而"双放弃换保障"较好地解决了这一问题。基于"双放弃换保障"的城镇化将是彻底的城镇化，应是未来城镇化的基本方向。相反，"两股一改"强化了农民与土地的长期联系，阻断了其彻底城镇化的可能，未来基于"两股一改"的城镇化注定将是低质量的城镇化。

为了进一步完善"双放弃换保障"，我们建议给参与"双放弃换保障"的居民发放购房代用券以代替政府直接建房。由政府统一建房，其地点、户型、面积并不一定符合农民需求，而且还可能限制农民的就业选择范围，包括区域和职业等。此外，由政府建房交与居民，由于不是正常商品房的买卖，开发商缺少市场约束，很可能忽视质量，严重的甚至偷工减料。如果参与"双放弃换保障"的居民用购房代用券购房就可避免以上问题。开发商收到购房代用券后可以到政府相关部门领取等额现金。实际操作时，可能就是政府直接给开发商转账。

介于"双放弃换保障"是未来改革的基本方向，我们建议不断扩大这一模式的适用范围，甚至扩展到全部农村居民自愿参与，同时不断缩小"两股一改"的适用范围，如此可进一步推动更高质量的城镇化。

第四节 地票：重庆模式

近年来，重庆的经济增长一直领跑全国，其中一个重要的原因被认为是重庆的土地价格较低。一方面,有助于吸引资本到重庆投资;另一方面,导致重庆的房价较低。而重庆土地价格较低的一个重要原因被认为是实行了地票模式,本节对此加以介绍并评析。

一 产生背景

中国是一个耕地相对紧缺的国家,人多地少的矛盾突出。在土地紧张、中国坚持粮食自给自足的背景下,产生了对耕地严格保护的政策,可以形象地表述为"坚守18亿亩耕地红线不动摇"。基于这样的土地政策,每年中央政府给各地下达的城市建设用地指标非常有限,远远不能满足城市建设用地需求,限制了城市的发展,导致城市建设用地的地价过高,进而房价过高。

2004年,国务院《关于深化改革严格土地管理的决定》明确提出了"鼓励农村建设用地整理,城镇建设用地增加与农村建设用地减少相挂钩"的政策。从国家层面来说,既能够保证不因增加城市建设用地而减少农地,又能够增加城市建设用地。基于这一政策的精神,城乡建设用地置换实践在多个省份试点推行,江苏省万顷良田建设工程、天津市宅基地换房、重庆地票交易模式各具特色。本节侧重讨论重庆地票交易模式。

在重庆地票交易模式中,所谓地票,就是将农村建设用地通过复垦后形成证券化的新增城市建设用地指标。地票交易是在规划指导、农民自愿的情况下,通过集中建设农民新居和公共配套设施,将农民富余宅基地和村集体富余建设用地复垦形成地票,通过市场公开、公平拍卖,在全市范围内进行流转。[①]

2008年11月17日,重庆市政府审议通过《重庆农村土地交易所管理暂行办法》,12月4日,重庆市成立全国首家农村土地交易所,作为地票指标的交易平台,并进行首场农村土地交易会,实施地票这一土地交易模式。

地票的土地来源主要有三个:一是,进城农民自愿退出的宅基地;二是,乡镇企业关停形成的闲置建设用地、闲置的学校,鱼塘等也可复垦为耕地;三是,农村危旧房改造,以及建设农村新村节约下来的土地。

---

① 陈悦:《重庆地票交易制度研究》,《西部论坛》2010年第6期。

二 地票交易程序

根据 2008 年颁布的《重庆农村土地交易所管理暂行办法》，地票的交易程序分为四个阶段。

（一）复垦申请

进城农民自愿退出的宅基地，须经过农村集体经济组织同意，可以申请将其闲置的宅基地及其附属用地复垦为耕地。闲置的关停乡镇企业用地以及农村公共设施用地等农村集体建设用地，须经过所属农村集体经济组织 2/3 以上成员同意，才可提出复垦耕地申请。复垦申请须向区县政府国土资源相关部门提出，经国土资源相关部门批准后方可开始复垦。

（二）验收

复垦后的耕地经过区县政府国土资源相关部门根据事先确定的适用当地的验收标准组织验收。验收合格后，按照土地复垦有关规定，核发给农村闲置宅基地等建设用地供给方同等面积的城乡建设用地挂钩指标凭证，即地票。并且，将复垦后形成的地票指标打包在农村土地交易所交易。

（三）交易

地票交易所负责发布地票拍卖公告并具体组织竞价拍卖。地票价格由地票基准价和地票增值收益两部分组成。地票基准价是以耕地开发复垦成本为依据，地票增值收益来源于供求关系造成的市场竞争。

在地票竞价交易前，由政府制定全市统一的地票指标交易基准价格，相关开发商在其基准价格基础上竞价。地票交易成交价格除去复垦成本后，15%归农村集体所有，85%归农户所有。农村土地交易所按照农村指标交易额 1%的比重收取交易服务费。重庆市设立最低交易保护价，保障农户的地票收益，即地票成交价与土地复垦费用之差不低于每亩 12 万元，集体的收益不低于每亩 2.1 万元。复垦形成的耕地，所有权归集体所有，原则上由原农户承包经营和管护。[1]

（四）落地使用

政府事先制定一个相关规划范围，对规划范围内地块进行征用，将其作为经营性用地进行招拍挂，购得地票的开发商对政府出让地票落地对应

---

[1] 鲁春阳、文枫、杨庆媛：《"地票"收益如何分配》，《中国土地》2010 年第 7 期。

地块进行竞标,使地票指标转化为等量的城市建设用地。如果地票购买者拍得地块,地票的价格计入招拍挂价格之中。但若未拍得地块,政府只返还给其本金,利息损失由开发商作为投资风险自负。对于被征地农民按照征地补偿安置政策给予补偿。

重庆市农村土地交易所自成立以来,交易规模逐步扩大。根据重庆市国土资源和房屋管理局统计,截至 2015 年 6 月,成立 6 年来,重庆累计交易地票 15.8 万亩,成交额 318 亿元,成交均价稳定在 20 万元/亩左右。

三 土地使用双轨制

随着"地票"这一模式的出现,在重庆获得城市建设用地出现了两种方式:一是每年国家下达的约 100 平方千米(15 万亩)建设用地计划;二是通过购买地票获得,地票交易总量实行计划调控,原则上不超过当年国家下达的新增建设用地计划的 10%。

后来又下文规定,重庆主城区内的经营性建设用地不再下达国有建设用地计划指标。国有建设用地计划指标只用于满足能源、教育、卫生、公共基础设施建设,主城区的经营性用地只能通过地票交易获得。

四 重庆地票模式引发的争议

重庆地票模式自实施以来,受到媒体和学术界的广泛关注,大多文献对这一模式给予了正面肯定。杨庆媛、鲁春阳认为,地票的产生有效保护了耕地。地票采用的是先复垦后使用,改变了传统城乡建设用地增减挂钩的先占地后复垦,缓解了城市发展与耕地保护的矛盾。地票以复垦农村废弃、闲置建设用地替代开荒山增加耕地,在土地质量与效率上更占优势。这一举措,是对耕地数量和质量的双重保护。[1]

凌成树、朱玉碧认为,重庆市创新的地票交易制度,在创新耕地"占补平衡"模式、显化农村土地价值、构建城市反哺农村、统筹城乡土地利用等方面产生了巨大作用。[2]

陈春等认为,地票交易实现了土地发展权的转移,解决了农村建设用

---

[1] 杨庆媛、鲁春阳:《重庆地票制度的功能及问题剖析》,《中国行政管理》2011 年第 12 期。

[2] 凌成树、朱玉碧:《重庆市地票制度运行现状及问题研究》,《安徽农业科学》2012 年第 5 期。

地闲置浪费和城市建设用地短缺的矛盾。[1]

杨莞皎指出，地票与户籍改革制度相辅发展，可推进农民进城落户，做到城市化加速发展的同时完善了农村土地处置机制。[2]

但也有相关研究指出地票模式存在的部分问题。地票设计者之一陈悦指出，在国家下发的城市建设用地指标不能满足城市发展需要的情况下，地票本身是一种稀缺资源。目前地票以宗为单位，每宗的面积都在上千亩，许多中小企业无力参与竞购，由此造成地票交易竞争不充分，主要被政府和大型企业所垄断。从历次地票交易来看，其中土地储备机构是地票的主要购买者，其成交额占了交易总额的一半。地票交易市场缺乏竞争，使得大部分地票最后以基本价格成交，造成最终地票交易价格偏低。[3]

凌成树、朱玉碧指出，地票交易制度运行之下，偏远地区农民在眼前利益的诱惑下，整理农村建设用地热情高涨，可能会造成偏远地区农村建设用地这一要素过度流失，进一步拉大区域经济发展的差距，出现典型的"马太效应"。[4]

谭新龙指出，在地票交易的制度设计中，政府通过强制性征地将被征地农民的利益排除在利益分配的机制之外，利益损失由政府和复垦农民共享。[5]

总的来说，大多数学者对重庆地票模式给予的是正面肯定，而批评多在技术层面，如陈悦的评价，并且有些批评不一定恰当，比如凌成树、朱玉碧指出的地票模式会造成"马太效应"。

五 对地票模式的评析

中国政府严格保护耕地，实行城乡建设用地增减挂钩的模式来增加城市建设用地，是中国特有的一种土地资源配置模式。但政府严格控制土地使用会造成资源配置效率损失，对此我们展开分析，在此基础上进一步分析重庆地票模式。

若完全由市场配置土地，均衡时城乡接合处为 u_a，见图 7 - 1。此时在

---

① 陈春、冯长春、孙阳：《城乡建设用地置换运行机理研究——以重庆地票制度为例》，《农村经济》2013 年第 7 期。

② 杨莞皎：《重庆地票制度研究》，《农村经济与科技》2011 年第 4 期。

③ 吕丹丹：《建设用地置换指标跨区域交易机制研究》，硕士学位论文，南京农业大学，2014。

④ 凌成树、朱玉碧：《重庆市地票制度运行现状及问题研究》，《安徽农业科学》2012 年第 5 期。

⑤ 谭新龙：《地票交易中各利益主体博弈的经济学分析》，《改革与战略》2010 年第 3 期。

城市边界处，农业用地和城市用地的租金（或地价，下同）相等，均为R_a。若政府限定农地转为城市建设用地的规模，从而导致城市规模减小至u_b，并且规定u_b向外的土地为法定农用土地。此时在城市边界处，城市用地租金明显高于农业用地租金，bc为效率损失，因为此处土地的服务本可带来R_b价值，但政府对这块土地用于农业的限制，使得这块土地所提供的服务能带来的价值为R_a（$<R_b$）。政府保护耕地的政策所导致的全部效率损失为abc。由此，本应在u_a与u_b间的城市建设活动被迫转移到u_b以内，大大提升了城市建设用地租金，df成为新的城市用地投标租金函数。

地票模式增加了城市建设用地的供给，使得城市规模扩大，由于通过地票增加城市建设用地有限，城市规模只能扩大至u_b'，此时在新的城市边界处，城市用地租金降低至R_b'，仍高于农业用地租金R_a，$bcc'b'$为因实行地票模式所增加的土地配置的效率。$d'f'$为地票模式下城市用地投标租金函数。

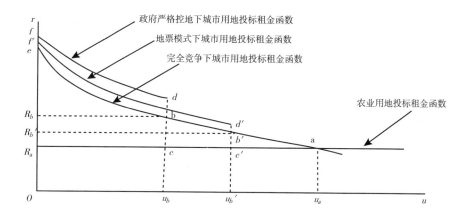

图7-1　地票交易下土地资源配置效率改善

在政府干预土地使用导致效率损失大的情形下，地票交易模式增加了城市建设用地，一定程度上弱化了政府干预土地配置所带来的效率损失。然而地票模式在城市边界处所获得配置效率的改善也是有代价的。农业用地本身价值不高，尤其在当下粮食及主要农产品价格不断走低的背景下，而复垦本身也是有成本的。如果复垦成本高于农业用地本身价值，超出的部分即为地票模式所造成的效率损失。如果土地本身价格高于土地复垦的成本，没有地票模式，这些耕地也会被复垦。

六 地票模式与其余城乡建设用地增减挂钩模式的比较

自 2004 年城乡建设用地增减挂钩政策提出以来，全国各地都在展开具体实践。

江苏万顷良田建设将项目区内的村庄整体搬迁，将农村居民集中到镇及镇以上多层或高层住宅居住。除永久保留少数具有特色的村庄外，一般纯农业性的村庄都将逐渐集中到城镇去。对于被拆迁农户的安置方案采用统拆自购的模式。项目区拆迁统一采用货币补偿的方式，政府按照房屋重置价支付农户拆迁补偿费和安置补助费等。安置区先由政府出资建设后，以略低于建设成本价格销售给被拆迁农户，安置标准基本按照建筑面积"拆一还一"的原则进行。[1]

天津宅基地换房的核心内容是，在国家现行政策框架内，农民以其宅基地按照规定的置换标准无偿换取小城镇中的一套住宅，迁入小城镇居住。置换标准是宅基地置换小城镇住宅按照正房 1∶1 置换，侧房则按 2∶1 置换，而院落并不算在折算范围内，对原有的宅基地（包括村庄集体建设用地）进行整理复耕，实现占补平衡。[2]

江苏省万顷良田建设工程、天津市宅基地换房虽做法有差异，但它们的共同点是，政府对复垦农户的补偿是来自政府单方面的补偿并定价。相反，重庆地票模式是将建设用地指标拿到市场上进行交易，一方面有政府的最低保护价保护农户基本收益；另一方面加入了市场的作用，可能会产生溢价，溢价由村集体和复垦农户获得，尽管溢价少有发生。从这个意义上来讲，与那些由政府单方面决定农地复垦补偿标准的地方相比，重庆地票模式可能使农民获得更高的利益补偿。但根据陈悦的研究，大部分地票最后都以基本价格成交，从这个意义上来说，重庆地票模式和其他模式并无本质差别。如果有溢价出现，这个溢价只是减少了政府通过征地所获得的收益，即卖地价格与征地价格之差。还值得关注的是，如果溢价并未出现，则整个地票交易只是增加了交易成本。如果政府通过地票模式增加对

① 渚培新、刘玥汐：《江苏省"万顷良田建设工程"中集体建设用地流转增值收益分配与机制创新》，《中国土地科学》2012 年第 10 期。
② 杨雅婷：《天津城乡一体化建设中宅基地换房模式探析》，《中国房地产》2015 年第 18 期。

复垦土地农民的补偿，直接提高补偿标准也有地票模式增加复垦土地补偿标准之功，还免去了地票模式的交易成本。

此外，对地票竞价购买的意义也值得思考。前面已经介绍，开发商所获得的经营性用地需通过招拍挂，如果竞拍成功，地票的价格计入招拍挂价格之中。显然，开发商竞拍地票的报价只要低于将来竞拍经营性用地的价格，竞拍地票价格的高低对开发商来说并无差别，而差别只在于政府与复垦农户之间利益的分配。为什么这一分配要通过地票竞价模式来实现，很难发现其中的意义。

占补平衡、城乡建设用地增减挂钩等，都是中国政府所采取的对耕地最严格的保护政策的产物，是基于政府实行的耕地最严格保护政策前提下才体现出其合理性。

为保护粮食生产安全提出的 18 亿亩耕地红线政策，是政府严格控制土地使用的具体表现，但这一政策本身存在越来越大的争议。根据人民网报道，截至 2009 年 12 月 31 日，全国耕地面积为 20.31 亿亩，比原来发布的数据多出 2 亿亩。[①] 据国家统计局，2014 年中国粮食出现"三高"现象，即高产量、高收购量和高库存量。[②] "三高"现象本身就是对传统的粮食安全观提出的严峻挑战。此外，中国自给自足的粮食政策背后的逻辑是，在中国面临粮食禁运的条件下，保证粮食供给。显然，把中国面临粮食禁运作为制定粮食政策的前提缺少外交自信，这与中国人对中国近代史不恰当的解读有关，也与对全球化的历史潮流缺少正确的理解有关，对此樊明等有详细讨论。[③]

第五节　土地信托：宿州、益阳模式，临颍土地银行

自中国通过土地流转实现土地规模经营以来，土地信托就作为一种土

---

① 《解读：多了 2 亿亩，还要严守 18 亿亩耕地红线吗？》，人民网，http：//politics. people. com. cn/n/2014/0106/c70731－24035116. html，2014 年 1 月 6 日。

② 徐彦：《我国粮食"三高"之困》，中华粮网，http：//www. cngrain. com/Publish/Vision/ 201503/582398. shtml，2015 年 3 月 12 日。

③ 樊明等：《中西部工业化、城镇化和农业现代化：处境与对策》，社会科学文献出版社，2015。

地流转方式在一些地方得以实施，在土地流转中发挥了一定作用。本节讨论土地信托在土地流转中的作用，以宿州模式、益阳模式、临颍土地银行为案例进行分析。其中宿州模式由商业主导、政府参与，益阳模式侧重于政府主导、商业出资，临颍土地银行则由政府控股、政府主导。

一　土地信托的概念及国外经验

在国外，土地信托是指土地所有权人（委托人）为有效利用土地，提高不动产的开发与经营效率，而将土地信托予受托人，由受托人利用其专业规划与管理，将开发经营的利润作为信托受益分配金，交付给受益人的一种信托行为。信托最早起源于英国，20世纪20年代传入美国并发展成为投资信托，后来又从美国传入日本等东南亚地区，日本信托则发展为商事信托。

信托制度始于中世纪英国的"尤斯（uses）制"。"尤斯制"的首次使用在诺曼征服后不久，13世纪时这种使人们如愿自由地安置财产的方式被广泛使用，是当时人们转移地产的手段。"尤斯"即用益，意为"为他人的利益而占有财产"，其实质是一种土地转让制度，是英国农业发展史上最具法律意义的土地流转，也是现代信托的雏形。

中世纪的英国，随着经济的发展，地产领主渴望规避封建土地保有制和继承规则的束缚，希望按照自己的意愿将地产托管于他人并受益，由此便产生了土地保有与土地用益的信任与契约关系。它的产生和发展使国王失去在这些土地上本应享有的巨额封建附属权利，所以国王一直试图控制因土地转让而丧失巨额收入的趋势。1536年，亨利八世颁布《用益法》及其后议会通过《遗嘱法令》，才真正将尤斯制确立下来并得到普通法保护。《用益法》为信托法律制度的发展奠定了基础。1635年，萨班奇诉达斯顿案的解决最终确立了独立发展的信托制度。一直到1925年，英国颁布《财产法》才废除了《用益法》，从此所有的用益都可以采用信托的方式予以设立。①

20世纪20年代，土地信托思想传入美国。在经济发展、城市扩张、人口激增、耕地减少的背景之下，美国政府萌生了最初的土地管制理念，

---

① 徐华娟：《土地流转与英国信托制度的早期形式》，《学习时报》2014年1月20日。

并于 1936 年出台了《水土保持和国内生产配给法》，在规范土地利用的同时加强生态环境的保护。由于该制度要求农户不能私自对土地进行开发利用，也不能出售给地产商，因此农民的私有财产权得不到有效保护，需要制定新的制度取而代之，土地信托制度的产生便水到渠成。

美国土地信托制度沿袭了英国土地信托制度中的一些根本性原则，但因地制宜地进行了制度变革。美国土地信托的根本职责是保护及经营土地，如农牧场、森林、河流流域等公共资源，其运行模式基本分为两个方面：以保护公共资源为要义的公共土地信托和以社区发展、保护社区公众利益为要义的社区土地信托。美国土地信托的基本路径概括起来为以下四个方面：一是，由委托人购买一块生地，生地指尚未出让、拍卖、划拨土地使用权的土地，后通过信托契约将土地所有权信托给受托人；二是，由受托人发放代表土地所有权的土地信托受益凭证，委托人负责将该受益凭证出售给市场投资人；三是，委托人将出售凭证所得资金用作土地改良，并将土地出租给开发者所在公司；四是，受托人收取租金，一部分租金用作分配受益凭证持有人的报酬，剩余部分用作买回受益凭证。[①] 由此可见，在美国土地信托实际上发展为投资信托。

日本作为农地高度稀缺的国家，土地私有且以小规模家庭经营为基础。从土地流转的发展状况来看，日本农地流转历经以下阶段：1945 年到 1959 年是形成阶段，逐渐建立自耕农体制，规定国家可以进行土地买卖，土地开始真正出现流转；1960 年到 1980 年是发展阶段，放宽对农地流转的管制，提倡土地要相对集中，并且放开农地所有权的限制，在这个时期，日本还鼓励农地所有权和经营权分离；1984 年，日本开展了对有效利用土地起积极作用的土地信托。日本的土地信托是土地所有者将土地信托给受托人（信托银行），并从受托人管理和使用该土地的收益中获取信托红利。土地信托包括出售型和租赁型，前者指委托人将信托财产委托信托业者出售，受托人将出售所得，在扣除受托人的报酬及其他手续费用后，交付给委托人；后者指受托人无处分信托财产的权利，在信托期间信托业者应定期给付委托人信托收益，信托终了时，委托人仍保有原土地的所有权。[②]

---

①　岑剑：《美国土地信托的制度起源、基本架构及现实思考》，《世界农业》2014 年第 8 期。

②　王秀兰、杨兴权：《日本土地信托的特点与借鉴》，《当代经济》2007 年第 2 期。

土地信托发展到了中国，一些地方根据其实际情况进行了实践。总的来说，在不改变现有农村土地所有权的基础上，通过农户（委托人）将其土地经营权作为信托财产，信托给土地信托机构（受托人），由信托机构再将零散、小块土地集中起来出租给农业公司、种田能手或是其他经济组织，将部分租金付给农户，从而实现农村土地资源的有效利用。① 由此产生了一些具有代表性的土地信托模式，以下分别介绍讨论。

二 宿州信托模式

土地流转信托产品需要"土地规模化"和"土地确权"两个重要条件，在全国唯一同时拥有"国家现代农业产业示范区"和"中国农村综合改革试点"两块金牌的只有安徽省宿州市，所以信托介入土地流转阻力较小。2013 年 10 月，宿州成为全国第一个开展土地信托流转的试点。

宿州土地信托流转是将信托制度引入农村土地改革，通过信托制度设计，将农民土地承包经营权转化为农民财产权，进而演变成金融产品，将土地承包经营权的信托收益转化成为法律允许、市场认可的可抵押、转让的金融产品，成为农民可携带的财富，为农民提升承担社保、房屋租购等方面的支付能力创造条件。宿州土地信托的特征是涨价归农，在土地信托产生的增值收益中，30% 归受托人、70% 归农户。此外国家政策扶持等形成的增值及农业补贴也基本归农民所有，如地租价格中包含了农业补贴，财政补贴进行的土地整理亦归农民所有。所以，土地信托方案实际上是地租社会化分配的一种表现形式。

宿州土地信托模式使农民受益模式由单一的地租转变为"基本地租 + 浮动收益"，被认为是降低了农民风险，又提高了投资效益。通过信托土地经营者只需与信托机构谈判，大大降低经营者的交易成本，在收入一定的情况下，成本减少不仅有利于投资效益的增加，也对投资农业处于犹豫阶段的投资者产生巨大的吸引力，从而加快土地流转进程。②

三 益阳信托模式

2009 年，湖南省益阳市开始开展农村土地信托流转。将草尾镇定为全

---

① 杨鑫：《农村土地信托流转机制研究》，硕士学位论文，河南农业大学，2013。
② 王莹、阮文彪：《我国农村土地信托制度探析——以宿州模式为例》，《兰州文理学院学报》2014 年第 4 期。

市第一个试点镇，土地信托流转由此开始，后经一年多不断完善而基本成型。益阳信托由政府搭建平台，以土地信托的方式成立公司，充当中间人角色。

其主要操作程序是：第一，政府设立土地信托流转服务中心，设立土地信托基金，建立政府出资的土地信托投资公司；第二，土地信托投资公司通过支付固定信托收益（相当于土地使用权转让费，从信托基金中支付）从委托方（农户）手中获得土地；第三，土地信托投资公司将信托土地调整成片，或对信托土地进行整理开发，提升地力；第四，土地信托投资公司通过招标、竞拍方式确定土地经营者，即受托方（大户或农业经营公司）获得土地信托直接收益；第五，土地信托投资公司获得的土地信托直接收益的一部分返还给土地流转信托基金，用于滚动使用；第六，依托信托平台进行投融资，条件成熟时，可以发行土地债券、信托投资基金或利用土地信托收益权进行投融资，探索土地信托流转与村庄、集镇建设相结合的具体办法；第七，土地信托收益分配主要用于提高农民的社会保障水平，建设农村公共服务设施，做大、做强信托公司。①

益阳模式并未引入市场化的信托公司，而是由政府出具农民的土地经营权，同时由政府成立相应的土地经营权交易平台。此外，益阳模式还开始探索建立宅基地的有偿退出机制，引导农村居民在新建社区集中居住，为城镇化提供契机。②

四　临颍土地银行

2008 年，四川省彭州市成立国内首家土地银行，走出了一条土地规模经营的新路子。后来四川成都、浙江绍兴、宁夏平罗等地也进行了土地银行实践。在吸取各地土地银行经验的基础上，2015 年 3 月由农业发展银行河南省分行提供支持，河南省漯河市临颍县人民政府发起并成立河南汇农土地流转发展有限公司，俗称"临颍土地银行"。注册资本 5000 万元，临

---

① 益阳市委农村部：《益阳农村土地信托流转机制分析》，益阳农业信息网，http://nyw.yiyang.gov.cn/nywyh/4993/4999/content_ 210987. html，2011 年 9 月 29 日。

② 杨明国：《中国农村土地流转信托研究——基于"宿州模式"和"益阳模式"的比较分析》，《财政研究》2015 年第 2 期。

颍人民政府出资额占 51%，2015 年 10 月增资扩股到 2 亿元，政府控股87%。土地银行是面向农民和规模经营主体、政府主导的土地流转中介机构，但与一般的政府土地交易平台相比功能有所延伸。

（一）主营业务

之所以被称为土地银行，是因为其主营业务与商业银行有一定的相似性：需要流出土地的农民可以把土地"存入"土地银行，需要租赁土地的农业经营主体可以到土地银行"贷出"土地。从本质上来说，临颍土地银行是土地流转的中介机构。具体来说，农户存入土地银行的是土地经营权，拿到的是土地经营权的利息。土地银行进行土地整治，规划整理后贷给规模经营主体，收取贷出利息，并以此支付农民的土地存入利息。规模经营主体则实现土地的规模化、集约化经营。

其主营业务包括五个流程，即土地流入→土地评估→土地贷出→土地整合→经营主体融资。其中土地流入流程：农户向农业局申请土地确权→土地承包经营确权颁证→以村民组（村委会）为单位申请土地托管流转→土地银行与村民组（村委会）签订土地流转合同→土地托管流入生效。土地贷出流程：土地银行对受托流转土地按高标准农田进行土地整治→新型农业经营主体提出土地流转申请→土地银行对申请单位进行农业经营资格认定→签订土地流转合同土地流出生效。

（二）盈利方式

需要指出的是，土地银行的主营业务是公益性的，基本上无盈利。由于土地银行是作为一个公益性的土地流转交易平台而存在，是一个准政策性的服务加经营机构，在主营业务为公益性、政策性业务的情况下，作为一个企业，必须依附附属业务盈利，土地银行才能持续经营。

附属业务首先是，土地银行贷出的土地租金按年收取，贷地者交纳租金的 30% 作为保证金，租金的 70% 算作从土地银行的贷款，年终收获后支付。由于土地租金受粮食价格影响，土地贷出利率会有小幅度的变动。存贷差，一般是在农民存地价格基础上每亩增加 30~50 元，这一部分算作土地银行的合理成本收费。其次是宅基地整治补偿。一般来说，宅基地整治由相关的政府职能部门承担，但为了确保土地银行的盈利，在临颍这一政府垄断业务交给了土地银行。还有提供生产性服务，主要包括农资代购、农机服务和基础设施服务，经营实体产业等。

（三）风险防控及支持

为了保护农民的利益，保障资金的到期归还，土地银行建立了农业保险制度。首先，种植环节，建立种植业保险，参保费用政府补贴80%，经营户付20%（每亩10元左右），小麦的保险额度是每亩800元，玉米的保险额度是每亩700元，解决农业天灾和市场风险问题。其次，贷款环节，建立种植业贷款保证保险，为规模种植户贷款提供担保，连本带息能代偿70%的贷款，降低银行贷款风险。最后，建立风险基金制度，政府设立500万元的风险基金，用于融资贷款的风险补偿。

政策扶持方面，县政府整合涉农项目和优惠政策，优先投放到已流转到土地银行的耕地上，减免税收等，使经营者确保收益，土地银行可持续发展。农业科技部门培育新品牌，推广新品种、新技术、新机具，也优先选择在土地银行贷地的经营者。对于暂存的土地，土地银行实行资金技术集中集约投入，建成高产、高效示范农场，带动临颍的土地流转和规模经营。

五　对中国土地信托模式的思考

宿州、益阳、临颍三地的土地信托实践，是土地流转方式的有益探讨，需深入挖掘和思考。

（一）积极意义

第一，作为土地流出方来说，无须找到土地流转接收者就可将土地流转出，把土地滞留的成本交由信托机构承担；从土地流入方来说，可直接流转入一般经整治过的连片土地。第二，与土地在农户间流转相比，政府主导的信托机构带有政府的公信力，能够把较多农户的田地集中，经过整治可以更大规模把土地流转出去，包含着流转过程的规模经济，以及流转后农业生产的规模经济。第三，提高了土地流转合同的严肃性。农户间直接流转土地，土地流转合同的严肃性一直是一个问题，即便有正式合同，也未必能很好地遵守。而农户与信托机构所签订的合同，严肃性较高，可有效减少合同违约行为。

（二）值得思考的问题

第一，信托机构运营成本较高。完全由土地流转双方支付，很难承担，而农户间土地流转成本相对较低。所以，如果土地信托是一种有生命力的土地流转方式，那么通过土地信托所获得的收益要能够超过成本，信托机构应该在无政府资助下生存并且盈利，目前看来还很难做到。如果信托机构不能盈利，那么这种土地信托模式就是问题模式，除非土地信托模式有显著的正外部性。我们认为，中国土地信托机构之所以盈利难，与中国的小农经济有着直接的关系。当信托机构与众多农户谈判土地流转合约，交易成本必然很高，从而影响了土地信托机构的盈利。

第二，信托机构竞争优势不明显。目前，土地信托机构面临三类竞争：一是，农户间自由谈判，交易成本较低，但不容易实现大规模土地流转；二是，由村委会协调实现土地流转，这种方式能以较低成本实现在村内较大规模的土地流转，也是十八届四中全会所提倡的流转方式；三是，现有地方政府的土地交易平台，可实现土地流转供需对接，通过政府对土地流转合同备案，也能较好地提升土地流转合同的严肃性。由此分析，信托机构的竞争优势并不明显。

第三，媒体大量介绍，通过信托流转土地的农户获得了很高租金，享受到各种补贴，但土地流出农户获得的所有利益，都会成为真正种地农民或其他农业经营主体经营农业的成本。在中国，经营农业盈利本就不高，如果土地租金及流转成本过高，就会给真正的农业生产者带来太大的成本压力。

第四，由政府主导的信托机构经常可以拿到非信托本身带来的政府补贴，比如，临颍把宅基地整治这一政府的垄断业务利润，用于补贴土地银行。因此很多信托成本并没有被信托双方承担，而是由政府承担。

由此我们认为，土地信托要真正取得成功，必须是商业土地信托机构能获得正常盈利。如果土地信托大量依靠政府补贴，这就意味着其他纳税人为土地流转支付成本，其合理性就要求土地信托具有显著的正外部性，然而在这方面，我们还需认真研究。

第八章

土地流转如是说

土地流转，直接涉及亿万农民，间接地与全中国人民相关。自然，人们多有议论。主流媒体当然持肯定态度，但网络言论空间大，网民可比较自由地表达意见，也有一些民众发表了不同的看法，其中不少是土地流转的经历者，也许有所偏颇，但也不乏深刻之处，值得一听。本章尽可能比较平衡地加以介绍，以飨读者。我们做问卷调查时，还与许多受访者进行了交谈，其实很多时候是受访者拉着我们说个没完，其中也有许多有意思的话，问卷中几个有限的空格无法记下这些有意思的话，在此稍加整理，不妨一听。

第一节　网络话语

"我家一共转出了 22.42 亩地，领到了 2 万多元，我算过了，往后每年都能领到差不多 1 万元的租金，还能轻松去做其他活！"村民何忠泉说。72 岁的陈国美奶奶共领取了四次，除了自己那份，她还帮在外打工的两个儿子和小叔也领了。"他们都在外面打工，地搁荒了，转出去不用干活每年还有租金呢，真好！"

——《广西日报》，2016 年 4 月 6 日

农村开始普及土地使用权确认了。我是农民的儿子，三代人都在土地上耕耘，土地已经融入我们祖祖辈辈的灵魂里了。但是土地流转让我深深感到不安，原来我家耕种的土地都不是自己的，而是集体的，我们只有使用权，那么集体是谁？应是村委会。这让我感觉到我家生命线在村委会手里攥着！

——天涯社区，2016 年 8 月 12 日

几户农民与村外的人私下流转了土地种植苗木，没想到今年苗木价格低迷，场主竟扔下承包的苗木地跑了。近年来，随着家庭农场、农业合作社等的不断兴起，农村土地流转也越来越活跃。但也有部分人不按程序操作，给农民带来巨大的经济损失。据了解，这些场主多数是找亲戚牵线，既没有土地流转合同也没有村委、镇经管站鉴证，追责难度很大。

——《农民日报》，2017 年 5 月 3 日

2015 年 3 月，经过村里的协调，崔伟忠将自家十几亩地以每亩920 元的价格流转给了吴忠市富农奶牛养殖专业合作社。土地流转后，崔伟忠的妻子跟着同村妇女一起到恒丰纺织厂打工。"我们村上有一百多名群众到恒丰打工，一个月两千多工资，每天还有车接车送，我这个农村家庭妇女啊，也能成为上班族喽。"说起自己的工作，崔伟忠的妻子笑得眼睛眯成了一条缝。

——新华网，2017 年 7 月 20 日

与农业发达国家相比，中国的劣势是人多地少，如果土地向少数人手里集中，那些失去土地的农民干什么呢？进城打工虽然是条出路，但是现代化的工业生产用人越来越少，技术要求越来越高，而文化较低又缺少技术的农民工们，究竟有多少能够真正地融入城市的生活呢？

——天涯社区，2016 年 10 月 4 日

承租了寒岭村3000亩流转土地的优博花椒专业合作社负责人罗晓兵介绍，花椒种植基地一年四季都需要大量工人进行除草、施肥、剪枝、采摘，特别是到了采摘期的时候每天至少需要四五百名工人，而这些工人都是当地的村民。"我也是农村人，在农村土地就是'命根子'，村民把土地流转给我们，虽然没有土地种了，但他们可以来我们合作社打工，可以在家门口上班挣钱。"

——新华网，2017年3月9日

理论上讲，土地如果高度市场化了，不仅农民可以成为非农民，非农民也可以成为农民，农民将变成一个职业称呼，不再具有身份含义。应允许社会产业资本介入农业，以让非农民成为部分意义上的农民。有人担心农民一旦可以拿到数目较大的一笔钱彻底离开农村，马上就会有大量农民这样做。其实，这是不了解农村的情况。中国的农民向来是谨慎的，许多进城较久的人仍普遍希望与农村保持着关系，加上传统文化视土地为最重要祖先遗产，因此，即便立即允许他们卖地，恐怕也只有相当小的一部分人会这样做。赋予农民身份退出权，是着眼于长期的制度安排，目的是让土地与劳动力自由流动，让资源得到有效配置，彻底打碎持续了几十年的人为城乡分割，实现城乡一体化。

——豆瓣，2014年7月14日

土地流转，我有一肚子的话要说。土地流转的政策是很好的，但是土地流转也是很盲目的。本人从事农业相关工作十年左右，看到了很多。首先现在很多原先从事别的行业的精英，看到国家支持农业或看到某些农产品价格不错，就把大量的资金投入到了农业，并且想当然地认为农业种植很简单，但是想要把地种好却要比在工厂做加工难。因为农业标准化种植很难做到，尤其对经济作物而言，每个大棚的温湿度管理，每棵树的修剪都是不一样的，这些不一样很多都要靠人工来弥补，但是人又是最狡猾的。地还是那些地，大集体时吃不饱，分产到户就都发财了。原先烟台这边有一个很大的果品种植收购加工企业，雇用了当地很多农户帮助施肥、打药，结果农户把肥料集中洒在一个地方，或是直接拿回家用了。这样怎么能管理好？

我曾经接触过一些大基地、大合作社。有一个据说是京城旁边比较大的。他们把整个村的地都流转到一起。集体经营，给农民发工资，开休闲饭庄，种植经济作物，但是搞了半天一算账是赔的。怎么办？在同一块地里种上桃树、蔬菜、花卉，然后什么项目的领导过来都来看这块地，验收这块地，然后给补贴。

——知乎，2015 年 3 月 9 日

目前土地流转已经出现一些问题。由于种粮不赚钱，一些公司热衷"挂一接二连三"搞开发，什么赚钱"种"什么，"非粮化""非农化"趋势明显。有的企业出现经营困境，撒手跑了，地没法种，租金没人给，农民利益没保障。土地流转最根本的是保障农民的权益，因为地是农民的，流转不流转，什么价格，流转多长时间，应该由农民说了算。关键是政策底线不能突破：不改变土地集体所有性质，不改变土地用途，不损害农民土地承包权益。在土地流转过程中，政府不能越位，包办流转，也不能缺位，放任不管。

——《人民日报》，2014 年 6 月 29 日

"土地承包经营权流转是农业现代化的需要，直接关系国家粮食安全，这是趋势、是好事，但流转过程中一定要依法依规，千万别伤了农民。"张文成说："保证农民在土地流转中利益不损失，一要重合同，二要想长远。现在基层的土地流转有点急，为了短时间达到一定数量，有时就是大户和政府的口头协议。拥有土地承包权的农民在土地流转出去时根本没签订合同，权利、义务就更谈不上了。一旦发生纠纷、出现风险，受损失的是他们。"

——《新华每日电讯》，2014 年 3 月 10 日

我们家的那十来亩地面临着被集中的境地，如果土地都被集中起来耕种的话，这有利于使用大型的机械化设备，这在效率上讲，比现在的小农经济要高出许多。而剩余的劳动力则可以通过其他的方式来创造价值，这样对于我们国家的整体经济水平有一定的推动作用，而且从长远角度来考虑的话，肯定也是利大于弊的。但如果这些农民的

土地都被集中起来了，那他们就没地可种了，虽然每亩地一年有几百块钱的租金，但是这点租金却远远负担不了他们全年的生活开支。如果年轻点的，有点力气或者文化的人，可能会出去打工。但是现在农村还有大部分年纪长点的且文化低的人，对于这部分人他们该干啥？

其实现在的农村有很多中老年人可以说跟这个社会都脱节了，对于这部分人，让他们进城务工是不大可能的了。那让他们进农场打工这个倒是可以，但是这样问题就又来了，我把地租给你，最后却反过来到你的土地上进行劳作，还要听你的使唤，这不成了以前封建社会下面的地主与长工了吗？把土地集中起来进行耕种，却仍然沿用小农经济时的传统的小型机械的耕作方式，那与之前又有什么区别？集中土地的意义何在？那么这些没法进城务工的农民该干吗呢？短时间内，这确实是个令人头疼的问题，当他们没事可干的时候，赌博、游手好闲的人自然多了起来，社会风气自然也会在短时间内有所下降，至于这种情况会持续多久，差不多一代人的时间吧，或者政府找到更好的安置这些人的办法。

——知乎，2013 年 2 月 1 日

作为一种市场行为，土地流转中存在风险也很自然。以灌云县东王集乡六里村为例，此前村里通过集中流转，将耕地租给外地人种大棚西瓜，5 年租期，包地人因亏损 2 年未到就不干了。去年，村里引进徐州老板培育灵芝，以每亩年租金 800 元共流转土地 114 亩，涉及60 户村民。六里村原村支书金万刚坦言，投资者刚来时大伙就听说是灵芝项目，但包括村干部在内，都不熟悉灵芝栽培方式，结果看到投资者在地里挖大坑，运砂石料准备搞混凝土建筑方知形势不对。

——《新华日报》，2012 年 6 月 6 日

第二节　访谈手语

采访者：王梦鸽

在贵州的一个乡村做调查，看到了一个阿姨在地头锄地，四十来岁的样子，上前攀谈。

阿姨你家大概有几亩地呀？

自己家零零碎碎没多少，承包了别人的60亩种红柚。

那这些地都是你自己在种吗？

是，孩子他爸在县城里工作，家里承包的地都是我自己在家种。

那你一定对种植红柚很精通吧？

没有，我也是自己找资料边学习边尝试，刚开始有些困难，以后应该会越来越好。

你家的柚子是怎样进行销售的呢？

一开始是通过亲戚进行宣传，联系水果批发商，慢慢地就越来越多的人来批发，现在我家的柚子都可以卖出去了，我希望以后可以扩大规模，让我家柚子销往全国各地。

阿姨，你有信心，就一定会的。

阿姨靠土地流转增加了财富。

采访者：林文志

在福建沙县遇到一位种粮大户，和他攀谈起来。

叔叔好啊，看这门上挂着种粮大户招牌，是您家的吗？

哈哈，是的，这个是我家的。

那您这现在规模多大啦？种些什么呢？

有几百亩玉米，还有一些蔬菜之类的，不过比较少。

这些土地都是租来的吗？

是的，是的。我们这里的土地都统一交给村委会安排，我是从村里边整个租来的。这边很多人都到外边做生意开小吃店去了，田地照顾不过来，响应政府号召，搞土地流转。我之前也是在外边闯，有点小钱，这两年不想出去了，刚好，就投资了这个。

看您家这规模，应该需要不少工人和大型农机具吧？

嗯嗯，像收割的时候得请几十个人来的，也投资了五辆拖拉机和两台收割机，还有一些其他的东西。

哇，您这规模这么大，收益应该也不少吧？

哈哈，还行。这两年我还是很满意的，在家里并不比在外头差。

我们懂了，这位叔叔也是土地流转的赢家。

采访者：王静文

在广西武鸣那棵百年大树下遇到一位阿姨，与之攀谈。

阿姨，您家的地有几亩呀？

只有两三亩，还零零碎碎的，都流转出去了。

那您刚才是去谁的地里帮忙了吗？

有一个大老板承包了我们村里的好多地种香蕉，会雇村里的人去帮工，我刚从那里回来。

哦，这样啊。那您怎么不承包些地自己种呢？

哎，这年头种地一年下来得的钱，给完租金不赔钱就不错了，怎么还会去租别人的地呢？还不如把地租给别人，还能去园里打工，这样就有两份收入。

种地不赚钱甚至是赔钱，我们在调研中多次听到。种地收入本应是农民收入的主要来源，但种地收入不高，还有谁愿意去种地呢？

采访者：靳帅

调研到江苏，遇见一位土地流转大户。一个比我大不了多少的男人，我叫了他叔叔。当我们到他家时，他正好拉着农用的浇水设备从地里回来，在说明来意后，我和他愉快地交谈起来。

咱家现在还有多少亩地啊？看咱家的农用设备还挺多的。

前几年刚刚承包了 1000 亩地用于种植果树，这设备大多都是国家补贴来的，并不是自己买的。

那这 1000 亩地在咱这片应该算是土地大户了吧？想问一下咱是通过什么方法可以获得这么多的土地的？

这 1000 亩地都是在村里出面下才流转来的，之前通过我自己与村民的谈判，大多村民都不太愿意将自己的土地租让出来，后来村里出面协调做担保，才获得了这么多的土地。

那咱这土地租金是怎么付的啊？

一开始的两年是通过银行贷款先付一部分，等到果实成熟后，再将之前欠村民的补回来。

那这边的银行愿意将钱贷给咱，是需要什么做担保吗？

其实，只要面积达到一定程度，由村里出面做担保，从银行还是能贷出钱来的。

在整个调研中我们发现，要流转大面积的土地一般需当地村委会介入，光靠农户间自由谈判很难做到。村委会的出面担保不仅给村民提供了信心，还给银行提供了信心。

采访者：何家欢

在河南巩义拜访了一位种粮大户。在田地中间有两顶简单的黑色帐篷，一大一小紧挨着搭建，作为他们的卧室和厨房。他的一双儿女在帐篷外的阴凉地里嬉笑玩耍，妻子从厨房抱出来一个大西瓜，热情地招待我们，他坐在塑料凳子上跟我们随意交谈起来。出乎我们意料的是他并非本地人，由于家乡耕地贫瘠，携家带眷奔波各地搞包地种植。

我们问他作为外地承包人，在当地租地难不难？他说几乎没有难度，不想种地的农民几乎都会主动过来协商，而且在黄河滩这片沃土之上，通过自发土地流转承租耕地的外地人不在少数。通过此举，这些外来户不仅扩大了自己的生产规模，在一定程度上也解放了当地的生产力，还可以传播种植技术，实在是一举多得。

采访者：袁可可

七月上旬的云南，调研过程中我们与狂风暴雨不期而遇，火车常常因山体塌方取消班次，但那些热情村民的笑脸却使我们感到温暖心安。楚雄市连绵的大山里零星分布着几个村庄。沿着崎岖的小道行走，看到一位阿姨，交谈中得知这位阿姨一个人种了二十亩草莓。

阿姨，您是怎么想到承包地种草莓的呢？

俩孩子还在上小学，他爸去外地打工了，我在家里也出不去，这儿气候适合所以就想着种点水果，多少比种粮食挣钱不是。

那您是从哪儿承包的土地呢？我看这里地块都没多大。

主要是亲戚邻居的地，他们都出去打工了，地交给自己人种还能放心点儿。

那您的草莓都卖给谁啊？

跟批发商签了协议，他们都是开着车来拉。

那您种草莓一年能收入多少呢？

除了种苗、化肥、人工和大棚钱，一年能净赚三四万吧。

阿姨，那您想扩大规模吗？

想是想，但是我怕家里就我一个劳动力忙不过来。孩子他爸在外也不好找活儿，我们正商量着让他回家跟我一起忙草莓大棚呢，孩子们也很想让他回来。

衷心祝愿这位土地流转的赢家，希望她的草莓大棚规模越来越大，一家人能早日团聚，生活得越来越好。

采访者：张巧丽

在我的家乡榆中县做调研，遇见一位伯伯，给我印象很深。当时我拿着问卷向伯伯做调查，询问土地租金的情况，伯伯说现在的农民有时候甚至入不敷出，除了不菲的化肥和菜籽价格外，还要交一笔不小的租金。我问伯伯，除了租金还有什么突出的问题吗？伯伯说水源也是很大的问题，到了干旱时期，大家都想着给菜地多浇浇水，但是集中灌溉，又存在水源不够的情况。大多这种时候，村民矛盾就会增多，乡邻关系变得不和睦。

我又问伯伯，村里现在种的地多吗，大概人均几亩？

伯伯说，现在村民的土地都普遍比较少，基本上人均一亩都没有，想赚钱就要多种点，可是种得多了家里人忙不过来。

我又问伯伯，这几年菜价如何？

伯伯说，价格时好时坏，如果各个地方的菜大批卖，价格肯定会很低，有时候一年辛苦下来，因为菜价的问题，基本都是白辛苦。

我又问伯伯，家里都是谁在种地呀？

伯伯说，现在留在家种地的都是没有在外劳动能力的年纪较大的人，只能靠种地得点收成，可是种地的不确定性又太多，所以问题其实是很多的。

听到伯伯的话，我由衷体会到了农民的辛苦和不易，希望他们的生活越来越好，更希望他们的付出能够得到更多的回报！

采访者：史可心

我们来到安徽阜阳做土地流转问卷调查，采访到一位葡萄采摘园的园主，他不仅利用葡萄园发展观光农业，而且利用互联网进行网上销售和宣传。

叔，你怎么想到去承包土地种起葡萄了？

现在种粮食赚不了多少钱，种葡萄多少好一些，我就承包了这几亩地弄了个葡萄园，游客可以入园采摘，我还用自家葡萄酿了葡萄酒，提供烧烤设备，适合全家人来这玩。

那咱这葡萄园效益好不好？收入咋样？

我通过网上宣传吸引了不少顾客，大部分是一家子开车过来玩的，我还加入了农友合作社，有技术保证，产量比较高。但周边也有好多葡萄园，所以竞争也比较厉害。

之后，这位园主还亲自带我们参观了葡萄采摘园，介绍了葡萄的主要品种，临走时不忘加微信让我们来帮忙宣传。由于规模化经营和专业化分工，界首林场许多农户实现了增产增收。

采访者：李义财

中午日头正毒时，在路边遇到一位头发花白的老奶奶，我们上前去采访。

奶奶，请问您现在家里有几亩地呀？

这个不清楚，好多年没种了，平时就种点家旁边的地，种点蔬菜之类的，人老了，忙不过来了。

这样啊，那您是一个人住吗？您的孩子呢？

都出去打工了，早不种地了。

那多的地村里面有没有说重新再分配一下吗？

没人管，现在出去打工的越来越多了，家里的地就荒着，反正也没人种，说来说去都是种地不挣钱啊。

整个调查过程中，不少农户说起抛荒，真是要好好研究。如果这些荒地能集中流转出去，实行规模经营，或许就能被种上。

采访者：张思博

在全国调研东奔西跑的过程中，给我留下深刻印象的是在安徽阜阳火车站遇见的一位农民叔叔。当时他独自一人在广场上候车，我们便开始了问卷调查，当然谈土地流转。

还会继续扩大土地流转规模吗？我问。

当然了，只要能挣钱，当然可以了。叔叔肯定地说。

你是根据什么来判断要继续扩大流转规模呢？

现在种主要的粮食作物肯定效益不好。我这次回家，就是要把在这里干活学到的技术和可以产生效益的品种等经验加以应用。我相信只要努力奋斗，并且肯于动脑子的话，一定可以的。没有不好的技术，只是看能不能用得上而已。我找到了它们的正确使用方式之后，自然而然可以扩大规模啊。你比如我看到这边有一种新的灌溉工具，看着就很不错，我已经想好了怎么改造，拿回去用，我有自信，可以成功的。

我看到了一位对土地流转信心满满的农民，祝福他。

采访者：汪明明

在河南省调研遇到一户承包大户，给我留下深刻印象。我去的时候户主的父亲一个人在家。

大爷，您家有多少亩地？

我家没有多少地，所以我儿子和别人合伙承包了1000亩地。

您家承包地的资金从哪里来的？

一部分是我儿子和其他几家合作出资的，一部分找银行贷款的，其中国家也有补贴。

那您知道承包地打算种什么庄稼吗？怎么经营呢？

主要打算种植玉米、芝麻和花生。最近打算引进一批大型农机具，实现机械化生产。

那您对承包地的未来有什么想法？

我希望将来国家政策能放开，希望可以承包3000亩土地，学习美国一样使用飞机施肥、打药，完全机械化。而且可以的话，我们也要搞旅游观光农业。

土地流转，也许会造就一批农民企业家。

采访者：张帅

听学校的几位保洁阿姨说，她们以前所住的地方是拆迁区，于是我便前往她们现在所居住的地方，了解她们那里土地流转的情况。遇到一位正在干家务的阿姨。

阿姨，拆迁之后，你们以前种的地怎么办？

现在那些地都基本没人管了。我们村大多数的地都种果树。房子拆迁之后，有一部分果树直接被挖掘机推了，剩下的果树也基本没人管了。

为什么啊？这样的话，这些地不都糟蹋了吗？

家里人都去城里面找活干，种地的时间就少了。搬迁之后住的地方又离地远了，根本没时间过去。

那为什么不把地给别人种呢，还能收个租金，多好啊。现在国家不都提倡土地流转吗？

谁愿意种啊！种地累不说，挣的钱还少，年轻人谁愿意干？岁数稍微大一点的，又干不动。而且缺乏经验，不怎么会管理，结出来的果子卖的价钱又低，种了也卖不了多少钱。

采访者：臧鹏飞

我们最先在贵州安顺市的普定县做调查。这是一个贫困的地方，到处都是石质丘陵，所以我们想农业也一定很差。下到村子里做问卷，碰见一位在烟地里监督雇工劳动的老人，没想到这位伯伯还是位大学生。

问起来，这位伯伯原来在原贵州农学院上学，后来分配到县烟草局。退休之后回到老家和村委会协商，承包了200多亩地，全种上烟草。烟草种子购买县烟草局的，等收获了，县烟草局定价全部收购。伯伯还介绍道，县里还有小农机租给种烟户，还会派人下来做技术指导。村里的邻居，有的人学他也承包了几十亩地种烟，有的就直接给他当工人，农忙时给他干活，闲时就外出打工。这位老大学生说，自己退休了，但是能多帮乡亲们就多帮一把，把地交给我，他们可以赚我的钱，也可以出去赚钱。

采访者：张延军

在广西南宁武鸣区，一位文质彬彬的村民，意味深长地向我谈及政府的土地流转政策。他支持政府的土地流转政策，但内心也有不少的忧虑。他说，在当前的情况下，我把我的土地流转出去，去镇上的工厂做工，一年可以获得两笔收入，与之前相比，收入提高了不少。但如果在土地的出租期限内我失业了，或者说土地到期之后，没有人再愿意租种我的土地，我该怎么办？因此，我不能完全放心将土地长期出租出去。政府能不能出台一些政策来保障农民的权益，来让我能更放心大胆地把自己的土地出租出去，消除我的后顾之忧？

农民还是更多地想到政府。

采访者：何孔玲

在调查接近尾声的时候，我们来到了此行的最后一站湖南凤凰县，这是一个风景秀丽的地方，但多山的地形也带来了交通不便。当我们到达一个村子的时候，见到一位爷爷正在自家菜地里忙活，便走上前去搭话。

爷爷，您家有几亩地呀？都种了些什么呢？

也就这几块菜地，种点蔬菜自家吃，要说前几年吧还有个两亩半。

那您家之前的地是被别人承包了吗？

嗯，就下面那一大片地方，之前都是我们村的地，前两年被人统一承包用来种花了，说是这地方适合种植这种花。

那你们这地的租金怎么算呢？有签合同吗？

租金是每亩一年 1000 元，合同是跟村里签的，我也没看到合同，反正每年该给的租金都给我们了。这比自己种地划算，我算了算要是自己种点粮食，净收入还没这个多呢。

这挺好呀，那你们这附近的其他村子里也有这种大规模土地承包种植的吗？

也有，但比较少。凤凰这个地方山多，很多农民的地都在山坡上，基本属于靠天吃饭的，遇到天干的时候，你说那么高的地势，抽水上去不费钱又费事啊？这种地吧，一般都没人包，好多人出去打工以后地都荒了。

采访者：史秋芬

当我们做完问卷从一个村子出来进入另一个村子时，中途路过一片绿油油的耕地。远远望去，隐隐约约地可以看到田间地头忙于耕作的人们。于是我们走过去一探究竟。

原来是一群菜农。这里每家每户种地规模大小不等，多则十几亩，少则一两亩，但共同特点是都种菜，比如土豆、番茄、韭菜……

一位正在铲草的奶奶谈到，除了天气以外，我们菜农最苦的就是价格，由于价格不稳定，有时我们一年种的菜就等于白种，甚至赔钱。所以我们各样菜都种些，也好减少损失。样子多的话，拉到集市上也好卖。我看到旁边一位年轻的阿姨，我很奇怪地问，阿姨也卖菜啊？阿姨解释说，这里家家户户都种菜，祖上传下来，代代都种菜了。

中国蔬菜价格不稳定一直是一个问题，其实与小农经济有关。小农大多跟风种植，今年价高，就一起扩大规模，明年价必然就低，然后又大幅缩小规模，开始一个新的循环。西方农业国家的大规模家庭农场，专业种植一种农产品，种植规模少受价格波动影响，如此价格也比较稳定。所以，还是要通过土地流转来实现规模经营。

采访者：王闪闪

记得在湘西，遇到一位30岁左右的大哥，说明来意后，他就笑了说，碰到我算是碰对了，我包了百亩山地，种果树。

大哥，看你挺年轻，怎么回来种果树了？

我是学金融的，学业完成，想回家创业，看到乡里的土地好多荒着，就想种果树了。

之前有关注种果树这方面的信息，是吗？

之前没有，有了想法之后才学习的。目前我负责联系客户外销，父母负责种植。

种植方面有困难没？

浇水会困难些，收获或者农忙时，会请人帮忙，这些还好。

盈利如何？

刚种，还在摸索阶段，而且果树成长需要时间，前三年，不盈利，去年才实现盈利，净赚个四五十万元吧。

……

聊完之后，想到正处在大学生阶段的我们，很多人想创业，真正实践而又成功的少之又少，回到家乡从事农业的恐怕更少。随着农村土地流转成为趋势，有志从事农业的大学生，回去包地，种植特色产品，也不失为一个好的创业方向。

176

第九章

土地流转中的政府作用

中国的土地流转方式主要有两种：一是土地在农户间以及农户与其他农业经营主体间的土地流转，二是农用地转为城市建设用地。本章就这两种土地流转中政府应发挥的作用分别讨论。此外，目前中国的种粮直补的受惠对象为承包地农户，现有一种看法认为应保护土地流转入农户，以保护实际种地农民的利益，对此我们将展开讨论。政府出台政策补贴土地流转，其理论依据是什么以及如果需要补贴如何补贴，都是值得关注的问题。

第一节　政府在农户间土地流转中的作用

农户间通过土地流转以实现土地规模经营，对提高农业生产效率有着重要意义，是当下农村土地流转的基本形式。本节讨论政府在农户间土地流转中应发挥的作用。

一　美国与法国的经验

美国是世界上农业最发达的国家，法国是欧洲农业发达的国家。在这两个国家的土地流转过程中，政府所发挥的作用有所差异。分析这种差异，对我们思考当下中国政府在土地流转过程中应发挥的作用具有启发意义。

（一）美国政府在农户间土地流转中的作用

美国强调市场在资源配置中的作用，对经济活动的干预相对较少。就农户间的土地流转而言，手续十分简单，在双方自愿签订协议后，只需向政府缴纳规定的税金登记即可，原则上政府不加干预。我们分析美国政府在土地流转过程中发挥的作用有限，主要基于以下三个原因。

一是，从美国的政治哲学来说，是希望建立一个大市场、小政府的社会。政府职能主要是提供公共服务，包括维护市场秩序，进行有限的宏观经济干预等，而较少直接干预社会经济活动，由此就限制了政府在土地流转过程中所发挥的作用。二是，美国土地资源相对丰富。美国的农业从一开始就建立在土地私有制基础上的规模经营，之后随着工业化、城镇化的发展，农场规模不断扩大，农业始终保持着良好的发展态势，不需要政府过多的干预。三是，美国法制健全。法律赋予农用土地所有人或租用人享有稳定而有保障的土地私有权利，同时美国也拥有较为完善的相关法律体系来保证土地流转的正常进行，因此也不需要政府在土地流转过程中发挥太大的作用。

（二）法国政府在农户间土地流转中的作用

与美国不同，法国现代农业的起点建立在小农经济基础上。1789年法国大革命废除了旧的封建土地关系，建立了私有土地为基础的小农经济，直到第二次世界大战前，法国农业一直是小农经营的格局。第二次世界大战后，从世界范围来看，农业现代化不断向前推进。显然，法国的小农经济与农业现代化存在着矛盾，特别是农业机械化，这就迫切需要解决如何通过土地流转实现土地规模经营的问题。

为此法国政府制定了一系列政策措施。为了避免土地的细碎化，促进土地的规模经营，法国政府规定："对农村土地使用和转让时，私有农村土地一定要用于农业，不准弃耕、劣耕和在耕地上进行建筑。对于弃耕和劣耕者，国家有权征购，提高土地税或让其出租。"[①] 在土地继承上，规定农场只能由农场主的配偶或享有继承权的一位子女继承，保证了农场的规模不会因子女继承而缩减。对农业从业者的资质做了规定："农场经营者必须取得农业专科学校毕业证书，然后经过专门资格考评委员会考试合格

---

① 《法国农村土地制度及流转制度》，土流网，http://www.tuliu.com/read - 31419. html，2016 年 6 月 7 日。

后，才能获取经营资格，否则即使拥有土地，也需雇用具有资格证书的人来经营。"① 通过对农业从业者资质的要求，实际上就限定了土地流转经营只能在拥有资格证书的人之间进行。

（三）政府在土地流转中的作用：美国 vs. 法国

以上简要回顾了美国和法国政府在土地流转中所发挥的作用，显然美国政府发挥的作用要远远小于法国政府。我们认为，两个国家政府所发挥的作用可能都是恰当的，之所以两个国家的政府在土地流转过程中的作用存在差别，我们提出以下解释。美国农业是在地多人少的背景上发展起来的，所以美国的农业从诞生之初就基本形成了规模农业，效率较高，之后随着农业现代化的不断向前推进，农场规模不断扩大。在这一过程中，美国农业一直在政府稍加干预的情况下得以健康发展，由此政府也就没有太多干预土地流转的必要。与美国不同，法国的土地流转是建立在小农经济基础上。小农经济一定程度上阻碍了农业机械化的推广，降低了农业生产的效率。法国政府为了弥补小农经济的弊端，提高土地使用效率，就需要通过政府的力量来推动土地流转，以实现土地的规模经营，这就使得法国政府干预土地流转具有了一定的必要性。

由此我们获得一个基本观察：如果一个国家的农业基于各种历史和法制的原因，不需政府太多的干预，农业就已经有了良好的发展，政府也就没有必要过多干预农业，包括对土地流转的干预。相反如果一个国家农业发展本身就有诸多问题，那么政府的适当干预就存在着一定的合理性。这一点，对中国政府在土地流转过程中应该发挥什么样的作用，具有重要的启发意义。

二 中国政府干预土地流转的必要性

根据以上分析，要讨论中国政府干预土地流转的必要性，就要分析当下中国土地流转所存在的问题。中国农业依然是小农经济，土地碎化严重。根据 2016 年土地流转问卷调查，中国农村户均耕地为 7.12 亩，分 4.0 块，是典型的小农经济。农户承包土地如此狭小和碎化，就必然导致农户间土地流转高交易成本。试想如果一个农户需要获得 100 亩土地，就需要和十余个农

---

① 蔡方柏：《法国农业跨越式发展对我国农业发展的启示》，《华中农业大学学报》2010 年第 1 期。

户进行谈判协商，交易成本必然高昂。而此时如果由政府适当介入农户间土地流转，提出土地流转方式、流转租金、流转期限等意见来指导农户间的土地流转，为了实现土地连片大规模经营，对个别不愿参与土地流转的农户进行说服工作，必将大大提高土地流转的效率，甚至土地流转的公平。

以上的分析有一个重要的推论：在中国，村委会在农户间土地流转中发挥着重要作用，村委会干部领导能力越强，则土地流转规模越大。2016年土地流转问卷调查询问受访农户，如何评价所在村村干部的领导力水平，备选答案有：很低、较低、一般、较高、很高。表9-1显示，随着村干部领导力的提高，土地流转亩数明显增加，支持了以上推论。这里需要说明的是，中国的村委会虽然不属于政府，但受乡镇政府的指导，具有明显的准政府性质。这里暂且把村委会列入广义政府的范畴。我们在调查过程中还访谈了一些流转大户，他们大多表示，能够流转这么大面积的土地，是在当地村委会或者镇政府的协调下完成的。

表9-1 村干部领导力与流转入土地亩数

村干部领导力	很低	较低	一般	较高	很高
流转入土地亩数(亩)	7.67	16.32	23.93	51.15	264.80
样本数(个)	283	1034	1801	359	43

三 政府在农户间土地流转中作用的讨论

中国的土地流转建立在土地集体所有制基础上，所实行的农户承包地流转与那些实行土地私有制国家相比，存在着更大的复杂性，这就需要政府在农户间土地流转过程中发挥一定的作用。

第一，为农户间的土地流转提供良好的法制环境。土地流转涉及的利益大，过程复杂多变，容易产生毁约现象，从而引发矛盾纠纷。为此，政府须制定相关的法律、制度、政策，规范农户的土地流转行为，以保障土地流转双方的合法利益。

第二，政府行政主管部门通过各种渠道，调查搜集土地流转的供给和需求以及市场价格等信息，并加以统计分析，及时公开并对外发布，使广大农户能及时获得准确可靠的信息，并使得农户的土地流转能在更大范围内进行。

第三，引导农户向流转大户进行土地流转。如果流转大户依靠自身力量与众多农户谈判土地流转，则交易成本过高，难以实现大规模的土地流转。如果村委会甚至镇政府协调土地流转，提出土地流转方式、流转租金、流转期限等指导意见，则可大大提高土地流转的效率，甚至土地流转的公平。

第四，建立土地流转交易平台，提高流转合同的严肃性。引导农户通过土地流转交易平台进行土地流转，减少合同纠纷。

但我们也要认识到，政府干预农户间的土地流转是把双刃剑。如果政府作用发挥得好，可以促进农户间的土地流转，提高流转的效率。但如果过多干预也会导致问题。一是，违背农民的意愿，强制土地流转，不利于维护农民的合法权益。二是，如果政府提出的土地流转指导意见不能很好地协调流转双方的利益，或更多偏重土地流入大户，或过多偏重土地流出农户，则必然有损土地流转的公平，也不利于土地流转的稳定。三是，提供过度服务。比如政府已经在县一级建立了土地流转交易平台，但在调查中我们发现，通过土地流转交易平台来进行土地流转的比例很小，对此第六章第五节已进行了分析。但有些地方建立了镇级土地流转交易平台，如果这些土地流转交易平台使用率不高，就可能有政府过度服务之嫌。

第二节　政府在农地转为城镇建设用地中的作用

随着中国城镇化不断向前推进，越来越多的农业用地转为城镇建设用地。根据1999年通过的《中华人民共和国土地管理法》第43条："任何单位和个人进行建设，需要使用土地的，必须依法申请使用国有土地；但是，兴办乡镇企业和村民建设住宅经依法批准使用本集体经济组织农民集体所有的土地的，或者乡（镇）村公共设施和公益事业建设经依法批准使用农民集体所有的土地的除外。前款所称依法申请使用的国有土地包括国家所有的土地和国家征收的原属于农民集体所有的土地。"这就意味着，一切建设用地都只能申请使用国有土地，而不能直接购买农民集体所有土地，即只有国有土地可以进入土地的一级交易市场，农业用地转为城镇建设用地首先要由政府向农民征购土地，再向二级市场拍卖。由此可见，中国政府在农业用地转为城镇建设用地中发挥着重要作用。这就提出了一个问题：在农业用地转为城镇建设用地中政府应如何发挥作用？

一 中国政府严格限制农业用地转为城镇建设用地的根据

中国政府严格限制农业用地转为城镇建设用地，有其自身的特别考量。1840 年第一次鸦片战争以来，中国饱受西方列强的欺侮。1949 年，中国选择了社会主义道路且坚持至今，在政治上与西方始终处于一种敌对态势。由此中国政府对西方长期持不信任的态度，担心西方国家一旦对中国实施粮食禁运，就威胁到中国的粮食安全，因而坚持粮食的自给自足。用农业部部长韩长赋的话来说就是"中国人的饭碗要装中国粮"①，代表了中国政府的态度。如果要保持粮食自给自足，就要保持足够的耕地种植粮食。于是粮食自给自足就演变成严格的耕地保护政策，严格限制农业用地转为城镇建设用地，形象地表达为"坚持 18 亿亩耕地红线政策不动摇"。

此外，由于土地使用涉及公共利益，政府出于公共利益的考量，也会对农业用地转为城镇建设用地实施必要的干预。

二 政府干预农业用地转为城镇建设用地的效率损失

虽然中国政府严格限制农业用地转为城镇建设用地有其自身的考量，但由此所带来的效率损失却是难以避免的，对此我们展开讨论。所使用的模型在第七章第四节已有所讨论。为了阅读的连续性，我们重复部分内容。假设所论城市为单中心城市。由于城市中心地带具有最好的通达性，于是诸多经济活动竞争城市中心地带的土地，由此导致租金（地价，下同）由市中心向城市边缘递减，见图 9-1。若完全由市场配置土地，均衡时城市边界在 u_a，此处农业用地和城镇建设用地租金相等，均为 r_a。但政府严格限制农业用地转为城镇建设用地，由此把城市建设限制在 u_b 之内，u_b 成为实际城市边界。此处，城市用地租金 r_b 明显高于农业用地租金 r_a，bc 为效率损失，全部效率损失为 abc。此外，由于部分本可在 u_b 与 u_a 之间的城市建设项目转移到以 u_b 为边界的城区，导致城区用地租金上涨，df 成为实际城市用地投标租金函数。

---

① 《韩长赋：中国人的饭碗主要装中国粮》，人民网，http://news.eastday.com/c/2014/h/u/a7963963.html，2014 年 3 月 6 日。

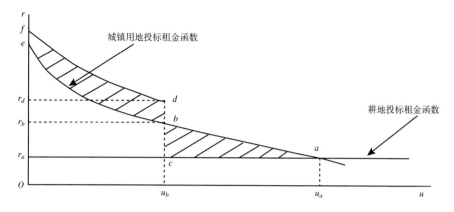

图 9 – 1　政府限制农业用地转为城镇建设用地的效率损失

三　征地补偿标准理论分析

由于城镇建设用地须由政府向农民征购，就必须要对被征地的农民进行补偿。如何适当补偿被征地农民，既关系到征购能否顺利进行，也关系到收入分配的合理性。《中华人民共和国土地法》第 47 条对耕地补偿做出了规定：“征用土地的，按照被征用土地的原用途给予补偿。征用耕地的补偿费用包括土地补偿费、安置补助费以及地上附着物和青苗的补偿费。征用耕地的土地补偿费，为该耕地被征用前三年平均年产值的六至十倍。征用耕地的安置补助费，按照需要安置的农业人口数计算。需要安置的农业人口数，按照被征用的耕地数量除以征地前被征用单位平均每人占有耕地的数量计算。每一个需要安置的农业人口的安置补助费标准，为该耕地被征用前三年平均年产值的四至六倍。但是，每公顷被征用耕地的安置补助费，最高不得超过被征用前三年平均年产值的十五倍。征用其他土地的土地补偿费和安置补助费标准，由省、自治区、直辖市参照征用耕地的土地补偿费和安置补助费的标准规定。被征用土地上的附着物和青苗的补偿标准，由省、自治区、直辖市规定。征用城市郊区的菜地，用地单位应当按照国家有关规定缴纳新菜地开发建设基金。依照本条第二款的规定支付土地补偿费和安置补助费，尚不能使需要安置的农民保持原有生活水平的，经省、自治区、直辖市人民政府批准，可以增加安置补助费。但是，土地补偿费和安置补助费的总和不得超过土地被征用前三年平均年产值的三十倍。”

我们认为，这个补偿标准可以理解为基于土地用于农业使用所产生的价值，相对是较低的，参照图 9 − 1，可以理解为 r_a 标准。这一标准显然否定了农民的土地发展权，是导致政府征地过程中引发诸多矛盾冲突的重要原因。未得到满意补偿的农民除以各种方式阻挠拆迁外，在自己的集体土地上兴建小产权房也可视为与国家争夺土地收益权的一种表现。

随着农民土地权利意识的觉醒，要求征地补偿标准越来越高。为了缓和社会矛盾，近年来政府不断提高征购土地补偿标准，最高的按土地当下的市场价格进行补偿，参照图 9 − 1 可以理解为 r_d 标准。但如此可能导致被征地农民一夜暴富，对此社会并不普遍接受。

我们认为，除了人们难以接受对社会并无多大贡献的人获得巨额财富外，还有一个重要的原因在于，按土地市场价格进行征地补偿有着严重的不合理性。城镇土地价格如此之高的重要原因在于，政府人为地限制了农业用地转为城镇建设用地，由此严重扭曲了城镇地价，因此政府严格限制农业用地转化为城镇建设用地可能是问题政策。如果按土地市场价格对被征地农民进行补偿就意味着，被征地农民从政府限制农业用地转为城镇建设用地所导致的土地价格扭曲中获益。

现在要研究的一个关键问题是，什么样的征地补偿标准是合理的，能够为被征地农民和社会大众普遍接受。我们认为，应首先尊重农民的土地发展权，同时要把因为政府限制农业用地转为城镇建设用地所导致的价格扭曲上涨部分排除在补偿之外。我们建议可考虑把由市场配置土地所形成的土地价格作为补偿标准的参考，参照图 9 − 1 可以理解为 r_b 标准，介于 r_a 和 r_d 之间。然而因为现实中土地价格已经被扭曲，r_b 土地价格并不能被直接观察到。因此未来要研究的一个重要问题是，在完全由市场配置土地时，城镇不同区位的土地价格为何，或投标租金函数。

四 对政府干预农业用地转为城镇用地的思考

中国政府严格的耕地保护政策是出于对粮食安全的考量，即以粮食自给自足为前提，因此我们要思考中国耕地保护的前提，即中国在未来遭受粮食禁运的可能性。

我们认为，中国在未来受到西方粮食禁运的可能性是非常低的。有效的粮食禁运需要大多数国家同时参与，使得被制裁国难以从国际市场上获得足够粮食而面临饥饿。但显然这需要至少是世界上绝大多数国家决定与中国为敌。如果我们对中国的外交不会悲观到相信有一天，中国几乎与世界上大多数国家为敌，我们就不会相信世界会对中国实施有效的粮食禁运。我们应该认识到，中国外交正逐步走向成熟，不可能走到与世界为敌的境地，我们应该对中国的外交有最起码的信任。随着全球化进程的不断向前推进，中国正在逐步融入世界，中国离不开世界，当然世界也离不开中国。如果一国参与对中国的粮食禁运，中国不出口该国所需要的商品，就会造成两败俱伤。我们也应对今天世界各国所达到的人道主义水平有一个客观的认识，应相信在今天的世界上绝大多数国家不可能以他国人民遭受饥饿为手段达到其某种目的。

此外，中国幅员辽阔，粮食的生产周期又比较短，只要有半年储备，在粮食禁运发生时及时调整粮食的生产和消费，那么即使面临粮食禁运也不会挨饿。

综上所述，我们认为中国面临有效的粮食禁运近乎是一个虚构的幻想。然而我们严格限制农业用地转为城镇建设用地正是基于这样一个假设前提，这是需要深刻反思的。

政府严格限制农业用地转为城镇建设用地所带来的效率损失，不仅在于一种理论分析，更在现实中体现出来。2015年粮食高产量、高收购量、高库存量"三高"叠加，其本质在于我们配置过多的土地用于粮食生产，使大量生产出的粮食不为社会所需。政府限制农业用地转为城镇建设用地扭曲了土地价格，导致地价、房价高企，由此引发诸多问题。这些现象都可以理解为政府限制农业用地转为城镇建设用地所带来的效率损失。

第三节　种粮直补的补贴方选择研究

自2004年起，为鼓励农民多种粮食，政府在全国范围内实行种粮直补，补贴方为承包地农户。近年来，随着土地流转的推行，为了鼓励实际种地农民的生产积极性，有建议提出将种粮直补的补贴方从承包地农户转向土地流入方。为此，本节就种粮直补的补贴方选择进行分析。

一　问题的提出

从1996年到2003年，全国粮食产量呈逐年下降趋势：1998年产量为

5.12 亿吨，到 2003 年跌至 4.31 亿吨。[①] 为了鼓励农民多种粮食，遏制粮食产量不断下降的趋势，确保粮食安全，中央政府推出一系列农业补贴政策，种粮直补是其中最重要的补贴政策之一。

2004 年，中央政府实施种粮直补政策之初就明确规定：种粮农户是种粮直补政策的补贴对象。但在实际操作过程中，由于政府难以确定谁在种粮，或确定谁在种粮需付出高额的行政成本，于是种粮直补演变为普遍补贴，即农户按其所承包的土地按地方规定的标准领取种粮直补。然而近年来随着土地流转的推行，出现种粮直补应该是由承包地农户还是土地流入方领取问题的讨论。

2017 年全国人大代表江保安建议，种粮直补要与农户土地经营权一起流转，与土地经营权直接挂钩。他认为，种粮直补如由承包地农户领取，则农业产业化龙头企业、家庭农场、种粮大户等新型农业经营主体得不到相应补贴，难以发挥粮食直接补贴政策应有的效果，不利于调动新型农业经营主体种植粮食的积极性，不利于农业产业化发展。[②] 该提议强调种粮直补应该由实际种地的土地流入方领取，而非已经脱离农业生产的承包地农户。

二 承包地农户与土地流入方领取种粮直补效果的比较

为了讨论应由承包地农户还是土地流入方领取种粮直补，我们对二者领取种粮直补的效果进行比较分析。

土地流转的推行，形成一个流转承包地的市场。供给方为承包地农户，需求方为土地流入方。其供给行为和需求行为符合一般的供给定理和需求定理，可用向上倾斜的供给曲线 S_0 代表承包地农户的供给，用向下倾斜的需求曲线 D_0 代表土地流入方的需求。图 9-2 所示，横轴代表土地流转亩数，用 L 表示。纵轴代表土地流转租金，用 R 表示。在没有种粮直补的条件下，供给曲线与需求曲线的交点 E_0 决定均衡的土地流转租金 R_0 和土地流转亩数 L_0。

---

① 赵池北：《我国粮食直补效率研究——以粮食主产区为例》，硕士学位论文，云南财经大学，2009。

① 赵池北：《我国粮食直补效率研究——以粮食主产区为例》，硕士学位论文，云南财经大学，2009。

② 中国粮油信息网，http://www.chinagrain.cn/nh/2017/3/9/20173913254779824.shtml，2017 年 3 月 9 日。

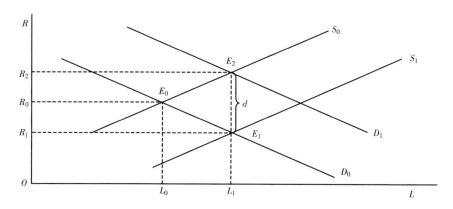

图 9－2　种粮直补的不同补贴方领取种粮直补效果的比较

现在政府实行种粮直补政策，每亩地的种粮补贴为 d，并由承包地农户领取。图 9－2 显示，对承包地农户来说，其供给曲线从 S_0 下移至 S_1，供给曲线下移的幅度即为种粮补贴 d（$= R_2 - R_1$）。这时，土地流入方支付的租金从原来的 R_0 降低为 R_1，而承包地农户实际得到的租金为土地流入方支付的租金加上种粮补贴，即 $R_2 = R_1 + d$。从这个意义上来说，虽然种粮直补的补贴方为承包地农户，但实际上种粮直补是在承包地农户和土地流入方之间共享，$R_2 - R_0$ 是承包地农户享受的种粮直补，$R_0 - R_1$ 是土地流入方享受的种粮直补。

下面讨论由土地流入方领取种粮直补。图 9－2 所示，对土地流入方来说，其需求曲线从 D_0 上移至 D_1，需求曲线上移的幅度即为种粮补贴 d。这时，承包地农户得到的租金从原来的 R_0 上升为 R_2，而土地流入方实际支付的租金为承包地农户得到的租金减去种粮直补的金额，即 $R_1 = R_2 - d$。由此可以看出，种粮直补仍然由承包地农户和土地流入方共享，且二者所享受的比重不因是由承包地农户还是土地流入方领取种粮直补而有所改变。

虽然如此，但承包地农户和土地流入方所享受的种粮直补的比重并不相同，取决于供给弹性和需求弹性。图 9－3 所示，当供给弹性大于需求弹性时，显然 $R_2 - R_0 < R_0 - R_1$，即当承包地农户对土地流转租金较敏感时，土地流入方享受种粮直补的比重更大。所谓承包地农户对土地流转租金较敏感可以理解为，当政府实施种粮直补提高了承包地农户实际得到的租

金，承包地农户"急于"流出其承包地且并不要求土地流入方大幅增加租金，则种粮直补就更多地由土地流入方享受。

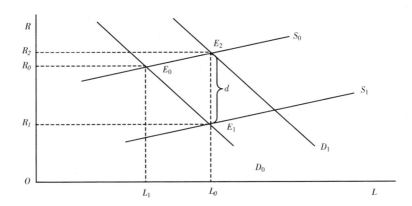

图 9 - 3　供给弹性大于需求弹性时种粮直补的分配

图 9 - 4 所示，当需求弹性大于供给弹性时，显然 $R_2 - R_0 > R_0 - R_1$，即当土地流入方对土地流转租金较敏感时，承包地农户享受种粮直补的比重较大。所谓土地流入方对土地流转租金较敏感可以理解为，当政府实施种粮直补降低了土地流入方实际支付的租金，土地流入方"急于"流入土地且并不要求承包地农户大幅降低租金，则种粮直补就更多地由承包地农户享受。

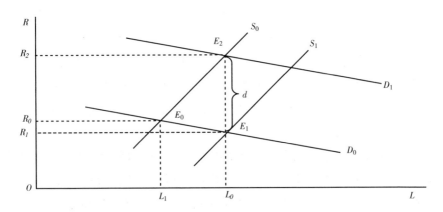

图 9 - 4　需求弹性大于供给弹性时种粮直补的分配

三　种粮直补的补贴方选择分析

虽然种粮直补是由承包地农户领取还是土地流入方领取没有差别，但执行成本是有差别的。如果由承包地农户领取种粮直补，按现行体制，政府只要知道每个农户所承包的土地面积，按规定的标准将种粮补贴直接发给承包地农户，即完成了种粮直补。

但如果由土地流入方领取种粮直补，承包地农户要向政府提供土地流入方的信息，在此存在两个问题：一是，农户间的土地流转是不稳定的，经常处于变更的状态，这样，政府需要时时跟踪土地的流转并及时更新信息；二是，根据第六章第五节，农户之间的土地流转合同大多为口头合同或一般的书面合同，只有1.9%的农户通过政府土地流转交易平台备案合同，而由于土地流转合同必须到政府土地流转交易平台备案才能确定土地流入方，则必将大大增加政府工作的负担，同时也增加农户土地流转的成本，并进而降低土地流转量。

四　基本观察

根据以上分析，我们获得以下基本观察。

一是，种粮直补由承包地农户和土地流入方共同分享，与是由承包地农户领取还是土地流入方领取无关。

二是，承包地农户和土地流入方分享种粮直补的比重取决于供给弹性和需求弹性：当供给弹性较大时，土地流入方享受种粮直补的比重较大；当需求弹性较大时，承包地农户享受种粮直补的比重较大。

三是，不同的补贴方领取种粮直补产生的执行成本不同。种粮直补由承包地农户领取，则执行成本较低。相反，如果由土地流入方领取，则由于土地流转的经常性，产生巨大的信息更新费用。此外，会增加承包地农户和土地流入方之间的交易成本，并由此降低土地流转的规模。

基于以上观察我们认为，种粮直补还是应继续由承包地农户领取，这并不妨碍土地流入方享受种粮直补。

第四节　土地流转补贴政策研究

为了鼓励农民通过土地流转实现适度规模经营，近年来政府实施对土地流转补贴政策。这一政策涉及重大的公共财政支出，需深入研究。核心问题有三个：一是土地流转是否具有正外部性，二是补贴能否有效促进恰当的土地流转，三是土地流转补贴政策的执行成本。土地流转补贴政策的合理性取决于：土地流转具有显著的正外部性，能有效促进恰当的土地流转，政策执行成本不高，使得土地流转补贴政策通过成本—收益检验。

一　中央政府土地流转补贴政策

地方政府对土地流转补贴政策在一些地方已实施数年。近年来中央政府也出台相关政策，代表着中央政府对土地流转支持的政策导向。

2014年11月，中共中央办公厅、国务院办公厅印发了《关于引导农村土地经营权有序流转发展农业适度规模经营的意见》。文件指出，实践证明，土地流转和适度规模经营是发展现代农业的必由之路，有利于优化土地资源配置和提高劳动生产率，有利于保障粮食安全和主要农产品供给，有利于促进农业技术推广应用和农业增效、农民增收，应从我国人多地少、农村情况千差万别的实际出发，积极稳妥地推进。

2015年12月，财政部发布《扶持村级集体经济发展试点的指导意见》，其中一项是，为提高农村土地流转市场规模，从而促进农业规模化经营，推动农业现代化，对土地流转实施补贴：支持村集体办土地股份合作社，鼓励村集体成员以土地承包经营权折股入社，发展农业适度规模经营，提高劳动生产率和土地产出率，实现土地经营收益最大化。在13个省份开展土地流转财政补贴试点，探索财政资金直接对符合土地流转条件的村集体进行补贴。中央财政通过以奖代补方式支持地方试点工作，省级财政部门要加大支持力度，市县也应给予必要支持。

二　地方政府土地流转补贴政策的实践

早在中央政府出台文件补贴土地流转之前，一些地方政府就已开始了实践探索。一般来说，补贴要求流转达到一定规模，存在稳定的土地流转关系，租金达到一定的水平。补贴针对土地流出方、土地流入方和村集体等流转中介中的一方或多方。

2008年，江苏省颁布了《江苏省财政扶持农村土地流转实施意见》，提出对土地流转期限在3年以上、流转面积达1000亩流转项目的土地流出方给予每亩 100 元的一次性补助，并规定优先扶持进行工商登记的土地股份合作社。①

2014 年，广州市南沙区规定，农民将土地交由村统一流转、连片集约流转面积达 300 亩，由村集体与使用方签订流转承包合同的，区财政给予 300 元/（年·亩）补助。连片集约流转面积达 100 亩，由村集体与使用方签订流转承包合同，市给予一次性每亩 100 元的补助。②

2007 年，四川崇州出台文件，对流转规模在 500 亩以上的土地流入方进行补贴，根据土地用途以及建设棚舍面积的不同给予 100～300 元不等的补贴。③

2017 年，浙江义乌市发布《义乌市人民政府办公室关于进一步加快现代农业发展的若干意见》，规定对流出土地的农户和提供中介服务的村集体进行补贴，一次性给予土地所属村级组织每亩 100 元的奖励，对 500 亩以上的现代农业产业示范园，市财政给予村民 400 元/亩的补助。④

间接补贴主要是对流入方的农业基础设施建设给予补助，在贷款、税收方面予以优惠政策。2015 年，河南舞钢市发布《河南省舞钢市人民政府关于调整土地流转奖补政策进一步扶持农业适度规模经营的暂行意见》，规定对规模在 300 亩以上和 1000 亩以上的种烟大户给予烤房补贴、烟田机耕补贴和烟叶生产技术服务。对达到县级、市级、省级专业合作示范社标准的，市里再分别给予 10 万元、20 万元、30 万元的资金奖励。允许种植大户以土地承包经营权质押贷款，金融部门在同档利率的基础上再下调 4 个百分点，市里另给予一定的贷款贴息。对从事粮食规模化生产 500 亩以上的经营主体，也优先考虑农机补贴。⑤

---

① 《江苏省农村土地流转发展态势及扶持政策》，土流网，http://www.tuliu.com/read - 37088.html，2016 年 8 月 1 日。

② 《2015 年土地流转政策补贴有哪几种?》，土流网，http://www.tuliu.com/read - 17247.html，2015 年 10 月 20 日。

③ 黄恒超、邓小丽：《四川土地流转探索——以崇州县土地流转分析为例》，《经济管理者》2010 年第 4 期。

④ 杨晨、陈锦青：《义乌出台现代农业发展奖补新政　2020 年实现大变样》，http://zj.zjol.com.cn/news/589417.html，2017 年 3 月 21 日。

⑤ 《河南省舞钢市人民政府关于调整土地流转奖补政策进一步扶持农业适度规模经营的暂行意见》，http://www.tuyinet.com/tdzc/166z.jhtml，2015 年 5 月 20 日。

三 政府土地流转补贴政策研究文献回顾

近年来，学术界对土地流转补贴政策进行了一定的研究，富有启发意义。以下就关系到土地流转补贴政策合理性的三个问题，对文献进行梳理回顾。

（一） 土地流转的外部性研究

土地流转是否具有显著的外部性，是评价政府补贴是否合理的前提。如果土地流转并无显著的正外部性，就无须让其他纳税人补贴土地流转交易双方。当然，如果土地流转有负外部性，则还需限制土地流转。

王颜齐、郭翔宇讨论了土地的发展权问题，提出耕地资源作为公共品，其存续和开发对社会具有巨大影响。土地流转带来的土地产出增值，属于土地流转外部性的表现形式。土地流转时，政府特别是基层政府介入土地流转过程，存在权力寻租行为，损害各方利益，引发社会矛盾，从而影响政府公信力，也是土地流转外部性的表现形式。①

姜晓萍、衡霞研究了土地流转时出现的风险，认为土地流转存在交易风险不均衡、农民权益损害等负外部性。土地流转总是一个业主与众多农民签订契约，这就势必导致业主比农户承担了更多的契约违约风险，如果发生违约，业主维权对象多，成本巨大。另外，土地流转给业主带来经济上的大幅增长，而农民流出土地价格相对稳定，农民损失了土地发展带来的效益。②

陈晨研究了土地流转直接补贴与间接补贴，认为对流转项目的间接补贴一般不会对农产品结构与农产品市场产生扭曲性影响。而直接补贴，特别是对流转土地生产不同农产品的差异补贴，会对产出结构与农产品市场产生明显的扭曲性影响。③

刘慧芳、毕如田研究了山西省泽州县农村土地规模流转为建设用地的情况，认为土地规模流转视用途不同，存在不同的外部性。农地流转有增加农民财产性收入，为农民提供更多的就业岗位的正外部性。而土地流转

① 王颜齐、郭翔宇：《土地承包经营权流转外部性问题探索——基于土地发展权的讨论》，《学术交流》2014年第7期。
② 姜晓萍、衡霞：《农村土地流转风险的形成机理及外部性研究》，《农村经济》2011年第11期。
③ 陈晨：《农业补贴政策对农户农地流转决策的影响》，硕士学位论文，南京农业大学，2014。

可能会出现低效投资导致生产效率低下、破坏生态环境、占地面积大等负外部性。[1]

（二）补贴能否有效促进恰当的土地流转

即便土地流转有外部性，那么土地流转补贴是否可有效促进恰当的土地流转又是一个需要讨论的问题。

马志远等以上海市为例研究发现，实施土地流转补贴政策后，出租方得到的价格提升，愿意流出更多土地，承租方流入土地成本降低，激发了扩大规模经营的需求，农村土地的规模经营程度逐渐提高。但政府过于关注土地流转账面规模，会出现政府花钱"买"规模的现象，这样盲目地扩大规模，会带来低效率的经营。政府对于那些在市场条件下自愿达成的土地流转项目的补贴毫无意义，是对财政资源的浪费，因为即使没有财政补贴，这一部分的流转交易也会发生。[2]

黄祥芳等研究认为，政府补贴政策虽有利于扩大流转规模，但补贴政策导致流转价格提高，且对流转条件有限制，支持政策倾向于大规模经营者，增加了小规模经营者转入土地的成本，出现大规模经营者对小规模经营者的"挤出"效应，而小规模经营有重要的社会保障意义。补贴政策只是依据流转规模一味鼓励经营者规模继续扩大，而不是区分高效率与低效率经营来进行补贴，从而降低了土地生产率。[3]

（三）土地流转补贴政策的执行成本研究

即便政府补贴土地流转有必要，但执行成本也是一个值得关注的问题。如果执行成本过高，则政策就缺少合理性。

马志远等研究认为，政府难以区分哪些土地流转交易是自愿达成的，因而只能都予以补贴，但这些自愿土地流转不需要补贴也可达成，这就导致财政资源的浪费。[4]

---

[1]　刘慧芳、毕如田：《集体经营性建设用地流转的外部性与社会效益研究》，《软科学》2017年第4期。

[2]　马志远、孟金卓、韩一宾：《地方政府土地流转补贴政策反思》，《财政研究》2011年第3期。

[3]　黄祥芳、陈建成、陈训波：《地方政府土地流转补贴政策分析及完善措施》，《西北农林科技大学学报》2014年第2期。

[4]　马志远、孟金卓、韩一宾：《地方政府土地流转补贴政策反思》，《财政研究》2011年第3期。

黄祥芳等研究认为，由于政府是依据交易合同进行补贴的，很难对流转的真伪进行识别，或辨别虚假交易的成本大，也造成政府补贴的困难。[①]

姜晓萍、衡霞研究指出，政府在土地流转过程中发挥着主导作用，但在面临巨大利益时，政府特别是基层政府会实施权力寻租，损害农民利益，引发社会矛盾，造成政府公信力的下降。[②]

四 土地流转外部性分析

首先要讨论土地流转的外部性。之前回顾了一些对土地流转外部性的研究，但这些研究中，有一些对外部性的含义理解并不准确，把外部性更多地理解成土地流转好的方面或不好的方面。

外部性有明确的含义：经济主体的行为对他人产生影响，但无须对所造成的负面影响支付费用，也无法因对他人造成的正面影响而收取费用。因此，凡土地流转对流转双方的影响，都不属于外部性范畴。如之前文献中提到的，"农地流转有增加农民财产性收入""土地流转带来的土地产出增值""土地流转给业主带来经济上的大幅增长，而农民流出土地价格相对稳定，农民损失了土地发展带来的效益""土地流转存在交易风险不均衡、农民权益损害"等，均只涉及土地流转双方，不涉及第三者，不属于外部性范畴。至于"土地流转时，政府特别是基层政府介入土地流转过程，存在权力寻租行为"，与土地流转更无关系，因为这不是土地流转必然导致的结果，是政府干预的产物，不能归在土地流转的头上。文献中所提到的关于土地流转的负外部性都不成立，都错误地理解了外部性的概念。

关于土地流转的正外部性，第六章第六节指出：土地实现规模经营后，生产效率提高，成本降低，从而农产品价格降低。通过土地流转，农村剩余劳动力可脱离农业农村，配置到更有效发挥作用、产出更高的部门，可改善劳动力资源的有效配置。这一对土地流转外部性的分析强调，土地流转对社会的一般的正面影响，因此土地流转具有正外部性。

---

① 黄祥芳、陈建成、陈训波：《地方政府土地流转补贴政策分析及完善措施》，《西北农林科技大学学报》2014 年第 2 期。

② 姜晓萍、衡霞：《农村土地流转风险的形成机理及外部性研究》，《农村经济》2011 年第 11 期。

五　土地流转补贴政策问题

土地流转虽有一定的正外部性，但还必须考虑这一政策执行中可能出现的问题。只有补贴所导致的公共利益改善超过实施补贴政策出现问题所导致的损失时，土地流转补贴政策才有了合理性。

（一）补贴不恰当的土地流转

土地流转必定是向特定的经营主体流转，可能的经营主体有其他农户、家庭农场包括自耕农家庭农场和雇工家庭农场、土地股份合作组织、农业企业等。一般来说，最合适的农业生产组织形式是自耕农家庭农场，这可以说是国内外学术界的基本共识。前面分析显示，土地股份合作组织、农业企业从事种植业，其农业生产的组织形式均有一定的问题。

然而，从各地实施的土地流转补贴政策来看，一般是流转土地越多，则获得补贴的可能性越大，有的甚至补贴标准还有所提高。但以目前中国农村的农业技术水平，自耕农家庭农场的规模有限。当土地流转规模达到上百亩甚至上千亩时，一般所形成的经营主体就很难是自耕农家庭农场，可能是雇工家庭农场、土地股份合作组织、农业企业等。

（二）可能导致过度流转

土地流转如果让流转双方受惠，无须政府鼓励农户也会实施土地流转。对这些农户来说，补贴促进其土地流转的作用有限。补贴只对"边际"农户有意义，对这些农户，有补贴就参与流转，否则就不参与。但这里仍有问题需要思考：如果农户是理性的，受到补贴的刺激才参与流转，则就可能导致过度流转，即从一个农户自身有效利用土地的角度，目前的流转状态是最佳的，但为了拿补贴，增加了土地的流入或流出，流入的部分已超过其有效耕种面积，而流出的部分可能更适合自己耕种。当然，如果获得补贴可有效增加土地流入或流出规模则另当别论。

（三）流转真伪甄别难

土地是否流转，从外观上是难以鉴别的，比较可行的鉴别方法是查看土地流转合同。但如果有合同就给补贴，可能补贴的不少土地是伪流转，也就是土地流转并未真正发生，补贴方用虚假合同来骗取补贴。已经流转并获得补贴后，为了再次获得补贴，可解除流转合同，做一些调整重新流转，就可能再次获得补贴。这时政府就处于两难境地：不严格审核流转的真实性，就可能鼓励伪流转；但如果严格审核，则行政成本过高。即便如此，甄别真假流转仍然很难。

（四）引发贪腐问题

土地流转补贴最终要由基层官员具体负责实施。土地流转真假难辨留下空间，让负责实施补贴的官员可能故意对伪流转实施补贴，并从中牟利。有些补贴需酌情给予，比如之前提到的，四川崇州根据土地用途以及建设棚舍面积的不同给予100~300元不等的补贴，这就会给负责补贴的官员寻租带来机会，从而引发贪腐。

（五）高财政负担

从文献中介绍的各地土地流转补贴标准来看，补贴标准并不低，尤其是连续实施补贴的地方。随着土地流转进一步发展，补贴的金额将越来越大，会成为政府越来越大的财政负担，尤其对农区的地方政府来说。此外，补贴政策可能导致伪流转，如果政府难以甄别，又会进一步加大政府的财政负担。

六 观察与思考

通过土地流转实现土地适度规模经营，首先是参与流转的双方从中获益，但对社会来说，也有着一定的正外部性，主要表现在，土地规模经营可改善农产品供给，改善劳动力资源的有效配置。因此，政府对土地流转适当补贴有一定的合理性。

但补贴可能导致不恰当的土地流转，表现为不是鼓励向自耕农家庭农场流转，而是向雇工家庭农场、土地股份合作组织、农业企业等流转。如果流转的土地用于从事种植业，所形成的农业生产组织是不恰当的，因为不是自耕农家庭农场。部分土地流入农户为了获得补贴而过度流入土地或流出土地，导致土地利用效率降低。

土地流转补贴要补贴土地流转行为。但在实际操作中真伪流转难辨，政府陷入两难：不严格审核，就可能鼓励伪流转；但如果严格审核，则行政成本过高。土地流转真假难辨也容易引发贪腐问题，政府官员对补贴的酌情处理也容易导致官员的寻租行为。随着土地流转规模的不断扩大，以及补贴引发的伪流转，土地流转补贴就会成为政府财政越来越重的负担。

综上所论，虽然基于正外部性政府对土地流转给予一定的补贴有一定的合理性，但补贴所导致的公共利益改善是否能超过实施补贴政策出现问题所导致的损失，有待进一步调查研究。

第十章

全球化与土地流转

今天中国政府鼓励农户土地流转，与过去排斥土地流转相比，是中国土地制度的一次重大改进。但在全球化时代，尤其在农产品市场全球一体化的背景下，我们在思考土地流转制度时，不仅要思考如何改进土地流转制度以克服当下土地流转制度的问题，更要放眼全球，思考今天中国土地流转的制度安排能否在未来使得中国农产品参与农产品市场的全球竞争。因此，我们要以全球竞争的视角审视中国土地流转的制度安排，从而设计出更合理、更能经受时代和历史检验的土地流转制度。

第一节　全球化的历史趋势

"全球化"是一个概念，也是人类社会发展的一种过程，强调整个人类社会在全球尺度上联系不断增强，集中表现在商品、资本、人口在全球范围内更趋自由的移动，信息和思想在全球范围得以更广泛的传播和交流，社会制度在不同国家间相互竞争和相互借鉴以及全球意识的形成。商品在全球范围内更趋自由的移动就是国际贸易自由化。与当下讨论的主题更为相关的是农产品市场全球一体化，即各国不断开放国内农产品市场形成全球共同市场的过程，这一过程是国际贸易自由化的重要组成部分。农产品市场全球一体化是我们选择和设计土地流转制度的一个重要的外部因素。

一 国际贸易自由化的历史进程

欧洲的现代化运动和殖民主义运动开启了人类全球化的历史进程，以欧洲为中心不断向全球扩展。但在很长的时间内，受交通和信息技术的限制，全球化的范围和深度是有限的。但在第二次世界大战后，随着科技的进步，交通和通信成本的不断降低，全球化包括国际贸易自由化不断向前推进，对此我们加以简要回顾。

国际贸易由来已久，但关税以及非关税壁垒也由来已久，严重限制了国际贸易及其给人类带来的巨大利益。因为各国间商品的生产成本和效率相差很大，通过国际贸易会给参与国际贸易的国家带来贸易利益，也正因为如此，人类一直试图削弱对国际贸易的限制，并一直试图建立正式的制度安排来推动国际自由贸易的实现。

1947 年建立的关税及贸易总协定（GATT），简称关贸总协定，是一个政府间缔结的有关关税和贸易规则的多边国际协定，代表着人类试图通过正式的制度安排促进国际自由贸易所做出的重大努力。1995 年 1 月 1 日成立了更具全球性的世界贸易组织（WTO），取代了关贸总协定。从关贸总协定到世界贸易组织，其宗旨都是试图通过削减关税和其他贸易壁垒，消除国际贸易中的差别待遇，促进国际贸易自由化，以充分利用世界资源，扩大商品的生产与流通。关贸总协定签署后，各国又通过不断进行的多边谈判进一步推动国际贸易自由化，经过多轮回合，其中多有涉及农产品贸易。

关贸总协定从 1947 年到 1961 年举行的前 5 次谈判都主要致力于降低商品进出口的关税，并未过多涉及农业。

第六次谈判于 1964 年 5 月在日内瓦举行，是为"肯尼迪回合"，主要的谈判议题是关税和农业，经过长期谈判，实现了农产品关税的大幅削减和工业品关税减让，并且使关税税率平均水平下降 35%。

第七次谈判始于 1973 年 9 月，在日本东京举行，是为"东京回合"。这次谈判的重心已从关税转移到非关税壁垒上，农产品贸易是主要议题之一。后因美欧的冲突，在众多农产品的议案中，仅就乳制品和牛肉达成了两项协定，收效甚微。

第八次谈判于 1986 年 9 月开始，是为"乌拉圭回合"。在其涉及货物贸易谈判中，规定全面约束农产品关税，对于发达国家和发展中国家分别实施 6～10 年的农产品关税减让，但因美国和欧洲共同体对农产品价格补贴问题的谈判破裂，未能取得如期结果。

2001 年在卡塔尔首都多哈开始进行新一轮多边贸易谈判，是为"多哈回合"，同时批准中国加入世贸组织。此次谈判内容包括农业、非农产品市场准入、服务贸易、规则谈判、争端解决、知识产权、贸易与发展以及贸易与环境 8 个主要议题。在农业方面，主要发达国家在削减农业补贴和关税方面依然不肯做出实质性让步。在 2013 年的 WTO 第九届部长级会议上，经多方妥协，终达成一揽子协议，包括 10 份文件，内容涵盖简化海关及口岸通关程序，允许发展中国家在粮食安全问题上具有更多选择权，协助最不发达国家发展贸易等。

在多哈回合谈判难有实质性进展的背景下，区域性高质量的自由贸易谈判不断兴起。2005 年 5 月 28 日，文莱、智利、新西兰和新加坡四国发起了"跨太平洋伙伴关系协议"（TPP）谈判，后美国参加并主导，参加国增至 12 个。农业是此次谈判的重点和难点，并以大幅度的关税削减为核心议题，2016 年 TPP 正式签署，可以视为人类在全球化进程中所达到的一个新高度。

2013 年 6 月，美国发起跨大西洋贸易与投资伙伴关系协议（TTIP），即欧美双边自由贸易协定，同样以区域性的贸易联合为主要谈判目标。除此之外，中韩自由贸易协定、中澳自由贸易协定、美澳自由贸易协定和欧洲贸易自由联盟、拉丁美洲自由贸易联盟等区域性的自由贸易已经取得显著成果。区域性自由贸易市场的建立成为现今国际社会为推进全球一体化的主流途径。

国际市场的区域一体化可以理解为全球一体化在面临重大争端而难以整体推进背景下，所采取的一种富有智慧性的安排，将为未来全球范围自由贸易奠定良好的基础。

二　全球化的历史趋势

然而，就在全球化不断高歌猛进的背景下，2017 年美国总统宣布并且签署行政命令，正式退出 TPP，这不仅是 TPP 的重大挫折，也是全球化的重大挫折。其实，全球化一直并非一帆风顺，始终受到各种反全球化力量的阻挠。美国退出 TPP 后，引发了关于全球化的广泛争议。

其实早在 2000 年前联合国秘书长安南就指出："很少有人、团体或政府反对全球化本身。他们反对的是全球化的悬殊差异。首先，全球化的好处和机会仍然高度集中于少数国家，在这些国家内的分布也不均衡。其次，最近几十年出现了一种不平衡现象：成功地制定了促进全球市场扩展的有力规则并予以良好实施，而对同样正确的社会目标，无论是劳工标准，还是环境、人权或减少贫穷的支持却落在后面。"[1]

确实，全球化在过去数百年间得到快速的发展，推动了世界各国的现代化，其历史功绩无以否定。但全球化确实带来利益分配不均衡的问题，包括国与国之间的不均衡以及一国之内人与人或不同群体之间的不均衡，甚至产生全球化的失败者。比如，在一些曾经是制造业的大国，如美国，产业工人良好收入的工作岗位被后发国家的产业工人抢走。如果这些失去工作的产业工人不能顺利实现职业转型，就成了全球化的失败者，就可能成为反全球化的力量。

当下全球化遭受挫折，源于美国退出 TPP。因此，要讨论未来全球化的历史趋势，就要先看看美国总统特朗普为什么要退出 TPP。特朗普反复强调美国优先，其实所有美国总统都是如此，包括主导了 TPP 谈判的上届美国总统奥巴马。特朗普认为："TPP 对美国制造业将是致命打击，会把美国的市场向货币操纵国开放，如果签署 TPP，中国有一天也会'走后门'加入。"[2] "该协议可能会成为我们国家的一大灾难。我会就我们打算退出 TPP 的意愿发出通知。相反，我们将开展磋商的，是能够让工作岗位和产业重新登陆美国的、公平的双边贸易协议。"[3]

从特朗普以上两段谈话，我们可以做如下两点解读。一是，特朗普反对的是不公平的国际贸易。暂且撇开特朗普所说的"货币操纵国"到底是指哪一国，从国际公平竞争的视角来看，不把市场向"货币操纵国"开放本身并没有错。二是，特朗普将开展磋商实现"公平的双边贸易协议"，当然前提是"让工作岗位和产业重新登陆美国"。这里，要点在于如果实现了公平贸易就可"让工作岗位和产业重新登陆美国"，且特朗普所论公

---

① 科菲·安南：《我们人民角色与作用》，http://www.un.org/chinese/aboutun/prinorgs/ga/ millennium/sg/report/ch2.htm，2000 年 4 月 3 日。

② 《特朗普誓言撕碎 TPP　承诺对华发起"无情攻势"》，环球网，http://world.huanqiu.com/hot/2016-06/9103687.html，2016 年 6 月 30 日。

③ 《特朗普：将在上任首日表态退出 TPP》，FT 中文网，http://www.ftchinese.com/story/ 001070254，2016 年 11 月 22 日。

平就是体现的自由贸易的基本原则，则特朗普退出 TPP，实则是在追求更高质量的自由贸易协定。当然，如果特朗普试图通过贸易保护以实现"让工作岗位和产业重新登陆美国"，则就有阻碍全球化的贸易保护主义之嫌。对此，我们不要马上就断定，特朗普拒绝 TPP 就是全球化的障碍制造者。

当然，特朗普只是美国任期 4 年的一届总统。要考虑美国对全球化的长期政策导向，更要从全球化在长期是否符合美国的利益来分析。美国无疑从全球化获得最多经济利益和政治利益。当然，即便是美国，全球化对其也有负面影响，集中表现在削弱了其制造业，尤其是劳动密集型的制造业。但随着美国主导的智能技术不断向前推进，低成本、高性能的智能技术就可以经济合理地取代劳动，则无须贸易保护也能"让工作岗位和产业重新登陆美国"。如此，美国必然会成为更大的全球化推动者，甚至是一个在全球化过程中局部利益受损群体都不多的国家，而这很可能是美国的未来。

从根本上来说，全球化是难以阻挡的历史趋势。人类从全球化可获得巨大的利益，这是因为各国的资源禀赋相差很大，自由贸易必然大大增加各国人民整体的福祉。全球化的主要问题是带来利益分享的不均衡。现在看来，要很快通过覆盖绝大多数国家高质量的自由贸易协定有一定的困难，如 WTO 的多哈回合试图达成高质量的自由贸易协定，却无果而终。但局部地区、部分国家则相对容易达成高质量的自由贸易协定从而使得国际自由贸易得以更健康的发展，如 12 国达成的 TPP。由此使得未加入高质量自由贸易协定的国家处于两难：加入就可能要接受其中一些不愿接受的条款，而不加入就可能被边缘化。其实过去中国在对 TPP 表态时，就面对过这样的两难。尽管如此，当时官方对 TPP 的表态还是积极的。其实之前为加入 WTO 也面临着类似的两难，但幸运的是，中国选择了克服困难积极加入，否则难有今天改革开放的巨大成就。

如果在加入高质量自由贸易协定尽管其中有些条款不愿意接受与被边缘化二者之间做选择，相信大多数国家为了避免被边缘化，只能克服困难加入高质量的自由贸易协定，难免心中有些不情愿，就像中国当年加入WTO。当年谈判之所以艰难，不就是因为中国暂时不能接受后来签署的协议中某些条款吗？对被边缘化的拒绝，导致越来越多的国家选择加入高质量自由贸易协定，由此全球化就在不断完成从量变到质变的积累，最终把全球化推向新的高潮。因此，从长期来看，全球化仍然是一个难以抗拒的历史趋势，不仅在于全球化能给人类带来巨大利益，还在于人类已初步找到可有效地推动全球化的方法。

三　中国与全球化

历史上中国是一个相对封闭的国家，尤其宋元明之后，到了近代中国的国门才逐渐被西方列强所打开。1949 年以后，由于意识形态的原因，中国首先与欧美国家处于敌对状态，尤其在朝鲜战争之后。20 世纪 50 年代又逐渐与苏联关系紧张。从 20 世纪 60 年代起很长一段时间处于相对封闭的状态，1978 年实行改革开放政策后，中国才逐步对外开放。

我们认为，中国从开放中所获得的利益首先在于促成中国的改革，其次才是发展了对外贸易和增加了境外投资。1978 年后对外开放，中国人开始重新审视世界和自身，认识到自己的落后，认识到计划经济制度是一种缺陷很大且难以克服的制度，也客观地认识到西方的市场经济制度和民主政治制度的优越性，从而大大加强了改革的决心，并逐渐明确了市场经济是改革的基本方向。其中最值得一提的是中国加入 WTO。

改革开放后初尝开放甜头的中国，越来越迫切需要扩大国际市场，这就需要加入 WTO。但要加入 WTO 就必须成为一个市场经济国家。其实，在改革开放初期，中国是否应放弃计划经济走市场经济的道路，一直存在巨大争议。在争论相持不下时，申请加入 WTO、满足成为市场经济国家的要求，迫使中国最终选择了市场经济道路，成为市场经济国家，这才平息了争论。可以这样说，如果不是有申请加入 WTO 这样的历史契机并由此形成的外部压力，中国什么时候能走上市场经济的道路还很难说。当然，中国加入 WTO 给中国带来巨大的国际贸易利益也肯定是最实际的利益，由此中国的国际贸易发展骤然加快。根据《中国统计年鉴 2016》，1978 年中国的进出口总额为 206.4 亿美元，2001 年为 4742.9 亿美元，而到 2015 年则增长到 39530.3 亿美元。现在中国仍然面临着进一步对外开放的外部压力和内在动力。

中国加入 WTO 后有 15 年的保护期。2015 年保护期到期之后，就要求进一步开放国内市场。就农产品市场来说，有如下协议要求：中国要开放农产品市场，对小麦、粟米、稻米及棉花实施"关税比例配额制"以开放农产品市场，逐渐撤销由国家控制的豆油贸易。中国作为 WTO 的成员国，一个负责任的大国，应该积极主动地兑现自己入世时的承诺，遵守协议，否则中国将会在 WTO 的贸易争端之中处于不利地位，并将有损中国作为负责任大国的国际形象。

总的来说，局部国家的高质量自由贸易协定将不断出现，这是不会改变的历史趋势。于是，类似于中国加入 WTO 的难题还将摆在中国人面前，也类似于 TPP 刚签署完时中国的处境：中国可能暂时难以接受其中的一些条款，但又不甘被边缘化。我们认为，中国应该把 TPP 的搁置看成中国所获得的一个战略缓冲期，主动积极地加快对外开放，以适应未来一个全球化不断向前推进的世界。而错误的态度就是，全球化当下遇到挫折，中国可以放缓对外开放的步伐，甚至滑向贸易保护主义。

加大开放力度也是推动国内改革的需要。中国实行计划经济约 30 年，而改革则已接近 40 年，如果把 1978 年视为改革元年。然而，经过近 40 年的改革，中国仍未进入改革的深水区，是成功的中国改革一个具有讽刺意义的现象。就农村改革来说，唯一的高潮就是改革开放之初所实行的家庭联产承包责任制，也有观点认为当下所推行的土地流转也是重要的农村改革，但根据本书的分析，有积极意义，但所带来的问题并不比实行家庭联产承包责任制所带来的问题少，不应给予过高的评价。

其实回顾中国的改革一直都与外部推动有关。1978 年前后开始的改革，重要的缘由是认识到中国与西方发达国家的差距拉得过大，从而感受到巨大的外部压力，由此促成中国排除干扰实施改革。1992 年确定走市场经济道路，与申请加入 WTO 有着直接的关系。本来 TPP 的签署可以成为中国改革的一个新的外部契机，但美国的退出似乎又让中国所感受到的改革紧迫性降低。为此，中国应积极寻找促成中国改革的外部契机，积极参与高质量自由贸易谈判和高质量自由贸易协定，这些都将有效地促进中国的改革。

中国现在主要农产品的价格明显高于国际价格，如图 1-1 到图 1-4 所示（见第一章第一节），说明中国并不具有农产品生产的比较优势，适当利用国内国际两个市场以及国内国际两种资源，有助于更好地解决中国的农产品供应，并可缓解中国人与环境的紧张关系，更好地保障国家粮食安全。如此，中国的农产品市场将越来越成为全球一体化农产品市场的一部分。此外，中国的农产品价格也将随之下降，如果再根据 WTO 的相关协议，中国减少农业补贴，则必对中国农业带来相当的冲击，由此可能成为中国农村改革的重要契机。

粮食走私也是全球一体化农产品市场的组成部分。粮食走私是非法的粮食贸易。但对中国，这一贸易的数量巨大，且受价格信号左右。唐恒以《我国成"大米走私"重灾区》为题报道了中国粮食走私情况。[①] 2011 年前，中国大米价格大多低于泰国与越南等国，导致大米走私出口屡禁不绝。2012 年后情况逆转。随着国内粮价不断上涨，国际大米价格持续走低以及人民币持续升值，进口利润快速增长，大米走私也由此开始猖獗，其数量不下于通过海关进口的数量。这里我们不从法律或道德上批评粮食走私，而是说如此巨额的粮食走私客观上推动了全球粮食市场的一体化，也在一定意义上说明，全球化的不可抗拒性。生产走私粮食的农民也客观上成了中国种粮农民市场上的竞争对手。

第二节　全球化对土地流转制度选择的限制

本章第一节讨论了农产品市场全球一体化的历史趋势，所获得的基本发现是，未来国内的农产品市场将会越来越成为全球一体化的农产品市场的一部分。因而，未来的中国农民将通过全球一体化的农产品市场，与农业发达国家的农民相竞争，而这种竞争也包含着其背后的土地流转制度的竞争。因此，我们在设计土地流转制度时，不仅要思考如何改进土地流转制度以克服当下土地流转制度的问题，更要思考所设计出来的土地流转制度在未来能否使得中国农产品参与全球农产品市场的竞争。

一　农业发达国家的土地流转制度

农业发达国家的农民，是未来中国农民最主要和最强大的竞争对手。因此，我们需要考察农业发达国家的土地流转制度，进而分析其对中国土地流转制度选择的限制。

（一）农业现代化的多样性

毫无疑问，美国是当今世界上农业最发达的国家，尤其在谷物等大宗农产品

---

① 唐恒：《我国成"大米走私"重灾区》，中国粮油网，http://www.grainnews.com.cn/a/news/2015/07/13 - 24721. html，2015 年 7 月 13 日。

的生产上。通过采用大规模、高度机械化、低成本的集约型生产方式，美国农民不仅养活了美国人，而且是全球农产品市场尤其是谷物市场的主要出口者。

但美国并非是世界上唯一的农业发达国家，还有其他一些农业发达国家，其成功的农业发展模式各具特色。荷兰通过加工增值及农业订单，生产资金密集型和技术密集型的花卉产品，成为欧洲第一大花卉供应国。以色列在诸多不利的环境下，所生产的瓜果、蔬菜占据欧洲 40% 的市场，是仅次于荷兰的欧洲第二大农产品供应国。这两个国家的农业模式并非是美国模式，却也是农业现代化成功的模式。

但我们仍然认为，美国农业现代化的模式有着主导的意义，原因在于，美国的农业现代化集中表现在谷物等大宗农产品的生产上，而谷物是人类所消费的主要的农产品，而非美国模式的农业现代化成功国家的农产品（一般为小宗农产品），如荷兰的花卉，以色列的瓜果、蔬菜等。因而这些基于小宗农产品的农业现代化成功模式的示范作用是有限的，因为小宗农产品的市场有限，不能同时适用于太多国家，尤其是农业大国，而且小宗农产品的成功往往与特定的自然条件有关。

就中国农业来说，美国的农业现代化经验更具参照价值。更重要的是，美国农民是未来中国农民在全球一体化农产品市场上的主要竞争对手。因此，中国土地流转制度，很大程度上受到美国土地流转制度的限制。

（二）农业发达国家的土地流转制度——以美国为例

关于美国的农村土地制度，包括土地流转制度，第二章第二节已有所讨论，为了阅读的连续性，我们再做简要的概括。

美国的农村土地制度是私有制，第十二章将侧重对比土地私有制与集体所有制的优劣，发现土地私有制是农村土地制度演化的历史趋势。美国的土地流转是以私有制为基础，土地流转大多为买卖，但土地租赁也占有一定比例。就土地买卖来说，手续简单自由，在中介的协助下，双方自愿签订协议，到政府注册登记即可。即便是土地租赁，也是大规模的租赁，交易方式自由简单。此外，值得关注的是，美国没有类似中国城乡分隔的户籍制度，这使得与土地脱离的农民能够及时地转移到城镇，从而避免农村出现劳动力严重剩余的现象。

二　土地流转制度：美国 vs. 中国

樊明认为，在当前全球化时代，每个国家可以根据自己的偏好选择制度，这种制度不一定是最好的制度，但是可以存在的制度。然而随着全球竞争不断加剧，包括各国间的制度竞争，不能参与全球竞争的制度就很难生存，要么改革，要么消亡，如此使得各国制度选择的空间被大大压缩。[①]为此，我们将中国的土地流转制度与以美国为代表的农业发达国家的土地流转制度加以对比，由此分析中国在土地流转制度选择上受到的可能限制。

美国的土地流转建立在土地私有制基础上，土地流转以一次性的买卖为主，租赁为辅，这使得美国农民大多为自耕农。相比之下，中国农村的土地制度为集体所有制，土地流转的是所承包的集体土地剩余承包期的经营权，加之中国是一个小农经济国家，这就给土地流转带来诸多问题。

一是，土地流转的高交易成本。对一个承包地很少的农户来说，如果希望实现农地的规模经营而成为承包大户，则需要与众多的农户进行经常性的谈判以获得土地租赁的机会。如此，土地流转的交易成本就必然很高，并由此限制了土地的大规模经营。美国以自耕农为主，因而土地流转大多是一次性的买卖，流转成本相对较低。美国土地租赁也是大规模租赁，交易成本并不高。

二是，所有权、承包权和经营权三权分置的问题。中国农民的承包地流转后，形成三权分置，即所有权、承包权和经营权的分置，每一次土地权力的分置都带来诸多问题，包括交易成本、经营土地的短期行为、农业成本增加等。美国以自耕农为主，三权合一，较好地避免了三权分置所带来的问题。当然"三权合一"这一概念并不适合描述美国的土地制度，这里只是便于与中国土地制度比较。美国也有相当数量的佃农，这是美国农业的问题，对此第二章第二节已有所分析，但只是所有权与经营权的分置，与中国三权分置相比，问题相对较轻。

三是，佃农的成本劣势。对一个承包大户来说，自己承包的土地非常有限，如果大量租入土地耕种，就成了佃农，就要缴纳地租。在中国政府的宣传话语体系中，通常把这种高地租视为对农民利益的维护，因为脱离土地的农民因此可获得一份高收入保障。然而，真正种地的农民就将因此支付高地租，必然增加农业生产的成本，是中国农产品价高的重要原因。而美国的农民以自耕农为主，自耕农无须缴纳地租，就此而言，必然有助

---

① 樊明：《全球化和制度选择空间》，社会科学文献出版社，2001。

于其降低农产品价格，在全球农产品市场竞争中获得价格优势。

四是，大量剩余劳动力留在农村。中国至今实行的是城乡分隔的户籍制度，近年来虽有局部改革但尚未取得根本性突破，这使得农民到城镇后受到户籍歧视，严重降低了其在城镇的劳动市场表现，由此又限制了农村居民在流转出土地后离开农村，形成大量剩余劳动力留在农村，造成人力资源的严重浪费。而美国的土地流转以买卖为主，由于不存在中国式的城乡分隔的户籍制度，卖出土地的农民可立刻到城镇寻找到就业机会，且在城镇不会受到户籍歧视，由此不会导致年老返乡的问题。

三　基于全球竞争中国土地流转制度选择所受限制

根据以上分析，中国基于三权分置的土地流转制度难以与以土地私有制为基础的土地流转制度相竞争，也就是说，农业发达国家以土地私有制为基础的土地流转制度，限制了中国今天所倡导的基于三权分置的土地流转制度的选择，因为这种制度安排使得中国农民难以参与全球农产品市场的竞争。

为此，中国将面临两个基本选择：一是，设计出新的具有中国特色的土地流转制度，使得中国的农产品能较好地参与全球农产品市场竞争，甚至更具竞争优势；二是，与农业发达国家的土地制度接轨，至少不因土地流转制度使得中国农产品缺少国际竞争力。

要设计出具有中国特色且保证中国农产品能较好地参与全球农产品市场竞争的土地流转制度并非一朝一夕可实现，如果暂时难以做到，剩下的只能是更多地与国际接轨。然而，土地流转制度不仅是一种涉及土地拥有和使用的经济制度，还涉及意识形态甚至政治信仰。但我们认为，作为经济制度的土地流转制度的选择，应更多地以发展农业生产为基本依据。如果我们选择的土地流转制度虽契合了我们的政治信仰，但终究使得中国的农产品难以参与全球农产品市场的竞争，则这种土地流转制度是有问题的，也许我们的政治信仰本身就是问题信仰。

第十一章

土地制度与土地流转

前面的分析说明，中国农村土地流转存在诸多问题，且与农村土地集体所有制关系密切。这就提出一个问题，以什么样的土地制度为基础，土地流转将较为理想？这就需要思考土地制度与土地流转的关系。这一分析将有助于我们以实现较为理想的土地流转视角，分析土地制度本身的改革。当下世界上有两种基本的土地制度：一是普遍流行的土地私有制，二是土地公有制。在中国农村表现为土地集体所有制。本章分析基于土地私有制和中国农村土地集体所有制的土地流转。

第一节　土地私有制基础上的土地流转

农村土地私有制是人类社会自进入阶级社会后长期实行的土地制度，也是当今世界各国最普遍实行的土地制度。我们先分析在土地私有制的基础上农村土地流转的行为表现。

一　土地制度的相对性

现代产权理论将产权分解为所有权、使用权和处置权。纯粹意义上的土地私有制是指土地所有者可完全实现土地的所有权、使用权和处置权。然而在现实中，土地所有者很难拥有完全的土地产权。西方国家被认为是

实行土地私有制的国家，但就农业用地来说，在所有、使用和处置方面受
到诸多限制。就土地的所有权来说，并非所有的人都可以自由获得土地，
比如，不少国家对外国人购买本国土地有所限制，甚至严格禁止。就使用
权来说，第九章第一节介绍，法国政府规定："对农村土地使用和转让时，
私有农村土地一定要用于农业，不准弃耕、劣耕和在耕地上进行建筑。"
西方国家一般强调土地使用要符合国家的土地规划。就处置权来说，也有
诸多限制。法国在土地继承上，规定农场只能由农场主的配偶或享有继承
权的一位子女继承，保证了农场的规模不会因子女继承而缩减。其实这一
条款也包含对所有权的限定，因为排除了农场主的配偶或享有继承权的一
位子女以外的子女获得土地所有权。

　　相反，在中国土地集体所有制下，通过建立承包体制，农民也可获得
有限时间土地使用权（称为经营权）。

　　因此，我们说一个国家的土地制度是私有还是公有或集体所有，显然
带有相对的性质，甚至有模糊不清的地带。比如，一个农户从国家或集体
租赁土地一段时间，比如说30年，则被认为不改变土地是国有或集体所有
的性质，但如果租期是999年，则事实上就成了私有。

　　这也可以帮助我们从一个视角解释在中国土地承包权必须定期重新分
配，现在是30年，过长就使得土地集体产权的性质过于弱化，事实上否定
了土地集体所有制的基本性质。也有主张实行土地私有制的人提出，用延
长承包期的办法，可既不改土地集体所有之名，又获得土地私有之实，也
不失智慧。

二　土地私有制下的土地流转

　　假定土地所有者拥有完全的土地所有权、使用权和处置权。此外，我
们还假定工业化、城镇化的背景，存在城乡统一的高流动性的劳动市场，
离开农村的农民可及时到城镇就业。这些假定很接近西方社会的实际
情形。

　　一方面，工业化会大大提高农业劳动生产率，导致单户家庭农场所能
耕种的土地越来越多；另一方面，离开农业的农民可及时转移到城镇在第
二、第三产业找到就业的机会。如此，农户间就产生出土地流转的必要和
可能，因为一些农户发现耕种现有的土地所获得的收入低于在城镇就业，

于是就希望将自己拥有的土地流转出去然后到城镇就业。有两种流转出方式：卖出和租出。

从理论和西方的经验来看，大多农户会选择卖出。出租也是一种处置多余耕地的方式，但在工业化时代，却不是主流的土地流转的模式，因为出租是多次交易，每到一个租期结束，就需要谈判下一租期的合约。此外，还要监督合约的执行。对此，高彦彦、杨德才做了进一步的解释：在租佃关系中的交易成本分为监督成本、合约签订成本等，由于土地产权的分散，佃农投机的可能性更大，居住在城市的地主很难监督佃农的行为，进而增加了交易成本。[①] 相反，通过土地买卖实现土地流转所流转的是土地全部产权，是一次性的交易，相对于租赁多次交易来说，交易成本较低。此外，也不存在监督成本。对此，巴泽尔从交易成本的视角给予解释：自耕农由于土地所有权和使用权的统一而不会产生由产权分散导致的委托代理关系，因而也就不会产生交易成本问题。[②] 现在农业发达国家的农民以自耕农为主，支持了以上分析。

在工业化、城镇化时代，土地买卖占据土地流转的主导地位，还有个客观条件，就是存在城乡统一高流动性的劳动市场。当一位农民发现，到城镇就业是比耕种自己的土地能获得更高收入时，便有了流转出自己土地的愿望，但如果存在限制农民到城镇就业的制度障碍时，卖出土地到城镇就业的愿望就会减弱。一方面，因在城镇劳动市场会受到户籍歧视，到城镇寻找到适当的就业机会难度较大，且收入水平降低，职场晋升困难；另一方面，如果在城镇难以获得养老等社会保障，则所拥有的土地就担负其养老的保障功能。所幸，西方一直没有建立阻碍农村居民向城镇自由转移的城乡分隔户籍制度，使得愿意离开农村的农民能及时离开农村，致使现在西方发达国家的高城镇化率，一般在98%左右。这里的城镇化率是基于职业的，是非农就业占总就业的比重。[③]

---

① 高彦彦、杨德才：《农业租佃关系中的交易成本与土地产权分散程度的决定》，《制度经济学研究》2009年第2期。
② 〔美〕巴泽尔：《产权的经济分析》，费方域、段毅才译，上海三联书店、上海人民出版社，1997。
③ 详细解释见樊明等《中西部工业化、城镇化和农业现代化：处境与对策》，社会科学文献出版社，2015。

无论是通过土地买卖还是租赁，土地流转的交易费用都相对较低。如果土地流转通过土地买卖实施，则土地买卖是一次性交易，流转成本当然较低。第二章第二节介绍了美国的土地流转，可以说明这一点。如果通过租赁实施，虽然土地流转成本增加，但由于流转的规模较大，与小规模土地流转相比，单位土地的流转成本仍然较低。

基于土地买卖的土地流转可有效克服经营土地的短期行为。现代高效的农业生产投资大，不少带有沉没成本的性质，比如一些对农田的固定投资如喷灌设备、更多地施有机肥等。如果土地通过买卖实现了土地流转，则新的土地所有者对土地享受永久业权，就不会担心对土地的投入因回报期过短而难以获得满意回报的问题。相反，如果土地是租佃经营，经营者就很难进行大规模带有沉没性质的投资，而只能经济合理地采取短期行为，即投入要求在租期结束时能获得满意的回报，这就难以对农田进行大规模投入。所幸，西方农业发达国家的土地流转的结果仍然保持着自耕农家庭农场为基本的农业生产组织形式。

通过土地买卖的方式实现土地流转，土地就可在单个家庭农场不断积累，形成自耕农家庭农场，实现土地的规模经营。自耕农家庭农场这种农业生产的组织形式可避免代理问题和管理成本，因为实现了土地所有者、经营者和生产者合一。

通过土地买卖所实现的土地流转，可避免租佃关系的形成，因为通过买卖所形成的家庭农场是自耕农家庭农场。当然，如果通过土地买卖实施土地流转也会形成租佃关系，所幸土地租佃不是主流，因为土地租佃的高交易成本限制了土地租佃，如前分析。

城乡统一高流动性的劳动市场避免了农村形成大量剩余劳动力。西方在工业化、城镇化背景下，一般不会出现大规模的农村剩余劳动力，因为当工业化带动农业现代化由此产生农村剩余劳动力时，剩余劳动力就会通过城乡统一高流动性的劳动市场，转移到城镇就业。

第二节　土地集体所有制基础上的土地流转

土地集体所有制是中国农村所实行的一种土地制度。我们今天所要讨论的土地流转就是在这种制度基础上所进行的。为此，我们对农村土地集体所有制的产生以及在土地集体所有制基础上进行土地流转所遇到的困难做一分析。

一　土地集体所有制的理论基础

实行土地集体所有制的理论基础是马克思等经典作家关于土地集体化、国有化思想，对此第四章第一节已有介绍，下面再做简要概括以保持阅读的连续性。

马克思相信，土地集体化可以消除贫困："土地从大农民和更大的封建主私人占有中夺取过来，而变作由农业工人的合作团体集体耕种的社会财产时，他们才能摆脱可怕的贫困。"土地国有化可带来平等："土地国有化将使劳动和资本之间的关系彻底改变，归根到底将完全消灭工业和农业中的资本主义生产方式……生产资料的全国性的集中将成为自由平等的生产者的联合体所构成的社会的全国性基础。"①

在土地集体化、国有化思想的基础上，马克思又提出具体的农业生产组织形式，主张实行在发达的工业资本主义国家完成土地国有化之后，农业工人凭借既有的工业力量组织大规模集体化经营。而在经济落后的国家，土地相对分散，农民可以成立合作社，集中土地，集中生产力进行生产，直到经济发展到一定程度后形成集体大农业。强调土地国有化基础上的农业生产才能实现农业合理化。

基于马克思农业合作化的思想，苏联首先开始了实践，第二次世界大战后在社会主义阵营国家普遍推广，在中国则发展为从合作社到人民公社的农业合作化运动。

然而，从苏联到中国以及所有其他社会主义国家，农业合作化运动无一不以失败告终。马克思的土地合作化、国有化思想的实践存在诸多马克思等经典作家没有想到或想错了的问题，这和马克思对资本主义农业的批判有着直接的关系。对此，第四章第一节也做了分析。

马克思过分强调农业生产的社会性和计划性，而忽视了农业的集体生产方式所引发的劳动的激励问题。在集体劳动条件下，还存在高管理和高监督成本的问题。农业的集体劳动就需要管理和监督，就需要支付相应的

---

① 《马克思恩格斯全集》第十六卷，人民出版社，1995。

管理和监督成本。所不幸的是，这些问题在中国的人民公社得以充分的表现，导致人民公社成为一种低效率的农业生产组织形式，农村普遍凋敝，农民贫穷。

二 家庭联产承包责任制导致小农经济出现

人民公社的低效率导致农民普遍贫困，1976年毛泽东逝世后，中国就逐渐酝酿改革，首先从农村悄悄开始，这就是后来推广到全国的家庭联产承包责任制，其核心就是以农户为单位获得土地的使用权，这对调动当时被人民公社压抑的广大农民的劳动生产积极性来说，发挥了巨大作用，解决了当时人民公社最大的一个弊端——出工不出力，并很快解决了全国人民的基本温饱问题。随着粮食生产统购统销体制的终结，家庭联产承包责任制就演变成基于土地集体所有制的农户自主经营，也就是现在的农户经营模式。这时，中国的农业就演变成小农经济，因为要把一个村的全部土地按每户人口分配，每个农户只能分配到少量的土地。不仅如此，由于一个村的土地的质量有差别，为了每个农户按人口分配到相同质量的土地，就只能把相同质量的土地按每户人口分配，结果导致严重的土地碎化。

三 建立在土地集体所有制基础上的土地流转

随着越来越多的农民外出打工或就地从事非农职业，就开始出现农户间自发的土地流转，但起初并不受到政府鼓励。然而随着农业规模经营的重要性得到越来越高的重视，政府开始支持和鼓励农户间的土地流转，并出台相关法律政策试图规范农户间的土地流转。但有一些与土地集体所有制相关的问题却难以得到有效的解决，对此第一章第二节已有所讨论，再简要概括如下。

一是，高土地流转成本。一户农户要实现一定规模的土地经营，就要与众多农户进行谈判。由于流转的也只是承包剩余期内的土地经营权，这就需不断重复谈判。如此，必然导致土地流转的高成本。二是，强化了土地经营的短期行为。因为土地流转的只是在承包剩余期内的土地经营权，时间有限，就必然强化土地经营的短期行为。三是，代理问题和管理成本。如果土地流出后入股成立土地股份公司，则实际掌控土地股份公司的管理人员就可能以权谋私，引发代理问题。土地的公司运作就必然发生管理成本。四是，租佃关系复活。当土地承包者出租土地给土地经营者，二者之间就形成租佃关系：经营土地的农民成为某种意义上的佃农，而承包土地的农民就演变成某种意义上的地主。如果大多承包土地出租，则中国农业就退化到佃农经济，由此带来租佃体制的道德问题和地租推高农产品成本进而推高农产品价格的问题，并将由此削弱中国农产品在国际市场的竞争力。五是，农村出现大量剩余劳动力。中国存在城乡分隔的户籍制度，当农民发现在农村从事农业生产收入较低时，难以到城镇就业，因为受到严重的户籍歧视，难以真正融入城镇，由此在农村出现大量剩余劳动力。当农村剩余劳动力难以及时转移到城镇，也限制了土地流转，因为一些农户因担心难以在城镇获得适当的就业机会而继续留在农村务农。

之所以产生以上五个方面的问题，根本原因在于农村土地集体所有制以及城乡分隔的户籍制度。土地集体所有制导致土地分配以村为单位平均分配，人人有份，由此小农产生。为了体现土地集体所有的性质，就必须定期重新分配土地，否则就成了事实上的私有。如此，土地流转必然在小农间经常进行，导致流转的高交易成本。土地的短期经营必然导致农户经营土地的短期行为问题，限制了农户对土地的长期投入。小农间的土地流转必然导致流转大户也同时成为租佃大户，从而成为佃农。由此种地农民要缴纳相当高的地租从而推高农业成本，脱离农业生产的农民享受地租或其他形式的土地利益而成为新型地主，并进而引发依靠土地承包权不劳而获的道德问题。如果把农户的土地集中起来成立土地股份公司或类似的机构，就必然产生代理问题和管理成本。城乡分隔的户籍制度严重限制了农村剩余劳动力及时转移到城镇，又进一步限制了土地流转。

综上分析，建立农村土地集体所有制的理论基础有诸多不足，实践无一不以失败告终，已被其他原社会主义国家所放弃。中国坚持在农村实行土地集体所有制，结果导致小农经济的产生，不利于进行大规模高效率的农业生产。于是，开始鼓励农户进行土地流转，但小农经济基础上的土地流转交易成本过高以及其他诸多问题，终使土地流转难以达到较为理想的规模。

在农村土地集体所有制基础上实现较高质量的土地流转，考验着中国人的智慧。

第十二章
主要发现及土地流转政策选择

本书讨论至此，已就中国土地流转诸多方面的问题进行了较为广泛和深入的分析，为讨论促进中国土地流转的政策选择提供了理论基础。本章首先对之前的分析所获得的主要发现做一简要梳理，在此基础上讨论促进中国土地流转的政策选择。

第一节　主要发现

农业生产尤其是粮食生产存在着显著的规模经济。中国改革开放之初在农村推行的家庭联产承包责任制，实现了耕者有其田，但同时使得中国的农业却成为小农经济。在中国社会保障体制不健全的背景下，中国式小农经济的存在有一定的积极意义，但小农经济注定是低效率的。随着农产品市场全球一体化不断向前推进，中国农业将不可避免地加入全球一体化的农产品市场的竞争，而其背后也包含着土地制度的竞争，包括土地流转制度。西方农业的规模经济建立在土地私有制的基础上，而中国如何在农村土地集体所有制基础上通过土地流转实现土地的规模经营，是一大难题，但是当下中国农业必须面对和必须解决的难题。

中国现代小农经济存在诸多问题：一是，土地规模狭小，缺乏规模经济；二是，农民经营土地的短期行为；三是，物质资本投入低，不利于农业科技水平的提高；四是，人力资本投入低，不利于农村劳动力的改善；五是，劳动和土地很难得到有效结合；六是，农民难以与土地彻底分离，降低城镇化质量；七是，导致土地抛荒。以上这些问题导致中国主要农产品价格明显高于国际市场，缺乏国际竞争力。

近年来，为实现土地的规模经营克服小农经济的弊端，中国开始鼓励土地流转，但仍然存在诸多问题需要讨论：一是，高土地流转成本；二是，强化了土地经营的短期行为；三是，代理问题和管理成本；四是，租佃体制复活；五是，农村出现大量剩余劳动力。

本书研究的主题：在当前土地集体所有制的条件下，如何降低土地流转的成本和提高土地的规模经营，实现规模效益，要力图满足以下四个条件：一是，低交易成本；二是，有条件参与农产品全球市场一体化的竞争；三是，要更多地维护实际留在农村种地的农民的利益；四是，农业经营以家庭农场为主，实现承包者与经营者的统一。

农业生产规模经营的理论基础是农业生产的规模经济性。农业生产的规模经济是由农业生产的技术特性所决定的。中国的农业虽为小农经济，但即便在这么小的规模上，规模经济的存在性仍然是显著的。随着农户耕种小麦、玉米、水稻亩数的增加，小麦、玉米和水稻的劳动生产率均呈明显的上升趋势。

给定一个社会的农业生产技术和农业制度条件，存在着一个对应最低平均成本的农地规模，是为最佳农地规模。然而，我们不可能观察到超过最佳农地规模的样本，此外在未来很长时间内，中国农户的耕地规模不可能达到或接近农业发达国家家庭农场的规模，这就提出一个在一定时期一定条件下一国甚至一个地区农地适度规模的问题。本书提出三个农地适度规模的概念：一是，非务农职业收入均等化的适度规模；二是，基于城乡收入均等化的适度规模；三是，远期适度规模。当城镇化率达到95%时，要实现城乡收入均等化，平均农地适度规模应为189.48亩。

当下中国正试图通过土地流转实现土地的适度规模经营，这就需要研究影响土地适度规模经营的因素。先分析为什么西方农业发达国家多为基于家庭农场的规模经营，主要有以下三个方面原因。一是，土地私有制。由于土地买卖是一次性的交易，交易成本较低。此外，土地租赁也是土地流转的重要方式，但西方农业发达国家的土地租赁建立在规模经营的基础上，租赁交易成本仍然较低。二是，存在城乡统一的劳动市场。三是，平原农业。由此，家庭农场的规模普遍较大。

制约中国实现农业规模经营的因素包括：一是，农村土地集体所有制，导致高土地流转交易成本；二是，城乡分隔的户籍制度；三是，中国多山的地形条件。

鼓励通过农户间的土地流转实现土地规模经营，是当下国家的政策。但土地流转能否真正实现，首先取决于农户的自主决策，因此要研究农户的土地流转行为。

关于农户的土地流转行为有以下发现 。户主受教育程度越高，则会更多地流入土地或流出土地。务农收入占总收入比重越高的农户会更多地流入土地，否则会更多地流出土地。务农技能高的农户会更多地流入土地，打工技能高的农户则更多地流出土地。务农劳动力越多的农户会更多地流入土地，相反则会更多地流出土地。农户的土地流转行为受利益信号的作用：农户对农产品售价以及务农净盈利评价越高，则会更多地流入土地，相反则会更多地流出土地。经常通过网络获取信息的农户或会更多地流入土地，或流出土地，是土地流转较为活跃的群体。对土地情感越深的农户，会更多地流入土地而较少流出土地。

关于抛荒行为有以下发现。土地碎化越严重，农户越有可能选择抛荒。务农收入占总收入比重越低从而务农收入重要性降低，农户越可能选择抛荒。家庭务农劳动力越多，能耕种更多的土地，就越不会选择抛荒。农业条件越好，土地越肥沃，农户从事农业生产的收入就越高，也就越不会选择抛荒。对土地情感越深的农户，选择抛荒的可能性就越低。在中国，土地承包权是集体无偿平均分配。如果租金较低且低于出租的交易成本，则抛荒就是理性的选择。抛荒与集体土地所有制相关，是农户只有土地承包权而无所有权的产物。

目前中国农户对农业生产投入水平相当低，且农机具更新相当缓慢。大型农机具的使用会增加农作物亩产并降低亩均农机具和亩均劳动力投入，由此降低亩均成本。农地规模的扩大会促使农户购买大型农机具，增加农业投入。由此，当下农户耕种面积过小是导致农户农业低投入的重要原因，要促使农户增加对农业的投入从而加快农业现代化进程，就必须增加农户耕种亩数，这就需要加快土地流转。

平原地区的租金显著高于深山、丘陵/黄土高原地区。土地越肥沃，则租金越高。租期越长，租金越高。

农民在选择土地流转合同形式时，是基于合同总成本最小化的原则选择土地流转合同形式，这一理论分析得到调查数据的支持：随着土地流转租金的提高，流转时间的增加，流转双方关系的疏远由此导致违约成本的提高，农户更倾向于高严肃性的合同形式。随着农户户主受教育年数的增加，高严肃性合同的订立成本降低，农户更多地选择高严肃性的合同形式。以上分析可以帮助我们理解，为什么农民极少通过政府土地流转交易平台签订土地流转合同，一个重要的原因在于，大多农民的土地流转规模较小，因而所涉及的租金较低，合同持续的时间较短，土地流转大多在同村村民甚至亲戚之间进行，农户普遍选择低严肃性的合同形式是理性的选择。

金融支持对土地流转有着重要的促进作用。获得金融支持的农户能更多地扩大土地经营规模，流转入更多地土地。收获后支付租金的农户比在收获前支付租金的农户流入更多土地，因为收获后支付租金的农户受资金约束较小。由于当下土地流转的规模普遍较小，普遍而言土地流转对金融支持的需求尚比较小，但对收获后支付租金的流转大户来说，如流转入土地超过 50 亩的农户，则必然有较高的金融支持需求。

虽然土地流转入农户对金融支持有需求，但普遍获得金融机构金融支持困难：一是，因为承包地剩余承包期经营权变现能力低，难以成为有效的贷款抵押物；二是，因为土地流转规模小。因此，实施对土地流转的金融支持政府要保持谨慎。对各种可能的方案要做成本—收益分析。如果暂时找不到合适的金融支持土地流转的方式，有限作为甚至不作为也不失为明智的选择。

20 世纪 70 年代末，中国农村广泛推广家庭联产承包责任制，在当时极大地调动了广大农民的劳动生产积极性，为解决中国城乡居民的温饱问题做出了巨大贡献。但这种制度是一种建立在土地集体所有制基础上的小农经济，存在诸多问题。之后，全国各地对土地经营模式开始了诸多的探索，值得总结和反思。

平度模式把耕地分成两类：一类为口粮田，承担农村社会保障职能，满足农民的基本生活需要，体现平均分配的福利原则；另一类为承包田，引入效率原则实行适度竞争。本书认为平度模式有值得反思之处。一是，"两田制"同时存在规模经济和规模不经济。土地的规模经营仅体现在承包田，而对口粮田来说，则是规模大幅缩小。二是，"两田制"所实现的土地流转并非基于市场的自愿交易，而是政府的指令，并非所有的参与者都是这一制度的受益者。三是，高公共管理成本。"两田制"的承包期为5年一期，每年需要统计人口分配收益，这就需要村委会等基层组织更多地介入组织管理，大大增加了公共管理成本。四是，政治权力与经济权利混合，容易滋生腐败。根据以上分析，"两田制"并不是一种普遍有效地实现土地适度规模经营的模式。

农村土地股份合作制最早起源于广东省南海区。南海土地股份合作制存在两个方面问题：一是，南海的农村股份合作组织未经政府的征地程序，就把其集体土地用于工业建设，是"工业小产权房"；二是，土地股份合作制存在相当大的、潜在的代理问题。由此，有可能土地股东实际获利不如租赁合约规定的租金，因为在租佃体制下，无须对经营者实施监督，节省了股份制下的监督成本。

扬州土地股份合作社的土地均用于农业用途。扬州市实行的土地股份合作制改变了分田到户制，在农村土地集体所有制基础上实现了一定程度的土地规模经营，使得不少农民可以脱离农业生产。但土地股份合作制也是一把双刃剑。内股外租型土地股份合作社本质上是"地主"，即把分散于农户的土地集中起来统一出租，因而租佃体制的问题都会反映在这种土地股份合作制形式中。自主经营型土地股份合作社强调由合作社自己组织农业生产，是一种非家庭农场体制，面临管理成本以及因农民劳动受到的激励降低而带来的效率损失。因此，土地股份合作制不失为一种在不能改变土地集体所有制前提下，促进土地规模流转的有意义尝试，但终究不是未来农业生产组织的发展方向。

温江模式的要点是，"双放弃换保障"和"两股一改"的改革。"双放弃换保障"是对农民自愿放弃宅基地使用权和土地承包经营权后的宅基地和耕地两类土地实施整理，推进土地跨区域流转。"两股一改"是以农业产业化、项目规模化经营为依托推进土地集中流转，以实现农村"集体资产股份化、集体土地股权化"。温江模式最主要的积极意义在于"双放弃换保障"的改革。基于"双放弃换保障"的城镇化将是彻底的城镇化，应是未来城镇化的基本方向。相反，"两股一改"强化了农民与土地的长期联系，阻断了其彻底城镇化的可能，未来基于"两股一改"的城镇化注定将是低质量的城镇化。

重庆的地票是将农村建设用地通过复垦后形成证券化的新增城市建设用地指标。地票交易模式增加了城市建设用地，一定程度上弱化了政府干预土地配置所带来的效率损失。然而地票模式在城市边缘所获得配置效率的改善也是有代价的。农业用地本身价值不高，而复垦本身也是有成本的。如果复垦成本高于农业用地本身价值，超出的部分即为地票模式所造成的效率损失。如果土地本身价值高于土地复垦的成本，没有地票模式，这些耕地也会被复垦。

土地信托是在不改变现有农村土地所有权的基础上，通过农户（委托人）将其土地经营权作为信托财产，信托给土地信托机构（受托人），由信托机构再将零散、小块土地集中起来出租给农业公司、种田能手或是其他经济组织，将部分租金付给农户，从而实现农村土地资源的有效利用。宿州、益阳、临颍三地的土地信托实践，其积极意义在于以下几点。一是，作为土地流出方来说，无须找到土地流转接收者就可将土地流转出，把土地滞留的成本交由信托机构承担；从土地流入方来说，可直接流转入一般经整治过的连片土地；二是，与土地农户间流转相比，政府主导的信托机构带有政府的公信力，能够把较多农户的田地集中，经过整治可以更大规模把土地流转出去，包含着流转过程的规模经济，以及流转后农业生产的规模经济；三是，提高了土地流转合同的严肃性。但土地信托也有值得思考的问题：一是，信托机构运营成本较高；二是，信托机构竞争优势不明显。

中国土地流转在小农经济背景下进行，就必然导致农户间土地流转的高交易成本。而如果由政府适当介入农户间土地流转，提出土地流转方式、流转租金、流转期限等意见来指导农户间的土地流转，为了实现土地连片大规模经营，对个别农户进行说服工作，必将大大提高土地流转的效率，甚至土地流转的公平。

近年来，随着土地流转的推行，为了鼓励实际种地农民的生产积极性，有建议提出将种粮直补的补贴方从承包地农户转向土地流入方。分析显示，种粮直补由承包地农户和土地流入方共同分享，与是由承包地农户领取还是土地流入方领取无关。承包地农户和土地流入方分享种粮直补的比重取决于供给弹性和需求弹性。不同的补贴方领取种粮直补产生的执行费用不同，种粮直补由承包地农户领取，则执行费用较低。由此，种粮直补还是应继续由承包地农户领取，这并不妨碍土地流入方享受种粮直补。

今天，全球化仍然是世界的主流和长期趋势，包括农产品市场全球一体化的历史趋势，当下全球化遇到一些障碍，但不会改变全球化的基本趋势。在全球一体化农产品市场的竞争，也包含着其背后的土地流转制度的竞争，其结果限制了中国对土地流转制度的选择。中国基于三权分置的土地流转制度难以与以土地私有制为基础的土地流转制度相竞争，限制了中国今天所倡导的基于三权分置的土地流转制度的选择。为此，中国将面临两个基本选择：一是，设计出新的具有中国特色的土地流转制度，使得中国的农产品能较好地参与全球农产品市场竞争，甚至更具竞争优势；二是，与农业发达国家的土地制度接轨，至少不因土地流转制度使得中国农产品缺少国际竞争力。如果第一选择暂时难以做到，剩下的只能是更多地与国际接轨。

土地流转的结果与一定的土地制度相联系。这就提出一个问题，以什么样的土地制度为基础，土地流转将较为理想？假定在工业化、城镇化的背景下，且存在城乡统一的高流动性的劳动市场，则建立在土地私有制下的土地流转，有诸多优越性，集中表现为：土地流转以买卖为主，通过土地买卖的方式实现土地流转，土地就可在单个家庭农场不断积累，实现土地的规模经营。大规模的家庭农场以及对土地享有的永久业权，使得对农业的物质资本和人力资本的投资获得良好的回报，从而农户愿意加大投入，不会发生抛荒行为。

建立农村土地集体所有制的理论基础有诸多不足，实践无一不以失败告终，已被其他原社会主义国家所放弃。中国坚持在农村实行土地集体所有制，结果导致小农经济的产生，不利于进行大规模高效率的农业生产。于是，开始鼓励农户进行土地流转，但小农经济基础上的土地流转交易成本过高以及其他诸多问题，终使土地流转难以达到较为理想的规模。

第二节　土地流转的政策选择

根据第十一章的分析，在土地私有制基础上，土地流转的问题和困难相对较少，理论也相对成熟，且已有相对成熟的经验可寻，而基于土地集体所有制三权分置的土地流转则刚刚开始，目前暴露出来的问题和困难较多。然而，我们讨论土地流转的制度前提却是土地集体所有制。由此，当下我们只能选择带有折中主义的土地流转政策。

一 折中主义的土地流转政策要点

在土地集体所有制基础上所实行的农户自主经营可以理解为两权分置，即集体土地的所有权和农户承包权分置，在无土地流转的情况下，承包权和经营权是合一的。但承包土地规模小，一家一户无法实现土地的规模经营。为了实现土地适度规模经营，农户流转土地，于是从承包权又派生出土地经营权，形成三权分置。但土地产权的每一次分置都带来诸多问题。其实第一章第一节讨论的关于建立在土地集体所有制基础上的小农经济的问题，可以理解为两权分置所带来的问题。第一章第二节所讨论的关于土地流转所引发的问题，可以理解为三权分置所带来的问题。由此我们获得一个启发：关于土地制度的改革包括土地流转制度改革的关键就是减少土地产权的分置。当然，土地产权不分置且为私有产权，无论从理论还是从农业发达国家的实践来看，都是比较理想的，对此，第十一章第一节已有讨论。然而，这不是当下的现实选择，也就是土地私有暂时是不可操作的。

那么剩下的选择就是，在现有土地集体所有制前提下力图实现基于土地承包权与经营权合一的土地流转，但这种土地流转难以尽善，是为折中。折中主义土地流转政策强调，既不破坏现行土地集体所有制的前提，又尽可能实现土地流转过程中保持承包权与经营权合一。

其制度设计有三个要点：一是，一定形式一次性买断长期脱离农业生产农户的集体土地承包权，使得这些农户不再以土地承包权获得租金或其他形式的土地利益；二是，新增可承包的土地以一定方式向现有种地的农户集中；三是，脱离农业生产的农民到城镇就业居住，与农村脱离经济联系。

这一过程近似于在土地私有制的条件下，脱离农业生产的农户将所拥有的土地出售给其他农户。所要达到的基本目标就是，脱离农业生产的农民同时脱离土地，不再凭借其对土地的承包权获取土地利益，从而避免租佃体制复活以及由此引发的诸多问题。不管采用的方式如何，都将使可承包的土地将向实际种地农户集中，使现有的小农逐渐成为大农，由此克服小农经济所带来的诸多问题。脱离农业生产的农民到城镇就业居住，与农村脱离经济联系，由此保证农村的资源留在农村并向现有农村居民集中，农村不再承担离开农村的原有农民的社会保障的责任。

二 具体实施

要使得放弃土地承包权的农户不再以土地承包权获得租金或其他形式的土地利益，就必须给农户相应的补偿。承包地对中国农民来说，有双重意义：一是，一种生产要素；二是，社会保障，尤其是养老保障。因此要农民"自愿"放弃承包地就必须有对应的补偿。

土地作为生产要素对长期脱离农业生产的农户来说，已不重要，但农户仍可出租土地获得租金。我们可以将未来长期租金贴现到当下，其计算公式为：

$$P = R/r$$

这里，P 代表土地承包权价格，R 代表未来租金，r 代表贴现率。这里，我们假定承包可一直持续下去，这是接近现实的假设。这个公式的基本含义就是，如果把土地承包权价格所对应的货币存入银行，每年所产生的利息正好可等于每年的租金，即 $R = Pr$。

根据第六章第四节，平均租金为 536.39 元，按户均承包地 7.12 亩计，如果将承包地全部流转出，平均年租金收入为 3819 元。2017 年按一年贷款利率 4.75% 计，3819 元年租金的承包地价格为 80400 元，如果按三年定期存款利率 2.75% 计，3819 元年租金的承包地价格为 138873 元。政府可综合考虑制定一个适当的标准。这笔资金如果主要由政府支付，可让进城农民获得安家费。政府支付部分土地改革费用是值得的，因为可以买到一个良好的土地制度，意义远胜过各种农业补贴。日本在土地改革时，也是用高价向地主购买土地，再低价卖给耕地的农民。政府花钱买到的是"耕者有其田"。

其次就是给进城农民购买社会保障。现在中国没有国家层面的户籍制度改革方案，只有各地方政府出台的方案，但有一点是一致的，为了保护农民的利益，并不要求农民放弃承包地作为获得城镇户口的先决条件，主要考虑到土地可以成为农民最后的社会保障，但农民可以自愿放弃。如此，除了要购买承包地的收益权，还需要购买农民脱离农村在城镇的社会保障，尤其是养老保障。

为此，政府可借鉴温江模式中"双放弃换保障"部分，即对农民自愿放弃宅基地使用权和土地承包经营权后可享受城镇居民的社会福利。具体实施时，由农户自愿申请加入"双放弃换保障"计划，由政府审核批准。获得批准的农户在政府设定范围内的城镇可自由选择一座城市（镇）将户口迁入，并立刻享受与所迁入城市市民相同的福利待遇，包括医疗、最低生活保障、退休养老、子女接受义务教育等。政府处理加入"双放弃换保障"计划农户的宅基地有以下几点。适宜还田的可还田，由此增加城市建设用地指标，拍卖新增城市建设用地指标可获得不小的财政收入。房屋适宜继续使用的，由继续使用者购买，尤其是新农村建设的房屋。如果原有房屋适宜继续使用但存在较大面积附属庭院的，至少部分庭院可还田，同样可置换成城市建设用地指标。如此，政府可获得一笔收入，为迁入城市的农户支付社会保障。此外，根据农户放弃的宅基地及房屋的市场价值，给予农户一定的不低于农户所放弃的宅基地及房屋市场价值的货币补偿，进一步增加进城的安家费用，以足够吸引农户参加"双放弃换保障"计划。

政府一般不统一建设安置房，而是给迁入的农户发放购房、租房代用券，可替代现金支付房款或租金。当农村居民在搬迁时上交其在农村的承包地和宅基地后，方可获得适当额度的购房、租房代用券，如此可割断农户与原来农村的联系，缓解原来农村人与环境的紧张关系，从而有助于继续留在农村的农户获得更多的土地等资源。

这里我们不建议给农户直接发放货币由农户自主购房和缴纳房租，主要是担心长期处于贫困状态的农民一旦获得大额资金时，如果缺少掌控大额资金的能力而过度消费，甚至赌博等，有可能在很短的时间里就消耗掉这些资金。这一担心所依据的事实是，一些农民因拆迁获得大额补偿款，也有某地发生重大事故，一些农民获得大额补偿款，结果部分农民在很短的时间内就将这些大额资金消耗完。购房款由政府暂管，虽给政府带来一定的工作负担，但可确保农户进城以后买房安居下来。

留在农村的承包地如何处理，可有多种处理方式。原则上，应将农户放弃的承包地的剩余承包期的经营权在原村社区拍卖，借此向流转大户集中，实现土地的规模经营。拍卖所获得款项，留在原村社区，增加农村的发展资金，也调动原村社区有经济动力配合这一计划。

三　人往哪里去？

以上方案要求，脱离农业生产的农民到城镇就业居住，与农村脱离经济联系，这就带来一个问题：人往哪里去？如果农村劳动力严重剩余，需要向城镇转移，但城镇无法容纳，方案就难以实施。为此，必须回答"人往哪里去"的问题。对此，樊明等在《工业化、城镇化和农业现代化：行为与政策》一书中提出"劳动市场萨伊定律"，试图回答"人往哪里去"的问题，其分析的方法是试图回答一个更一般的问题：劳动供给的增加会否导致失业？

"劳动市场萨伊定律"是萨伊定律在劳动市场的延伸，其核心思想是：劳动市场供给创造其自身的需求。从一般均衡的视角来分析，由于劳动力同时具备生产者和消费者的二重性，增加劳动力就意味着同时在产品市场增加了需求，进而对劳动市场产生引致需求，从而使得新增劳动力得以就业，在劳动市场实现新的均衡。新增劳动力增加了产品的产量使得产品市场的供给增加，在产品市场实现新的均衡。以上的逻辑就意味着，劳动供给的增加本身将内生地导致对劳动需求的增加。如果劳动市场萨伊定律成立，则意味着不会因城镇化导致失业增加，则城镇化率与失业率无关。[1]为此，我们进行检验。

联合国粮农组织提供了不同国家和地区的"农业经济活动人口占经济活动人口比重"，1减去这一比重可求得这些国家和地区的城镇化率。这一城镇化率是基于职业，是和我们所要讨论的问题相关的城镇化率。国际劳工组织报告了不同国家和地区的失业率。都采用2002年数据，去除数据不全的国家和地区（大多为贫困落后国家和地区），找到167个国家和地区同时有城镇化率和失业率的数据。如果劳动市场萨伊定律在因城镇化所导致的劳动供给增加成立，则城镇化率和失业率相关系数会很低。

---

[1]　详细分析见樊明等《工业化、城镇化和农业现代化：行为与政策》，社会科学文献出版社，2014。

图 12 - 1 报告了 167 个国家和地区的城镇化率和失业率，无论是从散点图直观地来看，还是从所报告的拟合系数 R^2 只有 0.0412 如此之低来说，我们都可以得出结论：城镇化率与失业率无关。

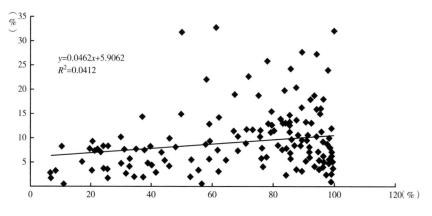

图 12 - 1　城镇化率与失业率的关系

因此，根据劳动市场萨伊定律，"人往哪里去"应不是问题，关键在于我们愿不愿意加快土地制度改革，彻底废除中国城乡分隔的户籍制度，建立城乡统一高流动性的劳动市场。

四　钱从哪里来?

城镇化意味着农民进城就业居住，就要建造房屋，增加道路，子女要在城镇接受义务教育，老人要在城镇养老，等等，需要大量资金。因此，不少学者对此表示担忧，提出：钱从哪里来? 对此，樊明等在《工业化、城镇化和农业现代化：行为与政策》，对农民工进城就业成本的动态分析，试图回答"钱从哪里来"的问题。以往对农民工进城所需资金更多地以静态的视角加以分析。

当一批农民初到一个城市时，确实由原城镇居民为其提供公共服务。但当后一批农民再来到城市时，之前的城镇居民包括上一批到达的农民工为后到的农民工提供了公共服务。从这个意义上来说，所谓农民进城增加公共服务的负担具有短期性，而在长期或动态地来分析，农民工始终是通过自己纳税为自己提供了公共服务。最终达到一个动态均衡，即新的人均公共服务水平等于原有的人均公共服务水平。从这个意义上来说，农民工进城并没有增加政府提供公共服务的负担。[1]

以上分析的一个隐含是,如果农民工进城就业,从长期和动态的视角来分析,不会给城镇政府带来负担,则以农民工为主体的外来人口占城市常住人口的比重的高低不会影响城镇人均公共财政支出。为此我们做如下检验。我们搜集到中国 123 个城市年末常住人口、年末户籍人口以及年度公共财政支出的完整数据。数据来源于 2013 年的各省、自治区、直辖市统计年鉴。常住人口减去户籍人口可求得一个城市的外来人口。在中国外来人口主要为农民工。用外来人口占常住人口百分比反映一个城市以农民工为主的外来人口的比重,用常住人口的人均公共财政支出反映该城市常住人口享受的公共服务水平。

图 12 - 2 报告了二者的关系,显示二者的拟合度并不高,拟合系数 R^2 仅为 0.1731。值得关注的是,随着外来人口占城市常住人口百分比的提高,常住人口人均财政支出呈上升趋势,而非下降。这至少意味着,农民工进城并没有降低城镇的公共财政支出的水平。

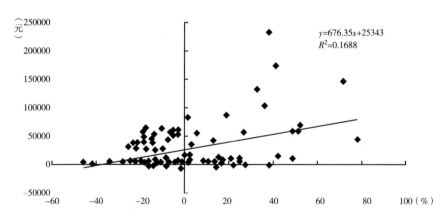

图 12 - 2 人均财政支出与外来人口占城市常住人口比重

资料来源:各省区市 2013 年统计年鉴。

综上所论,在实现城镇化的过程中,农民的就业问题、农民入城增加的公共财政支出问题,至少从长期来看,均不是问题。因此,我们应加快

---

[1] 详细分析见樊明等《工业化、城镇化和农业现代化:行为与政策》,社会科学文献出版社,2014。

农村土地流转，加快城镇化进程，为此要进行一系列相关联的改革，这需要顶层设计。

五 土地流转政策未来发展趋势

当下推进的集体土地所有权、承包权和经营权三权分置的改革与过去相比有进步之处，但终究不是未来的方向。本书所提出的折中主义的土地流转政策，相信会是对当下土地流转政策的进一步改进，但终究有一些难以克服的困难，也不代表未来政策演变的长期趋势。

在更远的未来，三权合一应是发展趋势。一方面，根据前面分析，土地流转以三权合一为基础，农业发展会比较健康，表现为可实现基于家庭农场的自耕农大规模经营，诸多优越性前文已有详细讨论。另一方面，这是全球竞争的使然。农业发达国家的土地制度是三权合一的，表现出优越性，而中国的土地制度是三权分置的，基于三权分置的土地流转由于存在难以克服的内在问题，因此难以与三权合一农业发达国家的农民在统一农产品市场相竞争，因为任何一次土地产权的分置都带来效率的降低和成本的提高，前文多有分析。

我们还是应回到马克思的历史唯物主义，要变革生产关系以更好地促进生产力的发展，别无他选。

作者分工

老师和同学共同讨论商定本书最初目录，同学自愿报名撰写其中的任何章节。在老师指导和师生共同讨论的基础上，同学撰写自己申报的章节。之后反复与老师讨论，最后由老师决定每一章节的负责同学，一般只有一位，称为该节执笔者。一位同学要能够成为本书作者，必须至少负责一节。在所申报的每一节的竞争中都不能胜出，则退出写书团队。整个学生作者产生过程不乏喜悦和辛酸甚至眼泪。以下为每一章节的执笔者。

第一章第一节由王梦鸽、何家欢执笔，第二节由林文志执笔，第三节由史可心执笔，第四节由袁可可执笔。第二章第一节由张延军执笔，第二节由张帅执笔，第三节由臧鹏飞执笔。第三章第一节由樊明执笔，第二节由袁可可执笔，第三节由周文婷执笔。第四章第一节由臧鹏飞执笔，第二节由张思博执笔，第三节由樊明执笔，第四节由靳帅执笔，第五节由王静文执笔。第五章第一节由王闪闪执笔，第二节由何家欢执笔，第三节由史秋芬执笔。第六章第一节由林文志执笔，第二节由林文志、何家欢执笔，第三节由何孔玲执笔，第四节由罗彦、袁可可执笔，第五节由汪明明执笔，第六节由潘子轩执笔。第七章第一节由林文志执笔，第二节由袁可可执笔，第三节由张巧丽执笔，第四节由王静文、汪明明执笔，第五节由袁可可执笔。第八章第一节由袁可可搜集整理，第二节由多个学生作者撰写。第九章第一节由靳帅执笔，第二节由李义财执笔，第三节由周文婷执笔，第四节由臧鹏飞、樊明执笔。第十章第一节由张延军执笔，第二节由罗彦、樊明执笔。第十一章、第十二章由樊明执笔。

后记
坚守与希望

2016 年开始组织学生调查研究中国的扶贫政策。正进行中，农业部农村经济研究中心提出要合作调查土地流转问题。结果扶贫调查与土地流转调查同时进行，之后两项研究同时进行。有一个有趣的现象：对扶贫和土地流转研究到最后发现，导致扶贫和土地流转困难的基本原因相似，而所提基本政策建议也相仿。书中有论，导致中国土地流转与扶贫困难的基本原因在于，农村土地集体所有制和城乡分隔的户籍制度。在土地集体所有制基础上实行农户自主经营，必然形成小农经济。在小农经济基础上进行土地流转必然产生高交易成本，难以实现大规模流转。即便有所流转，结果形成佃农经济，问题甚多。城乡分隔的户籍制度限制了农村剩余劳动力及时向城镇转移。结果小农经济在中国农村长期存在，土地适度规模经营难以普遍实现，而小农注定贫穷。再考虑到两部专著完成时间相近，就为两部专著共写一个后记。

从 2008 年起到 2018 年，我指导本科生合作研究将一共完成出版十部专著，分别是：《退休行为与退休政策》（2008）、《生育行为与生育政策》（2010）、《种粮行为与粮食政策》（2011）、《房地产买卖行为与房地产政策》（2012）、《收入分配行为与政策》（2013，与南京审计学院喻一文教授联合指导两校本科生）、《工业化、城镇化和农业现代化：行为与政策》（2014）、《中西部工业化、城镇化和农业现代化：处境与对策》（2015）、

《教育、劳动市场表现与教育政策》（2016）、本书《土地流转与土地适度规模经营》（2017）以及即将出版的《扶贫政策：政府导向 vs. 市场导向？》（2018）。这十部专著上都有一句话："一位教授与××位本科生的作品"，一般为二十余位。

这十部专著始终贯彻一个原则：凡非原创，概不入书。十年指导一群又一群本科生做原创性的研究，出版十部专著。十部书的学生作者共计217人，累计出版字数将达347万字，其中的艰辛不言而喻。我再归纳一下我的初衷，不少之前说过。

这个世界需要创新，中国更需要创新。自改革开放以来，中国做"中国制造"，为中国人提供了大量的就业机会，尤其是广大农民，大大提高了中国人的收入，也使中国成为世界第二大经济体。在"中国制造"最辉煌的岁月，中国经济增长速度数年在两位数以上，可今天已经下降到7%，还在继续下行。我们不能忘记"中国制造"的历史功绩，但也不能一直依靠"中国制造"。"中国制造"让中国人工作得很辛苦，资源环境破坏严重，所得与所付出不成比例。我们也曾提出要做"中国创造"，虽一直在努力，但终未成大气候。有诸多原因，但中国的教育要付相当大的直接责任，因为当中国的教育，尤其是高等教育，难以大规模培养出创新型人才的时候，中国做廉价的"中国制造"就有宿命的性质。

为什么中国的教育难以大规模培养出创新型人才呢？中国的考试制度要负相当的责任。中国的教育在大学之前，几乎完全是应试教育，哪怕在离高考还很远的教育阶段。这种教育强调死记硬背，不鼓励挑战权威，不鼓励创新，因为在应试教育中批判和创新得不到应有的回报。

于是，有人就提问：中国教育出现的问题为什么在西方没有出现？而西方教育好的方面，为什么在中国没有发生？

就以我曾经留学过的美国来做个讨论。美国的大学自主招生，对学生综合考量，考量因素包括：就读高中的教学质量，历年的学业成绩而不是一次高考的分数，SAT（Scholastic Assessment Test，学术能力评估测试），学生所参加的各类活动，包括是否担任学生干部、是否为校报的编辑、是否参与有意义的课外活动、是否到社区和医院养老院做义工等，这些被看成该学生有没有很好的活动能力、领导才能和社会责任心的表现。学生自荐信、推荐信是录取时的重要参考。

有这么多标准指挥着学生在各个阶段的学习，因此，学生一定要力求综合发展，而不只是死读书，一定要发展自己的个性的、独特的方面，这样才能更好地在众多申请者中脱颖而出。

那么这种在美国等西方发达国家行之有效的大学录取制度可否移植到中国，由此中国的中小学生学业负担就不会太重，进而追求全面发展，其实有人有类似的建议。但我认为，最好不要轻易引入西方大学的录取方式，原因在于中国的社会风气不同于美国。我们设想一下，如果把美国大学的录取方式引入到中国来会如何？

如果学生的中学学习成绩也是在考虑范围，那高中出示的学生成绩单不知道有多少是造的假。中国学生的自荐信如果也列为参考的话，恐怕更难相信，不知会弄出多少个学生会主席、副主席来。再说大学方面。美国大学的录取是比较公正的，由一个委员会按一定程序、一定标准来决定。很少听说有政府官员或亲戚朋友到大学里来打招呼、递条子一类的事。这就要求，美国要有一个相对良好的社会风气，即学生诚实，大学公正，至少不太影响到大学的公平录取。

如果照搬美国大学录取的一套，在当下中国的社会风气之下，中国的高校录取，高中乃至初中、小学教育可能问题更严重，可能发展成既不是传统的应试教育，也不是美国式的全面发展，而是花很多时间在造假上做文章。中国的高考虽问题很多，但有一个最大的优点，就是公平，比较能够实现分数面前人人平等，特别是这几年实行网上录取，不规范操作的空间在逐渐缩小。

根据以上分析可以得出这样的结论：中国的社会风气决定了中国的大学在录取本科生甚至研究生时，只能采取以考试成绩为录取的基本依据，这就进一步决定了高中乃至初中、小学的教育必然是应试教育，甚至大学也只是以传授知识为主。对学生批判精神和创新能力的培养只能置于次要地位。如此，要培养学生的批判精神和创新能力，社会风气首先要改善。中国教育的很多问题表现在校园内，其实根子却在校园外。因此要改进中国的教育，是一连串的事，要求中国政治的进一步现代化，先改善官风，如此中国的社会风气才有望改善。

要完成以上这些重活，不是一朝一夕所能成就的。但我们也不能只是清谈中国教育。谈教育不如做教育。在经过多次尝试后，我觉得指导本科生写书是我的创新教育的方式，坚守了十年。

我反复说，不是每位老师都要教学生写书，但一定要教学生创新；也不是每位学生都要学写书，但一定要学习创新。创新是教育的灵魂。现代教育跟过去中国师徒制不同，老师是一个群体，需要很多的教师踏实工作才能有所成效。每位教师只要有创新教育的理念，都可以用自己个性化的方式把创新教育融入自己的教学中去。

曾经有人问我，你指导了这么多学生做研究写书，有没有跟踪他们后来的发展？我说，你是否想问：跟我做过研究写过书的学生未来的人生是否因此就有所不同？我想，会对他们有些影响，但远不足以改变他们的人生。他们跟我做研究写书只是他们参加的诸多大学课外学术活动之一，更有大量课内学术活动，不可能因此就能改变一个学生。不过据我所知，跟我做研究写书的同学考研究生只要进入复试，尚无一人不被录取，不管初试成绩如何。

当坚守了十年后，我越来越看到中国教育的希望。创新在十年前人们并不常说，但今天人们大谈"万众创新"，已不认为创新主要是社会精英的事。我以为不必过多考究万众能否创新，但其导向是值得高度肯定的。中国的各项改革也在忽快忽慢地向前推进，尤其现在的社会风气比过去有相当的改进，加上高校录取在技术上的改进，高校录取的公正性已大有改观。现在也有不少大学试行自主招生，只是不时有些丑闻传出让人担忧，但仍然代表着一个值得肯定的方向。然而，以上这些改革变化尚不能动摇应试教育的根基。

中国教育的问题是一连串原因造成的，要改善中国的教育，需要很多的人付出。为了中国的教育，没有什么不能改。

最后，要说感谢。十年了，有太多的人需要感谢。最想说的是我的学生。我一直以为，最好的师生关系是师生之间的相互成全。和你们共同走过十年，让我在即将退休的时候，感受到一种踏实。我们共同付出了，你们成全了老师，老师谢谢你们。老师只是你们的学术启蒙老师，你们的学术道路还很长，希望有更多更高水平的老师继续教你们，一路走好。感谢清华大学蔡继明教授，他的鼓励和支持是这十年中的重要陪伴。感谢社会科学文献出版社的诸多领导和编辑，特别是社长谢寿光，总编辑杨群，副总编辑周丽，前六本书的责任编辑王莉莉，第七本的责任编辑于飞，最后三本的责任编辑关少华。感谢河南财经政法大学的领导，特别是前校长、现城乡协调发展河南省协同创新中心主任李小建教授，中心执行主任仉建涛教授，以及中心诸多的同事。

樊　明

2017 年 8 月

同学感言

有些事，经历了就难以复制；有些人，相识了就不曾忘记。

研究始于调查。我和队友们在3个省份的无数个村子留下足迹。写书就像是种一株娇贵的花，用耐心呵护，用坚持浇灌。终于书成了，却没有想象中的欣喜若狂，反而有一丝失落，这段时光就这么结束了。樊老师坚持"凡非原创，概不入书"的原则，让我体会到一位学者对创新的执着。作为写书团队的一员，我感到由衷的自豪。感谢坚持到底的自己，感谢并肩作战的队友们，感谢敬爱的樊老师。

——袁可可

常在老师家蹭茶蹭饭，海阔天空。要问收获，现在难断。三年因三年果，有待时日。林语堂、李格等谈到剑桥等名校的教育方式是，导师每星期请你到私室里喝茶，跷起双腿，向你冒烟，冒到你天才出火。这好像在描述樊老师。回味和樊老师还有同行小伙伴走过的一年时光，心中充满感激。

——林文志

当我了解到之前老师和学长写的几本书时，就感觉到老师是一位实实在在要为社会做出建设性贡献的学者，我喜欢这样的老师。奔赴两省调

研，再到后来长达一年的研究，我也能提出自己的观点，也能像老师那样
开始对学术做出一点点自己的贡献，相信这只是一个开始。

——臧鹏飞

同学，咱们一起跟着樊老师写书吧。

——张延军

我毫不避讳称自己是农民的儿子。这次我种下的是一颗颗文字，最终
结出了别样的果实——一本书！调查研究耗时整整一年，太难太累了。感
谢那些可爱的队友，那些我调查过的可敬的农民。我是幸运的，能够遇见
樊老师，博学多才又温文尔雅，能亲耳倾听先生的教诲，受益无穷。

——靳帅

夏去夏又来，我成了这本专著的作者之一。已记不起经历了多少个夜
晚，多少次汗水浸湿衣襟。豫至桂粤，从平原闯入十万大山，与一群志同
道合的队友同往，调查中遇见了淳朴善良的农民，受教于饱学之士樊老
师。最后，让我遇见了更好的自己。

——王静文

历经春秋，从一个夏天到另一个夏天，从樊老师家里由六只猫到走掉
五只，只剩一只。樊老师家的会客厅常是座无虚席，学生们和老师一起讨
论各种问题，厨房里不时有香味飘来，可谓每论美食，回味无穷。这样的
日子特别美好，特别怀念。

——罗彦

刚开始写书，遇见老师和小伙伴时，我还是一枚青涩的在校生。如今
书完成了，我要走了。一路走来，冷暖自知。几句随笔，聊以抒怀。

四年繁花即尽，

我将远走天涯，

送君心灯一盏，

临别依依。

从此相见不如怀念。

——周文婷

调查研究，历经艰难，我已成为这部学术专著的作者之一。不敢说自己写得多么好，但确实是付出了自己的辛勤和汗水。数据是调查得来的，观点是自己原创的。老师总说，可以不正确，但不可以不原创。

——张帅

确权颁证、规模经营、土地流转……这些词汇在我参加写书活动前是那么空洞、抽象。但如今这些词竟如此的鲜活、生动。这本书凝结了我们集体的心血，更凝聚着樊老师忧国忧民的情怀，衷心希望我们的研究能为中国农村的土地制度改革贡献力量。

——潘子轩

从走进这部书到走出这部书，历时388天。感谢樊老师给予的指导，记忆最深的就是与老师讨论各种问题，畅所欲言，羡慕老师的博学。感谢一起调查的队友们，感谢一起做研究的队友们，终于有了完整的一部书。也感谢自己，坚持了下来，体会到独立思考的乐趣，也感受到自己的成长。

——王闪闪

最近常听到一句话：愿历经千帆，归来仍少年。我想，那历经的千帆应是不平凡的岁月吧。而我参加的全国调查研究，也就是那历经千帆的旅行。不是每个人都有这样的幸运，调查研究其实就是生命的修行。我的队友们，如果有机会，真想和你们把这一程再走一遭，嗯，有你们真好。

——张巧丽

调查是辛苦的，但调查也是快乐的。虽付出了艰辛，也收获了一个个农家的故事。现在书稿已成，真心地感谢樊老师给予的锻炼机会，无论从学业还是人生，对我来说，都是一种成长。

——史秋芬

当你老了，回顾一生，就会发觉：什么时候出国读书，什么时候决定做第一份职业，什么时候选定了对象而恋爱，什么时候结婚，其实都是生命中的巨变。但也有时候，以为是普通的日子，其实是巨变的开始。决定参加写这部书的那天很平常，现在才知道那天并不普通。

——李义财

事非经过不知难，写书了，更懂了。调查研究，一年艰辛，书稿终成，人也变了，但哪里变了又说不上来，但真真切切感觉到与过去不同。在樊老师的指导下，我和队友们走出象牙塔，关注时事，将知识运用于实践。多年以后，往事随云走，我们会更加明了今天所作所为的意义和价值。

——史可心

想成长进步，于是就选择参加写书。整个过程深入参与，慢慢体验，回味无穷，留下一段难忘的回忆，一段难忘的友情。只要坚持不放弃，会得到比自己预料中还要好的结果，恐怕这是我大学生涯中的最大收获，感恩。

——何孔玲

故事发生在 2016 年夏天，我们背着行李结伴而行，想去看远方的诗和田野。途经台风洪水，烈日灼心，走进一户户农家访贫问苦，其实不"苟且"的生活注定是辛苦的，但充满着意义和价值。与樊老师在一起海阔天空，是一次精神之旅，留下的是最厚重的一沓。

——何家欢

"跟着樊老师写书"，是之前跟樊老师写过书的学长说的，我做了，而且坚持到最后。省内调研、全国调研、输问卷、分析数据、研究写作，历经一载。感谢这个过程给予我的成长，感谢樊老师为我们提供了这么好的机会，感谢一路走来陪伴我的小伙伴，感谢这个最美的青春时光！

——汪明明

还记得最后一次去读稿的那一天，老师说这一节可以了。从老师家出来，头顶的天特别蓝，我还专门拍了张照片把这一刻记录了下来。期盼这一时刻已久，但真正到来时却又有些不舍。其实到老师家和老师讨论书稿，竟成了一种习惯。感谢樊老师的悉心指导，感谢一直努力的自己。

——王梦鸽

跟樊老师写书要从调查开始。我经历了组队省内调研、全国调研，受益良多。收获最多的就是学会坚持，做大事必须要能坚持。调查中我深切了解了农村的现状，激起人改造山河的冲动。一载已往，十分感谢樊老师，还有一起参与调研与写书的同学们，这段经历终生难忘。

——张思博

图书在版编目（CIP）数据

土地流转与适度规模经营／樊明等著. -- 北京：
社会科学文献出版社，2017.11
（城乡协调发展研究丛书）
ISBN 978 - 7 - 5201 - 1606 - 0

Ⅰ.①土… Ⅱ.①樊… Ⅲ.①农村 - 土地流转 - 研究
- 中国 ②农业经营 - 经营管理 - 研究 - 中国 Ⅳ.
①F321.1 ②F324

中国版本图书馆 CIP 数据核字（2017）第 256161 号

城乡协调发展研究丛书
土地流转与适度规模经营

著　　者／樊　明　等

出 版 人／谢寿光
项目统筹／周　丽　陈凤玲
责任编辑／关少华　王红平

出　　版／社会科学文献出版社·经济与管理分社 （010）59367226
　　　　　地址：北京市北三环中路甲 29 号院华龙大厦　邮编：100029
　　　　　网址：www. ssap. com. cn
发　　行／市场营销中心（010）59367081　59367018
印　　装／三河市尚艺印装有限公司

规　　格／开　本：787mm × 1092mm　1/16
　　　　　印　张：16　字　数：261 千字
版　　次／2017 年 11 月第 1 版　2017 年 11 月第 1 次印刷
书　　号／ISBN 978 - 7 - 5201 - 1606 - 0
定　　价／89.00 元

本书如有印装质量问题，请与读者服务中心（010 - 59367028）联系